Proximidade
e Distanciamento

Proximidade
e Distanciamento

Maria Isabel da Silva Leme
Paulo de Salles Oliveira
(Orgs.)

Casa do Psicólogo®

© 2011 Casapsi Livraria e Editora Ltda.
É proibida a reprodução total ou parcial desta publicação, para qualquer finalidade,
sem autorização por escrito dos editores.

1ª Edição
2011

Editores
Ingo Bernd Güntert e Juliana de Villemor A. Güntert

Assistente Editorial
Aparecida Ferraz da Silva

Capa
Carla Vogel

Projeto Gráfico & Editoração Eletrônica
Sergio Gzeschenik

Produção Gráfica
Fabio Alves Melo

Preparação de Original
Maria A. M. Bessana

Revisão
Ana Paula dos S. Bianchini

Dados Internacionais de Catalogação na Publicação (CIP)
(Câmara Brasileira do Livro, SP, Brasil)

Proximidade e distanciamento : superando dicotomias / Maria Isabel da Silva Leme, Paulo de Salles Oliveira, (organizadores) . -- 1. ed. -- São Paulo : Casa do Psicólogo®, 2011.

Vários autores
Bibliografia
ISBN 978-85-62553-23-3

1. Psicologia do desenvolvimento 2. Psicologia social I. Leme, Maria Isabel da Silva. II. Oliveira, Paulo Salles.

10-04214   CDD-155

Índices para catálogo sistemático:
1. Desenvolvimento humano : Psicologia 155

Impresso no Brasil
Printed in Brazil

As opiniões expressas neste livro, bem como seu conteúdo, são de responsabilidade de seus autores, não necessariamente correspondendo ao ponto de vista da editora.

Reservados todos os direitos de publicação em língua portuguesa à

Casapsi Livraria e Editora Ltda.
Rua Santo Antônio, 1010
Jardim México • CEP 13253-400
Itatiba/SP – Brasil
Tel. Fax: (11) 4524-6997
www.casadopsicologo.com.br

Sumário

Introdução 7
Maria Isabel da Silva Leme e Paulo de Salles Oliveira

PARTE I
Proximidade e distanciamento – implicações para a pesquisa em psicologia 9

    CAPÍTULO 1
    O respeito às diferenças e a alternância de condição entre sujeito e objeto do
    conhecimento: questões de proximidade e distanciamento 11
    Paulo de Salles Oliveira

    CAPÍTULO 2
    Proximidade e distanciamento: contribuições do conceito piagetiano de
    descentração para a pesquisa em psicologia 23
    Maria Thereza Costa Coelho de Souza

    CAPÍTULO 3
    Proximidade e distanciamento na pesquisa acadêmica do professor de ciências
    sobre sua própria prática 35
    José Moysés Alves

    CAPÍTULO 4
    A difícil arte de aproximação e distanciamento do pesquisador em psicologia 47
    José Moysés Alves, Maria Thereza Costa Coelho de Souza e Paulo de Salles Oliveira

PARTE II
Proximidade e distanciamento – relações eu-outro 55

    CAPÍTULO 1
    Aproximação, distanciamento e negociação de sentido em relações eu-outro no
    diálogo psicoterapêutico 57
    Lívia Mathias Simão, Maria Elisa Molina Pavez e Maria Teresa del Río Albornoz

CAPÍTULO 2
Histórias de aproximação: construção e manutenção de vínculos afetivos entre crianças em uma situação provisória de abrigo 75

Maria Isabel Pedrosa e Thais de Albuquerque da Costa Lins Menelau

CAPÍTULO 3
Proximidade/distanciamento: a intercorporeidade e a mútua constituição eu-outro-ambiente 91

Katia de Souza Amorim

CAPÍTULO 4
Aproximações e distanciamentos eu-outro nos processos de desenvolvimento: a questão do tempo 109

Kátia de Souza Amorim, Lívia Mathias Simão e Maria Isabel Pedrosa

PARTE III
Proximidade e distanciamento – contribuições para o processo educativo 119

CAPÍTULO 1
Reduzindo distâncias: a resiliência como elemento para aproximação entre o indivíduo, a família e a escola 121

Alysson Massote Carvalho e Renata Schettino Canelas

CAPÍTULO 2
Aproximação e afastamento na relação entre crianças e as práticas de leitura: o papel da mediação pedagógica do professor 139

Sérgio Antonio da Silva Leite e Sue Ellen Lorenti Higa

CAPÍTULO 3
Proximidade e distanciamento na escola: educação e gestão de conflitos entre pares 161

Maria Isabel da Silva Leme

CAPÍTULO 4
Proximidade, afastamento e práticas pedagógicas: mediações possíveis entre o indivíduo, a família e a escola 179

Alysson Massote Carvalho, Maria Isabel da Silva Leme e Sérgio Antonio da Silva Leite

Dados biográficos dos autores 185

Introdução

Proximidade e distanciamento é o tema que nos reúne nesta coletânea. O trabalho é fruto das pesquisas que realizamos na universidade, apresentadas em congressos de psicologia, nos quais o Grupo de Trabalho "Contextos sociais de desenvolvimento: aspectos evolutivos e culturais" participou nos últimos anos. Como tem sido praxe em nossa prática, os textos, uma vez amadurecidos nos seminários, são preparados para publicação, tendo em vista a participação em um debate mais amplo com interessados e especialistas na área da psicologia ou na temática focalizada, que se oferece como desafiadora em diversos campos das ciências humanas.

Vale lembrar outros trabalhos anteriores, produzidos nesse mesmo contexto, que têm contribuído para o aperfeiçoamento de nossas pesquisas, justamente por essas trocas, tanto no interior do grupo como na interlocução com outros pesquisadores em eventos. Já foram publicadas as seguintes coletâneas: 1) *O mundo social da criança*: natureza e cultura em ação (em 1999); 2) *Cultura, cognição e afetividade, a sociedade em movimento* (em 2002); e 3) *Razão e emoção*: *diálogos em construção* (em 2006), todos publicados pela editora Casa do Psicólogo. Da mesma forma que na última obra, propomo-nos a refletir em cada capítulo sobre as armadilhas presentes em aparentes dicotomias. No caso específico da temática desta coletânea, dicotomizar proximidade e distanciamento pode até parecer natural em virtude de nossas experiências no mundo físico. Entretanto, como se verá em vários capítulos, os dois conceitos mantêm uma relação de complementaridade e continuidade e não de oposição.

Esta coletânea está organizada com base em três subtemas: as implicações do tema para a pesquisa em psicologia, as relações eu-outro e as contribuições para o processo educativo, nos âmbitos individual, familiar e escolar e social mais amplo.

O primeiro deles refere-se aos meandros da pesquisa no tocante às relações entre sujeito e objeto do conhecimento, registrando que o impulso do pesquisador será sair de si mesmo em busca de melhor intelecção de um contexto social que quer tentar explicar. Ao mesmo tempo que promove esse movimento de ultrapassar a si próprio buscando maior proximidade, necessita também de certo distanciamento, que irá garantir não só visibilidade e percepção ampliadas, como também discernimento crítico – componente essencial no exercício da pesquisa acadêmica. Além disso, como se trata da condição humana, o pesquisador não se pode ater apenas a cuidar de se aprimorar, mas também de respeitar e preservar os movimentos, a liberdade e a integridade dos pesquisados. Contribuem nesse segmento os trabalhos de Paulo de Salles Oliveira e Maria Thereza Costa Coelho de Souza (ambos da Universidade de São Paulo) além de José Moysés Alves (da Universidade Federal do Pará). São perspectivas diferentes, mas muitas vezes complementares, como se nota no texto coletivo, em que os autores refletem entre si e articulam algumas das propostas aqui trabalhadas.

O segundo bloco problematiza a construção das relações eu-outro no contexto de diferentes possibilidades de interação, que envolvem desde a formação dos primeiros vínculos com pares de idade até as relações intersubjetivas no âmbito da clínica. São enfocados processos que enfrentam indistinção, competição e conflitos, passando pela negociação e, por fim, alcançando esferas interativas nas quais prevalece a cooperação e também a diferenciação. Essas relações estão permeadas por uma gama de atitudes, pensamentos e práticas culturais que ora distanciam, ora aproximam os sujeitos, como aqui se demonstra, seja na prática clínica, seja nas interações entre crianças de um a quatro anos de idade ou mesmo no desenvolvimento motor de bebês de creche no primeiro ano de vida. O encontro diário com o novo na proximidade das interações irá permitir situações de crescimento mutuamente partilhado num outro tempo, distanciado do presente, no qual as potencialidades tendem a desabrochar. Compõem esta parte os artigos de Lívia Mathias Simão (da Universidade de São Paulo) com Maria Elisa Molina Pavez (da Universidad del Desarrollo – Chile) e María Teresa Del Río Albornoz (da Universidad Alberto Hurtado – Chile), de Maria Isabel Pedrosa com Thais de Albuquerque da Costa Lins Menelau (ambas da Universidade Federal de Pernambuco), e o de Kátia de Souza Amorim (da Universidade de São Paulo). Encerra esta parte um texto coletivo, em que as autoras dialogam entre si, explicitando pontos de proximidade e especificando diferenças.

O terceiro e último bloco trata a proximidade e o distanciamento no processo educativo, destacando as implicações para os aspectos relativos à formação das pessoas que lidam com as crianças. Um texto mostra a importância da mediação do professor, atuando ora como fator de aproximação ao conhecimento, ora como elemento que favorece o distanciamento em relação a ele. Outro trabalho analisa as redes de proteção e apoio social formadas pela escola e pela família que propiciam o desenvolvimento da resiliência entre escolares e, por conseguinte, o enfrentamento dos riscos representados à sua formação socioeducativa. Finalmente, apresenta-se uma reflexão sobre os conflitos interpessoais que ocorrem no interior da escola, que nem sempre se mostra preparada para o exercício necessário de formar, mediar e encaminhar satisfatoriamente as queixas e os confrontos. Limitar as práticas punitivas excludentes aos casos extremos, avaliando as implicações que dela decorrem, e tentar uma formulação alternativa, no sentido de superação dos impasses, parece o caminho mais promissor, embora nada fácil, para a promoção do processo educativo. Fazem parte desta subunidade Alysson Massote Carvalho (da Universidade Federal de Minas Gerais, GAMMON), em colaboração com Renata Canelas (da Universidade Federal de Minas Gerais), Sérgio Antonio da Silva Leite, em colaboração com Sue Ellen Lorenti Higa (da Universidade Estadual de Campinas) e Maria Isabel da Silva Leme (da Universidade de São Paulo). Do mesmo modo como as demais, esta parte também se conclui com um texto em que os autores articulam em conjunto suas propostas.

Esperamos, assim, oferecer ao público um material sugestivo para reflexão e, quem sabe, inspiração no dia a dia de trabalho de todos quantos forem educadores.

Maria Isabel da Silva Leme e Paulo de Salles Oliveira
(Organizadores)

PARTE I

Proximidade e distanciamento – implicações para a pesquisa em psicologia

CAPÍTULO 1

O respeito às diferenças e a alternância de condição entre sujeito e objeto do conhecimento: questões de proximidade e distanciamento[1]

Paulo de Salles Oliveira

> ... Ser, ao mesmo tempo, confiante e cético em relação à sua experiência é a marca do trabalhador maduro. Essa confiança ambígua é indispensável para a originalidade de qualquer empreendimento intelectual.
> (Wright Mills, 1982, p. 213)

INTRODUÇÃO

O conto *A carta roubada*, de Poe (2006), chama-nos a atenção, entre outros encantos, para as coisas que estão diante de nós, mas que, justamente por estarem imediatamente acessíveis, nos escapam à percepção, sendo como que inapreensíveis ao nosso olhar. Que melhor lugar para esconder uma carta senão num lugar em que estivesse bem à vista e, assim, longe dos lugares óbvios de esconderijo? Algo semelhante ocorre com certas personagens de Agatha Christie, como Miss Marple, aquela senhora simpática, dona de apurada sensibilidade. Em criações desse naipe, distinguimos um formidável conhecimento da natureza humana como se, nesses casos, o particular contivesse em si a universalidade. É conhecida a ideia de que, para se alcançar o universal, seria necessário pintar uma aldeia com o máximo de fidelidade. As produções literárias acima aludidas constroem figuras humanas que se detêm, interessadas, em pormenores que a todos escapam. Inclinam-se muito mais aos gestos inadvertidos das pessoas que as cercam do que às palavras proferidas e reparam no que geralmente é tido como irrelevante. Todavia, o mais espantoso é que da percepção desses traços da vida comum são capazes de identificar pistas preciosas para desvendar mistérios. Uma capacidade de apreensão tão aguçada talvez de nada valesse se não tivesse âncora em sólidos referenciais humanos de existência. Equivale a dizer que dificilmente a genialidade dessas personagens poderia ser atribuída à técnica. Onde, então, se alojaria o viveiro desse talento?

A expansão das técnicas vem quase sempre consorciada às contribuições da ciência. Ninguém, em sã consciência, negaria o valor de tais conquistas, explorando riquezas,

---

[1] Trabalho originalmente apresentado no XII Simpósio de Pesquisa e Pós-graduação em Psicologia, na mesa-redonda *Proximidade e distanciamento: a pesquisa em Psicologia*. Natal-RN, maio de 2008.

multiplicando e diversificando as possibilidades de saúde e bem-estar. Os confortos obtidos nos enchem de coragem para nomear isso tudo como avanços da modernidade. Todavia, antes mesmo de indagar se essas proezas estão acessíveis a todos, talvez pudesse ser possível distinguir nesse imenso mundo de sedução a presença intrometida de uma possibilidade perturbadora: o esvaziamento da percepção em cada um de nós a respeito da vida humana, das coisas e do mundo. O produto do trabalho criador que a humanidade nos legou, por anos e anos, muitas vezes aparece diante de nós como algo opaco, difuso, embaralhado, perdido até, em meio ao amontoar-se vertiginoso de mercadorias. O predomínio avassalador de interações sociais atreladas às máximas do mercado parece nos induzir a só ter olhos para os valores de uso quando eles são produzidos para outros, ou seja, quando já se transformaram em valores de troca. Quase tudo está ameaçado de transformar-se em matéria intercambiável, sob a intermediação desse poderosíssimo instrumento desenraizador que é o dinheiro.

> O dinheiro destrói as raízes por onde ele vai penetrando, substituindo todos os motivos pelo desejo de ganhar. Vence sem dificuldade os outros motivos porque pede um esforço de atenção muito menor. Nada mais claro e mais simples que uma cifra. (Weil, 1979, p. 348)

De uma ameaça tão forte não escapam nem a arte nem as mais intangíveis preciosidades que o engenho humano pôde criar. Tudo se mescla no entulho de coisas mercantes. Fica cada vez mais difícil descobrir onde é que está o artista, esse "derradeiro indivíduo que restou na sociedade de massa" (Arendt, 1988, p. 382).

O DESAFIO DA CONSIDERAÇÃO AO OUTRO

A predominância do regime da mercadoria interfere, portanto, na percepção e dificulta o discernimento das coisas belas, dignas de serem vistas, amadas e preservadas. Assim sendo, faz da técnica ao mesmo tempo fonte de conquistas e de infelicidade, repercutindo fundo dentro de nós na forma de conflitos ou contradições. Um exemplo atual disso está no uso indiscriminado do telefone celular, tornando públicas conversas que deveriam estar circunscritas ao universo da privacidade, incomodando outras pessoas ou simplesmente desconsiderando sua presença.

> De todas as variedades cada vez piores de mau comportamento ao celular, aquela que mais profundamente me irrita é a que, pelo fato de não fazer vítimas evidentes, aparentemente não irrita a mais ninguém.... A própria essência do que é tão desagradável no celular como fenômeno social é que ele possibilita e incentiva o ato de impor o pessoal e individual ao público e comunal. (Franzen, 2008)

Perceber é, pois, um trabalho difícil. Perceber-se a si próprio levando em consideração a figura do outro, mais ainda. A aventura perceptiva encerra um trabalho de múltiplos embates com as determinações do movimento do real. Uma das dimensões dessa luta recai na questão do estereótipo. Ceder à estereotipia significa agarrar-se aos recortes já convencionados pela classificação e pela descrição, feitas por quem só enxerga quando vê de fora. Com formalizações desse naipe pode-se, até mesmo, viver a sensação do poder, isto é, do pleno controle sobre o objeto de que se fala. Mas, não raras vezes, esta sensação é capaz de falsear o real por simplificações ou reducionismos.

Bosi é quem diz:

> Nem sempre estamos dispostos à aventura da percepção: somos insensíveis e desatentos às coisas que povoam nosso mundo e, por isso, sofremos de uma perda, de um empobrecimento que nos faz capitular e enxergar através de mediações impostas. Castigo que sofremos à medida que não sentimos nem exercemos simpatia pelas coisas. A simpatia, que é uma unidade pré-categoria do sujeito com seu objeto, traz em si já uma intuição de ordem superior, que começa com a negação do óbvio e do já visto. (Bosi, 2003, p. 115-116)

Estudiosos da vida da cultura popular têm deparado com variados percalços, como atesta a literatura das ciências sociais. Em alguns textos, o povo é escolhido como tema, valorizando-se, ao menos a princípio, sua importância social. Já, em outros, ele é direta ou indiretamente responsabilizado pela continuidade político-administrativa na direção dos rumos do país. Zaluar aponta e sintetiza esta questão:

> Como objeto de reflexão das teorias sociais, os "trabalhadores pobres", embora no centro das atenções de muitos, não ocuparam o lugar da renovação ou da transformação. Ao contrário, sobre eles caiu grande parte da culpa pelas ausências de mudanças significativas e pela consequente estagnação política e econômica nessas sociedades. (Zaluar, 1985, p. 35)

É possível que tal se deva ao modo pelo qual determinados pesquisadores, mesmo quando inspirados em bases dialéticas e movidos pelo desejo de mudanças sociais, olham e interpretam o povo. Esperam dele muito além do que seria lícito ou, o que é pior, se apegam a determinadas premissas e, diante da constatação de sua inexistência nas relações sociais estudadas, produzem um discurso enviesado que, não sendo sensível às modificações miúdas, porém profundas, acaba se enredando em argumentos que procuram explicar a sociedade pelo que ela *não* tem. Interpretam, desse modo, as ausências. E adentram o discurso em torno das carências, ou seja, dos índices de desvantagem do povo em face de determinadas variáveis eleitas como norteadoras da análise. Dessa maneira, a noção de carência cultural se coloca como um *a priori*, como condição prévia de um pesquisador distanciado, que assim quer exclusivamente permanecer, como se determinadas premissas, às quais adere com rigidez, fossem indispensáveis e inquestionáveis, não importando o tempo, o espaço e as peculiaridades das interações humanas.

Não é isso que ensina Ecléa Bosi ao mostrar que a "verdadeira mudança dá-se a perceber no interior do concreto, no quotidiano, no miúdo; os abalos exteriores não modificam o essencial" (1983, p. 31). Tampouco é o que sugere Simone Weil, que aos 23 anos deixa de lecionar filosofia para tornar-se operária da Renault. Convicta de que só poderia falar de determinados aspectos da vida social se os tivesse vivenciado, Simone pôde oferecer – além de seu gesto inalcançável pela coragem e doação – exemplos belos e pungentes de uma sensibilidade incomum para com as questões de opressão social. "Quando há uma infelicidade profunda" – explica ela – "um pudor muito grande detém as queixas. Assim, cada condição infeliz entre os homens cria uma zona de silêncio, dentro da qual os seres humanos ficam encerrados como numa ilha" (Weil, 1979, p. 139).

E a própria Simone confessa, em carta a uma amiga, a devastação que esta interiorização da infelicidade causa à dignidade humana. Quão difícil é admitir que esse cenário sombrio veio para se instalar em sua mente, mesmo se tratando de uma pessoa que atualmente nominaríamos como consciente e combativa. Só mesmo a proximidade com as asperezas do real e a disposição interna de viver a condição do outro permitem esse doloroso reconhecimento. Volto à narrativa da autora sobre o trabalho de fábrica:

> O sentimento de dignidade, o respeito por mim mesma, em duas ou três semanas ficaram radicalmente arrasados pelo golpe de uma pressão brutal e cotidiana. E não creio que tenham nascido em mim sentimentos de revolta. Não, muito ao contrário. Veio o que era a última coisa do mundo que eu esperava de mim: a docilidade. Parecia que eu tinha nascido para esperar, para receber, para executar ordens – que nunca tinha feito senão isso – que nunca mais faria outra coisa. Não tenho orgulho em confessar isso. E a espécie de sofrimento de que nenhum operário fala; dói demais, só de pensar. (Weil, 1979, p. 65)

Silêncio e infelicidade, assim, andando de mãos dadas, no coração e no semblante dos que vivem a opressão, podem sugerir ao cientista distanciado ou ao pesquisador mais afoito de que ali existe passividade e conformismo. Nesse momento, compreende-se bem a importância de estar próximo das pessoas estudadas, a exemplo do que mostra Ianni indicando uma perspectiva metodológica mais fértil: "sair de um discurso sobre o povo, sobre a cultura do povo, para um trabalho concreto de reconhecimento do que é efetivamente o modo de viver ou ser do povo" (1979, p. 136-137).

Não param aí os problemas. Chauí (1982) lembra, a propósito de tais estudos, como o pensamento pode comprometer-se, originando um saber cujo referencial se aloja perfeitamente entre as representações dominantes, sucumbindo muitas vezes à estereotipia, outra cilada do distanciamento, que aqui se associa à excessiva autossuficiência ou então ao autoritarismo do pesquisador.

Primeiro por retirar dos dominados a condição de sujeitos, como se eles, dentro das contingências da história, não pudessem fazer, ou não tivessem capacidade de empreender, o próprio caminho.

Segundo, porque outra violência se manifesta quando o pesquisador distanciado atribui ao movimento de suas vidas um sentido que essas personagens estão ostensiva ou implicitamente negando para si.

> Os dominados penetram nas pesquisas universitárias sob a lente dos conceitos dominantes, são incluídos numa sociedade que os exclui, numa história que os vence periodicamente e numa cultura que sistematicamente os diminui. Comparsas involuntários dos dominantes, os "objetos" de pesquisa não têm hora e vez no recinto da universidade. (Chauí, 1982, p. 70)

SUJEITO E OBJETO, UMA PROPOSTA DE ALTERNÂNCIA

Todas essas reflexões remetem à orientação formulada por Alfredo Bosi, para quem:

> Só há uma relação válida e fecunda entre o artista culto e a vida popular: a relação amorosa. Sem um enraizamento profundo, sem uma simpatia sincera e prolongada, o escritor, homem de cultura

universitária, e pertencente à linguagem redutora dominante, se enredará nas malhas do preconceito, ou mitizará irracionalmente tudo o que lhe pareça popular, ou ainda projetará pesadamente as suas próprias angústias e inibições na cultura do outro, ou, enfim, interpretará de modo fatalmente etnocêntrico e colonizador os modos de viver do primitivo, do rústico, do suburbano. (Bosi, 1992, p. 331)

Entende-se melhor, diante da complexidade das relações em pauta, o sentimento de desconfiança que, entre os oprimidos, separa o "nós" do "eles", ou seja, o mundo dos patrões, dos funcionários públicos, dos policiais, dos professores, das autoridades constituídas, com quem se relacionam. Não é difícil à classe oprimida distingui-los; basta lembrar, com Richard Hoggart, a cáustica "experiência das esperas nas repartições do desemprego, no médico, no hospital" (Hoggart, 1973, p. 89).

Ao pesquisador cabe tomar cuidado e buscar um procedimento que reconheça e respeite as diferenças. Não esconder ou omitir nada de sua classe social na tentativa, de resto sempre ilusória, de se fazer passar por gente do povo. Ao lidar com uma classe social que não é a sua, é importante dirigir o aprendizado para trabalhar as diferenças, sem pretender camuflá-las. Arackcy Martins Rodrigues não hesitava em suas aulas a pedir atenção ao relato crítico que fez sobre si própria em uma pesquisa que conduziu em bairros periféricos de São Paulo. Imaginou que, ao estacionar seu automóvel a alguma distância do local das entrevistas, tanto sua presença quanto a de outro pesquisador pudesse passar em branco aos olhares curiosos dos moradores daquele bairro popular. Combinaram que quem terminasse primeiro voltaria ao veículo e aguardaria o outro. Antes, porém, que o entrevistador pudesse terminar sua parte, um grupo de meninos bateu à porta da casa onde estava para avisar que sua *mãe* já o estava esperando no carro (Rodrigues, 1978).

Cabe, portanto, ao pesquisador a iniciativa de aprender como se aproximar, como se fazer entender, de que modo combinar e dosar visitas e entrevistas, de que forma observar e como se relacionar amistosamente com pessoas que não são espelhos de si mesmo. A justa medida de sua aproximação pode eventualmente transparecer no instante em que as pessoas estudadas não mais o percebessem no universo do "eles", ou seja, daqueles de quem se deve desconfiar.

Aprender a trabalhar as diferenças implica admitir que tanto pesquisador quanto pesquisados são sujeitos e objetos numa pesquisa. Um emudece temporariamente para que o outro possa se expressar. Aqui, uma vez mais, o referencial é Ecléa Bosi. Explica ela, a propósito de *Memória e sociedade*, que:

... nesta pesquisa fomos ao mesmo tempo sujeito e objeto. Sujeito enquanto indagávamos, procurávamos saber. Objeto enquanto ouvíamos, registrávamos, sendo como que um instrumento de receber e transmitir a memória de alguém, um meio de que esse alguém se valia para transmitir suas lembranças. (Bosi, 1983, p. 2)

Seguir esses caminhos implica reduzir o distanciamento com as pessoas pesquisadas. Um passo além seria estabelecer com elas laços de afetividade. Uma relação solidária, marcada pela simpatia, não pode, porém, ser confundida com complacência e tampouco manipulação, de parte a parte. Por mais que se aproxime, o pesquisador precisa ter plena consciência de que não faz parte do mundo do "*nós*", tal qual ele é demarcado na classe com quem irá trabalhar. Isso não o exime, todavia, do esforço para não ser rotulado pelos sujeitos que estuda como membro de um universo antagônico. Pois, se assim for, a marca será dada pela desconfiança, pelo receio, pelas reticências e a pesquisa corre o risco de se inviabilizar.

Uma sugestão interessante ao pesquisador pode ser a de empenhar para se colocar na vida das pessoas estudadas numa condição que nem é o universo do "*nós*" e tampouco o do "*eles*". E sim situar-se entre essas duas polarizações como "*um outro*". Outro que é *alius*, diferente, e não *alter*, que pode comportar os sentidos de contrário, oposto, adversário[2]. Ser *um outro entre nós* é a meta e ela implica levar em conta a existência de diferenças, embora estas – se forem bem trabalhadas e explicitadas – permaneçam longe da reserva e do distanciamento, atitudes costumeiramente destinadas aos que fazem parte do *eles*.

Existe aqui, portanto, mútua interferência entre sujeito e objeto; ambos se constituem reciprocamente, alternando entre si as condições de criador e de criatura. Conviria rememorar, com base em interpretação de Gonseth (1984), que *subjectum* significa etmologicamente "o que está submetido". Essa ideia de sujeição, de submissão, de inferioridade traz uma imagem contrastante com a ideia de poder, com a qual a figura do sujeito do conhecimento parece estar investida em muitas interpretações. Não seria o caso – e isso precisa ficar bem esclarecido – de substituir uma acepção por outra e sim de reconhecer, como mostra o autor, a coexistência no sujeito tanto do *poder* quanto da *sujeição*. "Trata-se" – ressalta ele – "de um outro 'sujeito', ou melhor, de um no outro; ao mesmo tempo, potência que não se confunde inteiramente com a inércia do objeto e, submetido, corpo e alma, a um poder que o ultrapassa e o 'objetiviza'" (Gonseth, 1984, p. 13).

A partir dessa perspectiva, é possível uma percepção mais afinada, embora nada confortável, dos conflitos que coabitam dentro de nós. Coisas que juramos se excluírem mutuamente – afinal assim dizem as aparências – para nosso espanto podem compor-se, contraditórias, dentro de um todo que se constitui internamente em luta.

As condições de sujeito e de objeto são, portanto, ao menos nesta proposta, partilhadas entre pesquisador e pessoas pesquisadas. Essa alternância contém implicações nada desprezíveis. Rechaça atitudes pretensiosas do pesquisador em imaginar que o poder criador dos sujeitos pesquisados só se revela verdadeiramente sob a mediação de suas lentes, de seu olhar, de suas reflexões... Caso fosse esse o caminho escolhido, o pesquisador não se reconheceria como objeto, isto é, como alguém que acolhe o que vê e sente, que registra o que ouve, que procura captar a expressividade de outrem e que deve silenciar-se para que o outro possa se exprimir. Sem a perspectiva da alternância, o pesquisador poderia ainda supor-se capaz de promover um discurso que incorporasse a fala dos entrevistados, terreno perigoso, minado pelas vaidades ou pelo autoritarismo de produção do saber.

Diante disso, talvez se pudesse pensar em relações de interdependência entre sujeito e objeto, quer dizer, a impossibilidade de um existir sem o outro. À primeira vista, essa proposta poderia sugerir muitas ressalvas, todavia, admitindo-se a convivência dentro do sujeito de poder e submissão, as coisas mudam de rumo. Do lado do sujeito-pesquisador, ninguém duvida o quanto ele depende da adesão sincera e voluntária dos sujeitos-pesquisados para ultrapassar os apanhados superficiais, a rama da aparência. E, no âmbito destes últimos, por sua vez, especialmente quando são personagens de fundo na representação dominante da sociedade, quem os enxerga? Ecléa Bosi pergunta: "O que acontece aos restos, migalhas, dejetos, cinzas, poeira que deixamos para traz ao viver?" E ela mesma responde:

---

[2] A alusão a *alius* (outro, que é diverso, diferente) e a *alter* (outro, que é seguinte, diferente e, também, contrário, oposto) eu a fiz com base na interpretação dada por Alfredo Bosi a propósito do indianismo em José de Alencar em aula ministrada no curso "Cultura e Colonização: a Literatura Brasileira no Contexto Latino-Americano", pelo Programa de Pós-Graduação em Integração da América Latina da Universidade de São Paulo, em 1989. Segundo o crítico, Peri aparece como *alius* e os Aimorés, como *alter*.

Há uma grande irresponsabilidade social quanto aos resíduos. Deveríamos voltar os olhos para essas migalhas e torná-las objeto de percepção e indagação. Entregues ao consumo e ao desfrute da cultura achamos natural que outrem se encarregue de "questões secundárias": alguém continua cozinhando, servindo, lavando pratos, copos onde bebemos, limpando banheiros, arrumando camas para nosso sono, esvaziando cinzeiros, regando plantas, varrendo o chão, lavando a roupa. Alguém curvou suas costas para o resíduo de outras vidas. (Bosi, 2003, p. 168)

Weil ajuda a compreender essa opressão que se exerce sobre os dominados a partir da infelicidade que deles toma conta. Diz ela: "Eles não podem defender-se por si mesmos porque a desgraça os impede; e ninguém os defende de fora porque a inclinação da natureza humana é não prestar atenção aos infelizes" (1979, p. 362).

Diante disso tudo, o sujeito-pesquisador não tem como eximir-se: precisa reunir todo o empenho que puder para não se deixar embrutecer por completo, sustentado na possibilidade de ser ainda capaz de não se embaralhar inteiramente diante da avalanche de mercadorias. Significa assumir a recusa em sugar e consumir o que as pessoas têm a lhe oferecer, buscando estabelecer compromissos mais duradouros, que as beneficiem também. Pois, por mais difícil que seja admitir, muitas vezes o sujeito-pesquisado, que neste momento ocupa a posição de objeto, também depende do pesquisador. Porque é por meio do modo pelo qual este irá organizar seu trabalho que o sujeito-pesquisado vai ser visto, podendo, conforme as circunstâncias, encontrar aí um meio pelo qual possa se expressar e se reconhecer, ao mesmo tempo.

Mais do algo desejável, seria um índice de justiça social que sujeitos sociais prescindissem de outrem para se expressarem. Por isso, a importância do sujeito-pesquisador, penso eu, não incide tanto na sua capacidade de ser ainda capaz de enxergar, ou seja, de ter uma percepção crítica da situação, mas na realização, em condições adversas, deste discernimento. Seus gestos, mais que suas palavras, podem representar a formulação de um convite explícito para que esse ato de ver se pluralize dentro da sociedade. Nas palavras de Chauí, esta é a luta para que não venha a perecer uma arte milenar: "a fazer vir ao mundo um saber que já estava lá e pedia para nascer" (Chauí, 1982, p. 56). Seria como que inclinar-se ao grito interior da personagem central de *A festa de Babette*: um artista pede tão somente uma oportunidade, na qual se possa mostrar e dar o melhor de si (Axel, 1987).

Eis por que me parecem importantes os momentos de preparação e de realização das entrevistas. Sendo suficientemente abertas, estimulam a expressão de vozes que até aqui ficaram caladas, talvez por não encontrar quem as quisesse ouvir. Tal qual sementes férteis, pediam mínimo trato para brotar e desenvolver folhagens, frutos ou flores. Não basta, todavia, apenas preparar bem o terreno; há que se levar em conta o tempo. No interior de um fruto saboroso, revela Benjamin (1985, p. 163), existe não só uma semente, mas o tempo que a maturou. Este tempo de espera é precioso – como mostra Oswaldo Elias Xidieh – para dar ensejo a um momento propício em que os sujeitos se sintam livres e prontos para se exprimir. O sujeito-pesquisado precisa sentir-se dono de seu depoimento como o é de suas habilidades, no cotidiano doméstico ou de trabalho. Essa luminosa ocasião só o pesquisador que estiver situado dentro do universo do grupo pesquisado poderá discernir. Assim é que "a paciência é um dos melhores passos do método de pesquisa" (Xidieh, 1976, p. 10).

Não é questão, portanto, de tão-somente criar uma via alternativa ou outro canal de expressão para os sujeitos pesquisados. É necessário cuidar para que sua expressão não seja sufocada ou dissolvida *na* e *por causa da* interpretação de outrem. De minha parte como pesquisador, nunca tive propósito de intervir na vida dos entrevistados. A não ser, é claro, as modificações que voluntária ou involuntariamente ocorrem em qualquer situação em que há inter-relacionamento entre pessoas.

> Quando se trata de seres vivos, e com mais razão quando se trata de seres humanos não há observação pura, toda observação já é uma intervenção; não se pode experimentar ou observar sem mudar algo no sujeito. Toda teoria é ao mesmo tempo prática e, inversamente, toda ação supõe relações de compreensão. (Merleau-Ponty, 1990, p. 23)

Meu objetivo, este sim, sempre foi compartilhar com os entrevistados a penosa caminhada por horizontes de emancipação. Encontrar possibilidades de humanização do humano entre os humanos é uma andança cheia de aventuras, tropeços, idas e vindas, indignação, alegria, desalentos, êxitos, consolo, tensão, derrotas e incertezas. Supõe, por isso mesmo, um esforço infinito por energias sempre multiplicadas, esforço partilhado por outros numa comunhão em luta, sem fim.

Como pesquisador, tenho me recusado a protagonizar, individual e exclusivamente, a condição de sujeito do conhecimento, mesmo porque não me imagino na condição de detentor do controle absoluto das pessoas na situação estudada. A leitura de autores como Lefort (1979) e Chauí (1981) sugere como é ilusória a figura de um sujeito do conhecimento neutro, capaz de observar "de fora" os fenômenos, capaz de apreendê-los por inteiro e, ao final, construir sobre eles uma imagem definitiva. Determinar completamente o objeto estudado simbolizaria o poder arbitrário do sujeito do conhecimento, mas também a morte do objeto, daí a ilusão que recobre tais práticas.

PROMOVER E ACOLHER A FALA, APRIMORAR O OLHAR

Na esteira deste pensamento, pode-se mesmo avaliar quão problemática é a concepção de análise social. Analisar muitas vezes envolve a decomposição e fragmentação das partes consideradas fundamentais na composição do todo. Tais recortes pressupõem que seja possível recompor a totalidade pela soma, aglutinação ou reunião das partes, que o analista social segmentou. Os vestígios deste trabalho permanecerão desconhecidos do leitor porque as falas entrecortadas só aparecem como "partes" que interessam à síntese.

Seria interessante frisar que a discordância com tais práticas não se deve a uma suposta hesitação em interpretar – operação presente, de resto, em qualquer pesquisa. E muito menos que não deva existir uma teoria explicativa a iluminar a interpretação, pois, sem ela, os chamados fatos não seriam capazes de, como se diz habitualmente, falar por si mesmos. O que seria necessário considerar é que pesquisador e pesquisados trazem a seus leitores, isto sim, *uma* interpretação entre *muitas* possíveis.

O anúncio de um relacionamento tão promissor só pode comprometer-se com deslizes que venham do pesquisador, daí a necessidade de cultivar certas habilidades: saber esperar, ter paciência, evitar os limites da inconveniência, aprender a conviver com o tempo e as possibilidades dos entrevistados, alimentar as conversas conforme a receptividade, manter pontualmente os compromissos e procurar não solicitar dos sujeitos o que eles não têm, como algo já elaborado, no registro de suas consciências – de modo muito especial quando as conversas forem com crianças. Todos esses procedimentos não comportam regras fixas.

Vão sendo construídos na medida das circunstâncias e das possibilidades de percepção do pesquisador, por isso, um recurso valioso é dado pelo exercício de realizar várias entrevistas-piloto. Elas se prestam ao trabalho de aprimorar roteiros, corrigir expressões que comportem dúbio sentido, suprimir perguntas inadequadas...

Bleger (1980), Arfouilloux (1980) e Bosi (2001) ajudam-nos a entender a entrevista como um modo de relacionamento entre sujeitos para obtenção ou troca de informações. Para mim, é difícil distinguir uma entrevista de uma boa conversa, sobretudo se ela for conduzida nos meios populares. Os autores mencionados ajudam, entretanto, a entender que a presença do pesquisador pode ser um incômodo no cotidiano atribulado dos informantes. Ao combinar os encontros, é bom ter em mente este aspecto, sempre esclarecendo às pessoas acerca da extensão de tempo que as conversas podem tomar. Estes acordos, quando cercados de compreensão recíproca, ajudam a selar vínculos de amizade, à medida que vão se sucedendo. Em sinal de respeito ao outro, é desejável que a primeira entrevista nunca ocorra na primeira visita, de modo que ninguém se veja forçado a falar a um desconhecido. Desta maneira, restringe-se muito a possibilidade de encontrar pessoas reservadas, retraídas pela desconfiança, reticentes. Nesses casos, vale a explicação de Oswaldo Elias Xidieh acerca da reserva dos informantes: "um olho vai na história que vai contando e, o outro, na pessoa-doutor-da-cidade, que pode reparar na linguagem e desdenhar do assunto" (1976, p. 10).

Não é isso que ocorre quando há simpatia e laços de amizade.

As entrevistas, todavia, não devem ser o único instrumento de pesquisa. Sempre que possível, é importante associá-las à observação. A combinação das duas práticas pode ser facilitada pelo uso consentido do gravador durante as conversas. O pesquisador pode ter agradável surpresa ao perceber que poucos demonstram alguma objeção ao uso deste equipamento.

Chego mesmo a pensar que constranger-se diante do gravador pode bem ser um comportamento próprio dos filhos da classe média e, ainda assim, de uma geração já madura. A começar por mim, que, nos primeiros contatos, com membros das classes populares, sempre preferi conversar e registrar no caderno tudo o que me diziam. Só na segunda ou na terceira visita, conforme fosse o caso, é que me sentia mais à vontade para propor a gravação. Nunca notei o menor embaraço em quem quer que fosse, tanto entre pessoas mais velhas quanto entre adultos, e, especialmente, crianças. O mais surpreendente é que pessoas, as quais eu imaginava articulassem sua fala de modo pausado, lento, simplesmente assim procediam por delicadeza, dando-me tempo para concluir as anotações. Só me dei conta disso quando foi usado o gravador!

Casos como este trazem novamente à lembrança os conceitos de código restrito e de carência cultural. As pessoas se mostravam lentas ao falar, quase lacônicas, não porque seu repertório fosse limitado e sim para que houvesse tempo para que o pesquisador pudesse anotar. Onde a carência? O código restrito? Quem poderia garantir que tais predicados não caberiam antes ao pesquisador do que à população pesquisada? Eis por que é primordial a necessidade de desenvolver a atenção, que, para Weil (1979), quer dizer "recuar sem desejo diante do objeto" desenvolvendo o desapego do "eu", ou seja, o oposto de apropriação[3] (Weil, 1979).

Se for verdade que a ideia de repertório restrito pode se ajustar mais às cegueiras do pesquisador do que propriamente à elucidação dos modos de ser do povo, então uma saída é aprimorar a capacidade de observar, de aprender a escutar e de enxergar com mentalidade

---

[3] Tema abordado por Alfredo Bosi, na comunicação oral intitulada "O olhar moderno e a atenção", na mesa redonda realizada no Centro Cultural São Paulo, em 8 agosto 1989, quando da exposição "Simone Weil, 80 anos".

alargada (Arendt, 1988). Isso quer dizer levar sempre em consideração os outros: gestos, olhares, atitudes de desprendimento, silêncios, modos de se relacionarem com familiares ou com amigos, isso sem falar dos objetos à sua volta. Observar, enfim, sem predeterminar, sem qualificar previamente os sujeitos. Certamente, sempre é bom repetir, que isso não significa admitir ausência de pressupostos teóricos no pesquisador enquanto observador. Autores tão antagônicos quanto Comte e Marx são, todavia, unânimes em desmontar tal possibilidade.

O exercício de observação estende-se à duração de cada encontro. Enquanto o gravador vai registrando a fala dos sujeitos, o intento deve ser o de decifrar gestos, silêncios, a linguagem não verbal e o ambiente da situação vivida. A observação cuidadosa revela as qualidades do distanciamento, que aqui equivale à preservação do discernimento crítico. Nem sempre o que falamos é o que fazemos e assim é também na pesquisa. Já se disse com propriedade que amigo é aquele com quem podemos pensar em voz alta. O que implica dizer que simpatia, amizade, afeto não significam complacência. O espaço da amizade, da proximidade, do afeto é também o espaço da discordância, da possibilidade de exteriorizar outra visão e interpretação acerca de problemas comuns, procedimentos que se exercem com distanciamento.

Simone Weil desde cedo defendeu que "é preciso que as diferenças não diminuam a amizade e que amizade não diminua as diferenças"[4] (Weil, 1979, p. 62). Muito provavelmente porque, estudiosa das fontes clássicas gregas, tenha entendido a amizade como essa força que nos transforma e ajuda forjar nossa identidade. Diferentemente do que ocorre com familiares, quando é a vinculação sanguínea que se sobrepõe a nós, escolhemos nossos amigos por serem pessoas que nos infundem confiança irrestrita, daí a *philía*, que nos reúne a eles como pessoas ao mesmo tempo semelhantes e diferentes, parceiros de jornadas e situações. Se, entre amigos, experimentamos alegrias, decepções, rupturas e retomadas é porque "não existe imediato no homem; tudo acontece por meio de construções simbólicas" (Vernant, 2001, p. 35).

Há, portanto, também na amizade, uma tensão. Ela não se compõe apenas de calor e afeto. O mesmo Vernant explica que:

> Por vezes, é preciso dar uma tesourada no tecido, mesmo com pessoas de quem gostamos muito, cortar para que o tecido continue. A imagem e o vocabulário da tecelagem estão carregados de valor no pensamento antigo. . . . Quando preparamos um tear temos a urdidura, elemento masculino, e a trama, elemento feminino. Em grego, as palavras que designam a urdidura são masculinas. A urdidura é vertical, é o fio tenso, forte, suspenso por pesos amarrados a uma espécie de gancho. . . . A trama, ao contrário, é feminina. Temos assim um quadro em que o masculino e o feminino se entrecruzam como o vertical e o transversal, e todo ato de tecer consiste em criar um tecido associando esses elementos opostos. (Vernant, 2001, p. 36)

Deparamos, assim, com uma espécie de luta na amizade; ela é também tecida em meio a movimentos tensos que, simultaneamente, unem a urdidura e a trama para formar algo sólido. A mesma solidez que está na raiz de *solidário*, alicerce de acordos, ações e empreendimentos coletivos. Por isso, pode-se dizer que uma aura recobre a amizade – o tesouro do apego verdadeiro, que não se corrói por haver discordância.

---

[4] *vide* comentário anterior.

La Boétie explica que

A amizade é um nome sagrado, é uma coisa santa; ela nunca se entrega senão entre pessoas de bem e só se deixa apanhar por mútua estima; se mantém não tanto através de benefícios como através de uma vida boa; o que torna um amigo seguro do outro é o conhecimento que tem de sua integridade; as garantias que tem são sua bondade natural, a fé e a constância. Não pode haver amizade onde está a crueldade, onde está a deslealdade, onde está a injustiça; e entre os maus, quando se juntam, há uma conspiração, não uma companhia; eles não se entre-amam, mas se entre-temem; não são amigos, mas cúmplices. (La Boètie, 1982, p. 35-36)

O pesquisador mais atento entenderá estas evoluções no desenrolar da pesquisa; notará, por certo, que o andamento da entrevista e a motivação dos sujeitos podem ser indícios da necessidade ou não de mudanças no roteiro. O depoimento sai às vezes cristalino, instigante, descontraído, com sorrisos e observações jocosas; outras vezes, adquire tom mais obscuro ou grave, tratando de situações problemáticas; noutras, traz uma atmosfera comovente, deixando transbordar as emoções.

Um estudioso que constrói sua pesquisa com base em dados e entrevistas que outros colheram pode, conforme sua inteligência e erudição, realizar sínteses brilhantes. Perde, contudo, a preciosa oportunidade de enriquecê-las e aprofundá-las com outras possibilidades de conhecimento, que, em razão de sua ausência do local da pesquisa, ficam impossibilitadas de vir à tona.

Penso, sobretudo, nas promessas infinitas de aprendizado que se abrem quando o pesquisador se dispõe a palmilhar com os entrevistados uma trajetória comum. O início de tudo está em sentir necessidade de conhecer de perto as pessoas de quem se vai tratar; saber onde e como elas moram; como se faz para aí chegar, que linha de ônibus tomar, em que ponto descer, por que ruas caminhar. Andar a pé, usar o transporte coletivo, travar contato com o bairro, com a feição das pessoas da vizinhança é uma forma de mergulhar na vida dos sujeitos estudados.

O suceder das visitas, das observações e das entrevistas traz uma variedade de sensações diferenciadas que só mesmo o convívio humano, das relações face a face, é capaz de suscitar. Olhos e ouvidos atentos ajudam, e muito, porém os ensinamentos parecem não ter fim. Sempre fica a impressão de que algo – fugaz e impalpável, porém importante – ficou para trás...

Proximidade e distanciamento se mesclam no desdobramento da pesquisa; um e outro são valiosos na exata medida em que capazes de promover o humano a patamares que ultrapassem o imediatismo, a mesquinhez, o populismo, a complacência com os valores de mercado e, ao invés disso, possibilitem laços de crescimento mútuos entre pesquisados e pesquisadores. Melhor ainda seria se este trabalho puder propor e firmar algo de duradouro, que perdure mesmo tendo sido encerrada a investigação. Se uma pesquisa em Psicologia Social não se esforçar para propiciar possibilidades humanamente mais elevadas de interação entre as pessoas, que tipo de ciência estará praticando?

REFERÊNCIAS BILIOGRÁFICAS

Arendt, H. (1988). *Entre o passado e o futuro.* São Paulo: Perspectiva.

Arfouilloux, L. J. C. (1980). *A entrevista com a criança.* Rio de Janeiro: Zahar.

Axel, G. (Dir.). (1987). *A festa de Babette* [Filme/VHS]. Dinamarca: Det Danske Filminstitut.

Benjamin, W. (1985). Teses sobre filosofia da história. In F. Kothe (Org.), *Walter Benjamin* (pp. 153-164). São Paulo: Ática.

Bleger, J. (1980). *Temas de psicologia: entrevista e grupos.* São Paulo: Martins Fontes.

Bosi, A. (1992). Cultura brasileira e culturas brasileiras. In *Dialética da colonização* (pp. 308-345). São Paulo: Companhia das Letras.

Bosi, E. (1983). *Memória e sociedade. Lembranças de velhos.* São Paulo: T. A. Queiroz.

Bosi, E. (1996). Simone Weil. In S. Weil, *A condição operária e outros estudos sobre a opressão.* Rio de Janeiro: Paz e Terra.

Bosi, E. (2001). Sobre a cultura das classes pobres. In E. Bosi, P. de S. Oliveira (Orgs.), *Metodologia das ciências humanas* (pp. 211-219). São Paulo: Hucitec, Editora da UNESP.

Bosi, E. (2003). *O tempo vivo da memória. Ensaios de Psicologia Social.* São Paulo: Ateliê.

Chauí, M. de S. (1981). *Cultura e democracia. O discurso competente e outras falas.* São Paulo: Moderna.

Chaui, M. (1982). O que é ser educador hoje? Da arte à ciência: a morte do educador. In C. R. Brandão (Org.), *O educador: vida e morte* (pp. 51-70). São Paulo: Graal.

Franzen, J. (16 de novembro de 2008). Amor sem pudor. *Folha de S. Paulo, Suplemento Mais,* p. 4.

Gonseth, M. O. (1984). Le miroir, le masque et l'écran. In J. Hainard & R. Kaehr (Orgs.), *Objects prétextes, objects manipulés* (pp. 13-26). Neuchâtel: Musée d'Etnographie.

Hoggart, R. (1973). *As utilizações da cultura.* Lisboa: Presença.

Ianni, O. (1979). Cultura do povo e autoritarismo das elites. In E. Valle & J. J. Queiroz (Orgs.), *A cultura do povo* (pp. 134-140). São Paulo: Cortez & Moraes, Educ.

La Boétie, E. (1982). *Discurso da servidão voluntária.* São Paulo: Brasiliense.

Lefort, C. (1979). *As formas da história.* São Paulo: Brasiliense.

Merleau-Ponty, M. (1990). *Merleau Ponty na Sorbonne: resumo de cursos.* Campinas: Papirus.

Poe, E. A. (2006). *Os assassinatos da Rua Morgue e outras histórias.* Porto Alegre: L&PM.

Rodrigues, A. M. (1978). *Operário, operária. Estudo exploratório sobre o operariado industrial de São Paulo.* São Paulo: Símbolo.

Vernant, J. P. (2001). *Entre mito & política.* São Paulo: EDUSP.

Xidieh, O. E. (1976). *Narrativas pias populares.* São Paulo: Instituto de Estudos Brasileiros da Universidade de São Paulo.

Weil, S. (1979). *A condição operária e outros estudos sobre a opressão.* Rio de Janeiro: Paz e Terra.

Wright Mills, C. (1982). *A imaginação sociológica.* Rio de Janeiro: Zahar Editores.

Zaluar, A. (1985). *A máquina e a revolta.* São Paulo: Brasiliense, p. 35.

CAPÍTULO 2

Proximidade e distanciamento: contribuições do conceito piagetiano de descentração para a pesquisa em psicologia

Maria Thereza Costa Coelho de Souza

> A Filosofia, desde sempre, pode ser estimulada pela perplexidade.
> A perplexidade e a admiração estão relacionadas intimamente. (Matthews, *A criança e a filosofia*, 1980)

INTRODUÇÃO

Ao iniciar este texto sobre o tema da proximidade e distanciamento no contexto da pesquisa psicológica, é importante esclarecer que as ideias aqui apresentadas são fruto da perplexidade de uma pesquisadora, no sentido indicado acima, ou seja, são resultado de reflexões e de perguntas formuladas com base na experiência prática como professora de Psicologia do Desenvolvimento, especialmente no que diz respeito à pratica de pesquisa segundo o referencial piagetiano. Em suma, são fruto da admiração, no sentido do "surpreender-se", do "ser surpreendida por", o que envolve aspectos racionais e também afetivos. Diante da admiração, o que fazemos? Piaget indicou sempre que boas teorias permitem formular boas perguntas, mais do que obter boas respostas, afirmação com a qual concordamos integralmente e a qual cremos refletir o sentido da admiração e da perplexidade trazidos por Matthews a partir da Filosofia. As discussões, encaminhadas para leitura neste texto têm, assim, esse estatuto, o de serem decorrência de perguntas elaboradas ao longo do ensino de pesquisa em psicologia, segundo a perspectiva de Jean Piaget. Muitas outras perguntas poderiam ser formuladas, assim como muitas outras interpretações poderiam ocorrer. À luz da temática proposta, estão apresentadas analogias, interpretações e aproximações conceituais, principalmente com os conceitos de centração, egocentrismo e descentração da abordagem piagetiana. Os exemplos apresentados para ilustrar alguns aspectos foram selecionados de uma gama de fatos que compõem o dia a dia da sala de aula e da relação de ensino-aprendizagem, contexto ricamente multifacetado.

O conceito de egocentrismo é clássico na perspectiva de Jean Piaget e se refere ao movimento de centração no próprio eu, tanto do ponto de vista físico (nos primeiros anos de vida da criança) quanto do ponto de vista intelectual e afetivo (a partir dos dois anos de idade). A centração é caracterizada pela rigidez, inflexibilidade, impermeabilidade a outros pontos de vista e pela resistência à transformação, reveladas por uma espécie de "absolutismo" de posicionamentos. Piaget descreveu essa qualidade do pensamento em diversas ocasiões (Piaget, 1937, 1945, 1948), inserindo-a no "caminho" para a construção do pensamento lógico, o qual superaria essa centração por meio da reversibilidade, da não contradição e das operações racionais. A centração faria que o sujeito tratasse dos desafios que o mundo lhe apresenta de maneira dicotômica, do tipo *ou* isso *ou* aquilo, assim como de modo absoluto, levando em conta apenas um elemento ao qual os outros são submetidos, mesmo que de maneira deformada, como se a única referência fosse a configuração atual dos fatos e ações e não, também, suas transformações durante o processo de passagem de uma configuração à outra. É o que costumamos denominar "pensamento por *slides*", para o qual os quadros se apresentam um após o outro, sem necessariamente uma relação explícita entre eles. Piaget chegou a afirmar que as relações nesse caso são implícitas e subjetivas e não podem ser acessadas por alguém "de fora", já que se dão por sincretismos e justaposições de ideias. Assim sendo, a centração não favorece o diálogo e a discussão, já que não promove nem a reflexão sobre os próprios pontos de vista (o que implicaria distanciar-se deles) nem a relativização destes num sistema de pontos de vista possíveis (proximidade relativa). Ao se referir ao desenvolvimento do pensamento infantil em suas relações com a linguagem, Piaget (1923) diferencia o diálogo do monólogo coletivo, afirmando que, estar rodeado por outras pessoas e em aparente interação não garante que o verdadeiro diálogo esteja ocorrendo. Afirma que crianças pequenas costumam ficar com outras, realizando tarefas, em casa ou na escola, podendo dar a impressão de que estão fazendo tarefas em grupo e discutindo as ações e as decisões por meio da descentração. No entanto, ao se aproximar desses grupos, Piaget observou que cada criança estava fazendo sua própria tarefa, sem comunicar-se com as outras para trocar ideias (descentrar-se) e usando a linguagem apenas para reafirmar ou descrever suas próprias ações. Chamou esse tipo de linguagem de "monólogo coletivo", pois as crianças estão em atividades coletivas, mas cada uma por si. Essa descrição de Piaget adequa-se bem a determinados agrupamentos que alunos universitários formam para realizar tarefas "em grupo", mas que, na realidade, não passam de divisões (centradas) de partes e subtarefas para cada um dos membros, sem uma verdadeira discussão e deslocamento de pontos de vista, o que configuraria a real descentração.

Segundo o mesmo autor, o maior problema da centração é a deformação que pode conferir à realidade, adequando-a ao ponto de vista próprio e impossibilitando o sujeito, parcial ou totalmente, de avaliar a situação de outras (novas) maneiras. Em se tratando de crianças pequenas, Piaget (1945) afirma que o egocentrismo intelectual pode se manifestar especialmente nos jogos simbólicos (jogos de ficção), na imitação e na linguagem, retomando as ideias apresentadas anteriormente (Piaget, 1923). A esse respeito, usa uma expressão, a nosso ver, muito feliz quando diz que o egocentrismo reflete uma assimilação do mundo "ao seu bel-prazer" (da criança).

Num interessante trabalho de 1948, sobre a representação do espaço na criança, Piaget aponta como a passagem do reconhecimento perceptivo do espaço para a representação deste, é feita gradativamente e não é imediata. Defende, portanto, a ideia de que a imagem não é cópia da realidade, devendo ser construída num novo universo, o da representação, por meio de significantes (representantes) da realidade. Insere a gênese da representação do espaço nas primeiras categorias de objeto, espaço, tempo e causalidade, construídas pelo bebê ao longo do período sensório-motor, como categorias práticas sobre a realidade.

Neste texto será enfocada essa passagem da percepção à representação, de um nível de centração a um de descentração, para discutir os conceitos de proximidade e distanciamento, aplicados ao aprendizado do "fazer pesquisa" em Psicologia. Como será detalhado adiante, será tomada como foco central a prática de pesquisa inicial de alunos de graduação em Psicologia. Os comentários a serem apresentados têm, portanto, o caráter de analogias entre os conceitos piagetianos e as ideias de proximidade e distanciamento, no contexto em que esses alunos de graduação se iniciam na pesquisa psicológica. É importante ressaltar que o ensino de pesquisa nesse contexto prático não tem o objetivo explícito de focalizar a descentração do pensamento. No entanto, consideramos que esse processo pode acontecer quando os alunos exercitam o "colocar-se no lugar dos outros", para analisar o material empírico, como veremos.

PROXIMIDADE; DISTANCIAMENTO E INICIAÇÃO EM PESQUISA

Este trabalho pretende, então, discutir, à luz do conceito piagetiano de descentração, os movimentos de proximidade e distanciamento dos alunos/pesquisadores, durante o período em que cursam as disciplinas *Prática de Pesquisa em Psicologia I* e *II*, no Instituto de Psicologia da USP. Essa disciplina, optativa para alunos a partir do 2º ano do curso, é composta de propostas de atividades de vários docentes do Departamento de Psicologia da Aprendizagem, do Desenvolvimento e da Personalidade, do IP-USP. Cada docente apresenta um ou mais projetos de pesquisa sob sua coordenação e os alunos se inscrevem, formando grupos de trabalho, que se reúnem semanalmente. As atividades variam conforme o professor; no caso aqui tomado como ilustração, as reuniões focalizam a discussão de textos sobre teoria e método piagetianos, assim como os resultados da prática de pesquisa feita, sob a forma de supervisões das entrevistas realizadas pelos alunos. Essas entrevistas podem ter sido feitas visando a estudar (no caso dos projetos da autora deste texto) interpretações de contos populares ou estratégias empregadas em jogos interativos para computador. Cada aluno deve, então, colher um determinado número de dados, organizá-los e apresentá-los ao grupo de discussão em data previamente agendada.

Cremos que os movimentos de distanciamento e proximidade são condição necessária para o exercício da atividade de investigação, em seus aspectos teóricos e empíricos. Assim, este trabalho visa a demonstrar que a descentração favorece a coordenação de diferentes concepções teóricas, a elaboração de escolhas metodológicas e de análises empíricas, em harmonia com problemas e hipóteses de pesquisa, o que promove o aprendizado do "fazer pesquisa". Isso porque os alunos/pesquisadores podem então adotar os modelos teóricos sem rupturas com os respectivos pressupostos epistemológicos e objetivando a explicitação clara dos conceitos teóricos e procedimentos metodológicos tanto na realização como na divulgação das pesquisas.

O trabalho tomará, assim, o conceito de descentração para discutir as relações entre teoria e método e entre pesquisa e pesquisador, entre proximidade e distanciamento no momento de em que alunos de graduação iniciam atividades práticas de pesquisa em psicologia.

DO QUE "É" PARA "O QUE PODERIA SER" A REALIDADE: PERCEPÇÃO E REPRESENTAÇÃO

Em obra intitulada *La construction du réel chez l'enfant* (Piaget, 1937), o autor demonstra como o bebê transforma suas ações de procura pelo objeto escondido, a partir do momento em que parece ter construído imagens sobre esse objeto e sobre suas ações, por volta dos dezoito meses de idade. Para chegar a esse ponto, inicia suas explorações dos objetos como se estivesse indissociado destes, parecendo encará-los como continuidade inevitável de suas ações. Assim, não procura o objeto escondido de sua percepção, dando-o "como morto" após seu desaparecimento, já que este não se apresenta com as ações em curso. A situação passa a mudar quando, aos seis meses de idade mais ou menos, passa a coordenar seus esquemas motores de modo a atingir metas que se apresentam perceptivamente; se escondidas, no entanto, as ações desviam-se e passam a se aplicar aos objetos visíveis. A percepção de uma parte do objeto escondido não desencadeia sua procura, e, aparentemente, a criança não "infere" a totalidade do objeto a partir de sua parte visível. Piaget (1937) afirma a esse respeito que as brincadeiras de esconder feitas com bebês dessa fase significam muito mais um esconder e mostrar o aparelho perceptivo do bebê, do que os objetos que ficam momentaneamente escondidos da percepção. Aos doze meses em média, uma novidade impõe-se: a criança passa a apresentar maior persistência na procura de objetos que desaparecem de sua vista, quando acompanha os deslocamentos visíveis destes. Se, entretanto, não pode acompanhar todos os deslocamentos, parece "esquecer" os pontos onde os objetos foram vistos pela última vez, procurando onde os encontrou primeiro. Será por volta dos dezoito meses que sua conduta se transformará, demonstrando coordenar os deslocamentos visíveis e os invisíveis, numa busca tenaz e coordenada pelo objeto desaparecido. Como pode ser isto, pergunta-se Piaget. Não será unicamente pela percepção ou memória perceptiva, já que não há o que memorizar, uma vez que certas ações de procura ainda não se realizaram, mas pela antecipação das posições relativas dos objetos escondidos, por meio de imagens mentais. Estas representam não só os próprios objetos, mas suas próprias ações. A busca é então *ativa* e não há obstáculo que possa distrair o bebê de seu objetivo/meta final. Piaget explica a procura ativa e persistente por meio da nova construção coordenadora das ações: a representação, a qual mantém na mente a imagem do objeto, localizado no espaço, no tempo e submetido às leis de causalidade. Denominou essa noção de objeto de noção de objeto permanente, a primeira noção objetiva do real que designa simultaneamente identidade e transformação, conservação e mudança. É nesse momento que, para este autor, é construída a primeira noção de si-mesmo, como objeto conhecido e, simultaneamente, como sujeito conhecedor. Instala-se, segundo Piaget (1937), a consciência de si, já que o mundo está objetivado e organizado, do ponto de vista do bebê: objetos estão íntegros, mesmo que não visíveis, e localizados no espaço, no tempo e se relacionam entre si. Os conhecimentos construídos nesse período são essencialmente práticos e se referem ao eu e ao mundo. De acordo com Piaget (1937), essas construções estabelecem o que ele denominou "construção do real", por meio da passagem da indiferenciação entre sujeito e objetos para a diferenciação; da centração na ação própria para a descentração (nesse caso, essencialmente física). Está, pois, superado o egocentrismo físico. Estarão todos os problemas resolvidos? Não. A criança deverá reconstruir em um novo plano, o da representação, as "categorias" do real, já construídas pela lógica das ações.

Ao se dedicar ao estudo da representação do espaço (Piaget, 1948), o autor reviu a construção do real para demonstrar a importância da atividade perceptiva e o reconhecimento dos objetos sólidos para a representação das formas e das relações entre o ponto de vista próprio e o dos outros possíveis, com as relações entre esses pontos de vista e os objetos (sejam estes sólidos ou formas abstratas). Apoiando-se em alguns princípios sobre a estruturação da percepção trazidos pela Psicologia da Gestalt, contrapõe-se à ideia de que a estrutura perceptiva é suficiente para explicar a representação. Essa ideia já tinha sido amplamente defendida em obra anterior (Piaget, 1945), particularmente dedicada à formação do símbolo na criança, na qual o autor apresenta a tese de que a imagem não é cópia da realidade, mas uma reconstrução desta.

Sobre a representação do espaço, Piaget explica, explorando o conceito de "ponto de vista" desde o nível espacial perceptivo, apresentando uma interessante prova, a prova das Três Montanhas (Piaget, 1948). Partindo de uma maquete na qual estão três montanhas posicionadas uma em relação à outra e com características diferentes (cores e tamanhos), pedia à criança que se colocasse em quatro posições (pontos de vista) para avaliar a "fotografia" que seria tirada de cada uma delas. Adotando três técnicas (procedimentos), primeiro pedia que a criança informasse por meio de cartões qual "fotografia" seria tirada se estivesse em outro ponto de vista, por exemplo, se não estivesse de frente para o maciço de montanhas. Em seguida, inseria uma pequena boneca e pedia que a criança deslocasse-a para outros pontos de vista, informando por meio dos cartões o que a boneca estaria vendo daquele ponto de vista. Usava também dez cartões já prontos (segunda técnica) e perguntava qual deles era correspondente à "fotografia" que a boneca poderia tirar de onde se encontrava. Na terceira técnica, invertia a pergunta, mostrando uma "fotografia" e pedindo que a criança posicionasse a boneca no ponto do qual seria possível tirar aquela "fotografia". Concluiu que as crianças mais jovens ficavam centradas em seu próprio ponto de vista da paisagem, retornando a ele, mesmo quando se deslocavam ou à boneca, chegando a dizer que "tanto faz onde colocar a boneca; sempre ela verá a mesma paisagem". Gradativamente, a criança conseguia se descentrar de seu ponto de vista e relacioná-lo com os outros possíveis. Não conseguia, contudo, relacioná-los com as relações existentes entre as Três Montanhas (frente-atrás; esquerda-direita). Só as crianças mais velhas conseguiam relativizar os pontos de vista, utilizando-os com as diferentes relações entre as Três Montanhas, para definir as melhores "fotografias". Em suas conclusões, Piaget comenta a dificuldade da descentração perceptiva, já que o ponto de vista próprio parece impor-se para a criança como VERDADE absoluta, impossibilitando-a de "ver" as pistas oferecidas pela percepção. Questionadas sobre os indícios que parece não considerar, as crianças simplesmente os deformavam para se adaptarem a seu ponto de vista "absolutista". Considerando que o contexto da pesquisa de Piaget era o da evolução do pensamento, o autor conclui que é o sistema operatório que permite à criança descentrar-se espacialmente, pois esse sistema é mais amplo e funciona de acordo com a reversibilidade e o princípio da não contradição. Assim, a criança diante de um questionamento sobre uma deformação de indícios perceptivos refletia sobre o ponto de vista inicial em um sistema mais amplo de possibilidades, chegando a, finalmente, perceber a contradição de sua argumentação. Piaget comenta ainda que as interações com a tarefa em si e as relações com o pesquisador que questiona, a todo momento, os pontos de vista da criança, desencadeiam a tomada de consciência e a coordenação de pontos de vista num sistema mais amplo e flexível. Aliás, esse seria o papel do adulto (e também do pesquisador) no âmbito da pesquisa piagetiana.

Este estudo sobre a representação do espaço aponta, para nós, interessantes analogias com o movimento de centração, observado em alunos de Psicologia que iniciam práticas de pesquisa, quanto ao exercício técnico propriamente dito e também quanto às argumentações explicativas sobre abordagens teóricas. De maneira semelhante àquela pela qual crianças mais jovens apresentam dificuldades para descentrar-se de seu ponto de vista (de visão de uma paisagem), esses jovens adultos parecem, muitas vezes, impermeáveis ao diálogo, colocando-se sempre do mesmo ponto de vista e não "enxergando" as diferenças entre sua visão das coisas e as outras visões possíveis (por exemplo, de seus colegas de grupo de pesquisa). Se considerarmos, de acordo com Piaget, que a centração revela um fechamento que dificulta a proximidade e a cooperação com outrem na construção de conhecimentos sobre o mundo e também sobre si mesmo, podemos concluir que a centração dificulta também o distanciamento necessário para a realização de análises críticas sobre pontos de vista, sentimentos e ações. Como sabemos, Piaget usou a palavra egocentrismo para referir-se a esse movimento que não permite a abertura e a reequilibração do sistema cognitivo e afetivo em patamares superiores de equilíbrio. No desenvolvimento da criança, esse autor ilustrou a centração com o que denominou deformação da realidade "ao seu bel-prazer", expressa, por exemplo, na crença em uma única explicação para os fatos ("sei que o sol é uma estrela desde que nasci"; ou "eu sempre soube que os lagos surgiram para matar a sede dos homens"). No caso dos alunos, exemplo correspondente poderia ser: "eu já sabia o que devia perguntar, não precisei nem pensar . . ."

A ideia de que o mundo deve adaptar-se ao eu é central para a compreensão sobre a influência do egocentrismo na construção do conhecimento e no desenvolvimento psicológico. Analogamente, poderíamos dizer que jovens adultos apresentam em suas argumentações traços desse tipo de egocentrismo, descrito por Piaget, para as crianças pequenas, quando se defrontam com a tarefa de realizar práticas de pesquisa em psicologia no contexto de disciplinas de seu curso de graduação.

Quando se referem ao pensamento do adolescente (que se estende ao do jovem adulto), Inhelder e Piaget (1955) retomam o significado do termo egocentrismo, dizendo que, nesse caso, a centração se dá em relação às teorias construídas por esse tipo de pensamento (formal), fazendo que o adolescente se torne um reformador, pretendendo adaptar a realidade ao eu. Isto faz que, apesar da alta qualidade do pensamento, o adolescente fique inflexivelmente ligado a seu sistema teórico, e impermeável à influência de outras teorias. Assim, essa centração precisará ser superada, segundo Inhelder e Piaget, pela colocação em prática das teorias, pelo trabalho, levando o adolescente a ser um realizador e não apenas um reformador. Na verdade, o reformador fica incorporado pelo realizador que pode, agora, relacionar seus ideais hipotéticos com a realidade, descentrando-se deles.

A descentração é, pois, relativa à superação da rigidez do egocentrismo pela relativização de pontos de vista e deslocamento do equilíbrio, com a incorporação simultânea de novidades, assim como sua concomitante assimilação a sistemas mais complexos de conhecimento. Assim descrita, a descentração favoreceria, então, a mobilidade do pensamento (promovida, segundo os autores, pela reversibilidade das operações racionais), bem como a afetividade normativa organizada em sistemas de valores hierarquizados e móveis. Dito dessa maneira, a descentração favoreceria os movimentos simultâneos de proximidade e distanciamento, que, por sua vez, permitem a prática de pesquisa em psicologia, apoiada em reflexões críticas. Mais adiante serão apresentados trechos das discussões sobre as atividades práticas para ilustrar os movimentos de centração e descentração, de proximidade e distanciamento observados em alunos/pesquisadores.

PRÁTICA DE PESQUISA EM PSICOLOGIA E PSICOLOGIA EM PRÁTICA

Como já foi dito anteriormente, o contexto em que são ministradas as disciplinas de *Prática de Pesquisa em Psicologia I* e *II,* no Instituto de Psicologia da USP engloba diferentes níveis e tipos de atividades, desde a pesquisa bibliográfica do tema da pesquisa até a coleta de dados, podendo o aluno realizar uma etapa ou todas as etapas, dependendo do momento em que a investigação se encontra. É importante destacar que o disparador do processo é o interesse do aluno, já que ele escolhe o projeto (entre os apresentados pelos docentes) que lhe parece mais interessante e do qual gostaria de participar por um ou dois semestres. Esse disparador afetivo é importante, porque, como indicou Piaget, são os interesses que regulam energicamente as condutas atribuindo-lhes valores, essenciais para o funcionamento da racionalidade. Assim, trabalhar em situação valorizada (no sentido de escolhida entre outras opções) influiria positivamente na estruturação do trabalho a ser desenvolvido. No caso da *Prática de Pesquisa em Psicologia* ministrada por nós, a ênfase é nos princípios epistemológicos da abordagem de Piaget tanto quanto à teoria como quanto ao método desenvolvido por este autor, qual seja, a entrevista clínica. Como se sabe, essa entrevista tem como principal objetivo acompanhar a orientação de pensamento da criança, que reflete sobre algum tema apresentado pelo pesquisador. O escopo é, então, propor questões abertas sobre as quais a criança emitirá juízos, decorrentes de reflexão e que indicam os processos e as estratégias empregados para tirar conclusões e fazer inferências. Piaget (1926) insistiu que as questões não deveriam dirigir as respostas e as reflexões, o que produziria crenças sugeridas, ou seja, ideias e juízos construídos para agradar o experimentador, respondendo o que já foi de algum modo indicado na pergunta. O ideal, para Piaget, é que as questões desencadeiem reflexões novas ou que permitam que ideias já construídas por meio de reflexões anteriormente efetuadas sejam trazidas para o novo interrogatório. O critério é, pois, que a entrevista possa promover reflexões e não determinar respostas mais adequadas. Como o próprio autor indicou, muito tempo será necessário para que o pesquisador se torne um bom entrevistador (cerca de dois anos de prática), já que isso o fará formular novas perguntas ao longo do interrogatório, segundo as respostas dadas pelas crianças, de acordo com hipóteses sobre as crenças e as teorias infantis formuladas partindo das respostas dadas anteriormente.

Vemos que o método criado por Piaget parece promover também uma descentração por parte do pesquisador, já que, para continuar perguntando, este deve se colocar no lugar da criança, do ponto de vista de sua "lógica", desafiando-a a se deslocar para responder a novas questões. Nesse sentido, os protocolos são a base da qual o pesquisador parte para fazer as entrevistas, base da qual ele deve se aproximar, e, ao mesmo tempo, se distanciar, para formular novas perguntas.

Tanto para *Prática I* quanto para *Prática II,* após discussões de textos de Piaget sobre a entrevista clínica, princípios epistemológicos e conceitos específicos, são supervisionados materiais/dados de pesquisa feita pelos alunos. Nas supervisões são exigidas dos alunos a formulação de considerações teóricas e práticas sobre sua experiência (as perguntas feitas permitiram reflexões novas?). O grupo participa ativamente das supervisões já que é solicitado a se colocar no "lugar" do pesquisador e a propor outras estratégias de ação. Uma curiosidade: a idade das crianças não é informada quando o aluno apresenta sua entrevista e, no fim de cada supervisão, cada aluno deve "adivinhar" a idade, segundo as características apresentadas quanto à estruturação das respostas para as questões formuladas pelo aluno/pesquisador. A avaliação das disciplinas é feita considerando-se a realização das entrevistas, a participação nas supervisões e a elaboração de relatório final sobre as entrevistas, com as transcrições, os comentários e as relações com a teoria de Piaget, em relação aos aspectos teórico-metodológicos discutidos no curso.

Desde que iniciamos nossa participação nessas disciplinas, em 2003, notamos aspectos que, a nosso ver, se relacionam aos movimentos de centração e descentração; proximidade e distanciamento quanto a essa prática de pesquisa, o que está diretamente relacionado ao tema deste texto.

Trataremos agora de enumerar alguns desses elementos a título de ilustração desses movimentos, para nós imprescindíveis para a "boa" prática de pesquisa em psicologia, não somente a pesquisa piagetiana, mas qualquer pesquisa.

O LUGAR DO PESQUISADOR NA "PAISAGEM": PONTO DE VISTA PRÓPRIO E SISTEMA DE PONTOS DE VISTA

Como apontou Piaget, a centração dificilmente é superada mesmo por adultos, já que é dirigida pela pressão do ponto de vista próprio e por uma inflexibilidade de pensamento e/ou afetiva. No contexto da prática de pesquisa, a centração se expressa, por exemplo, com comentários do tipo: "Ah, essa entrevista de Piaget é igualzinha à entrevista de anamnese [que foi aprendida um semestre antes], não acrescenta nada, é só fazer igual", ou "é muito fácil fazer esta entrevista: é só ficar ouvindo as crianças conversarem". O próprio Piaget informou que se inspirou nas anamneses da psiquiatria para elaborar seu método de entrevista, mas efetuou várias transformações nesse procedimento, em função de seu problema de pesquisa (estudar a orientação de pensamento) e dos princípios epistemológicos de sua abordagem (construção de conhecimento a partir da interação entre sujeito e objetos). Podemos observar que os alunos não inserem a entrevista clínica de Piaget num sistema mais amplo, limitando-se (ou centrando-se) num único aspecto do procedimento ("retirar" as informações). O mesmo vale para a impressão de que é SÓ ficar ouvindo as crianças, o que não se harmoniza absolutamente com o dinamismo da entrevista "piagetiana". Evidentemente que ouvir o que as crianças dizem e extrair as informações são aspectos importantes, mas não bastam para se ter uma visão ampla da orientação de pensamento em curso.

Também é comum, mas considerada esperada para pesquisadores iniciantes, a centração nas questões do protocolo, sem a realização de nenhuma pergunta a mais para investigar algum aspecto das respostas das crianças, mesmo quando o aluno percebe que poderia ter perguntado, sabe o que poderia ter perguntado etc. Aqui a centração parece ter sido uma opção intencional, impulsionada pelo receio de errar e perguntar algo que pudesse (nas palavras de Piaget) sugerir respostas. Interpretamos essa centração como fruto de cautela e inexperiência no método, mais do que da impermeabilidade ao sistema de aspectos em jogo.

A etapa das transcrições parece ser causadora de descentrações produtivas:

> Nossa, quando eu fui transcrever, vi que poderia ter perguntado "Por que nesse momento?" e também vi que fiz uma pergunta considerando só uma possibilidade/inferência a partir da resposta anterior da criança, e não percebi que não necessariamente a resposta anterior era devida àquilo que eu pensei.

A transcrição oferece, assim, a possibilidade de distanciamento, porque o aluno toma a sua fala e experiência como objetos, mas, ao mesmo tempo, permite a proximidade com o material da entrevista quanto ao que disse, o que não disse, o que poderia ter dito etc., promovendo reflexões descentradas importantes.

Outro exemplo: "Professora, nesse momento o Ra [aluno/expositor] perguntou assim: eu estava pensando se não poderia também perguntar [de outra maneira] . . ." Nesse caso, um aluno do grupo, convidado a se colocar no lugar do aluno/pesquisador, tenta pensar sobre outras possibilidades de condução da entrevista.

A colocação de outro ponto de vista traz novas informações sobre a "paisagem", nesse caso, o material empírico. Na atividade escolhida para ilustrar a discussão entre proximidade e distanciamento, a transcrição teria a mesma função que os estudos-piloto, nas pesquisas empíricas, ou seja, promover a descentração e a colocação em outro ponto de vista. Sabemos e indicamos a realização de estudos-piloto justamente por este aspecto: o de permitir o exercício dos procedimentos e sua variação, ou seja, o de promover a abertura de possibilidades, elemento que se relaciona ao movimento de descentração.

É frequente que o aluno, após apresentar sua entrevista e efetuar tentativas de se colocar em outros (novos) pontos de vista, espontaneamente, queira realizar novas entrevistas, acreditando que, agora, mais descentrado, conseguirá "ver" novos aspectos.

Há muitos outros exemplos que podem ilustrar os movimentos de centração/descentração, proximidade/distanciamento. Interessou-nos, neste texto, explicitá-los no contexto de ensino e aprendizagem, o que, acreditamos, colabora também para um ensino descentrado. Para Piaget, o ir e vir do desenvolvimento se dá por relações de interdependência entre sujeito e objeto; entre procedimentos e estruturas, sendo que esse dinamismo expressa-se nas mais variadas situações de interação. Assim, no contexto do ensino de prática de pesquisa temos um ambiente privilegiado para o exercício da proximidade e do distanciamento, de ambas as partes (professor e alunos).

Alguns exemplos podem ilustrar essa condição ideal:

Professora, quando eu ouvi a entrevista gravada, percebi que interpretei o que a criança disse de um jeito e agora vejo que há vários outros jeitos possíveis. Na hora não consegui pensar neles; agora depois que eu li a transcrição e o grupo me perguntou por que interpretei assim, é que percebi isso . . .
Nossa, não sei de onde tirei esta interpretação; agora vejo que me apeguei num só aspecto do que a criança falou antes e fiquei pressionando para ela falar mais dele. E nem ouvi quando ela indicou que queria falar de outra coisa; é, errei feio . . .
Da próxima vez, vou deixar a criança falar mais antes de "fechar" o raciocínio dela fazendo tantas perguntas.

O destaque desses conceitos e desses movimentos contribui também, a nosso ver, para discussões sobre investigações teóricas e empíricas e para o esclarecimento de aspectos fundamentais, os quais devem estar presentes na divulgação das pesquisas em Psicologia. Não é infrequente encontrarmos artigos científicos, nos quais, aparentemente, o pesquisador não se apercebeu que apresentou o método e os dados de modo centrado. Esse modo, por ser subjetivo e inflexível, dificulta a compreensão por parte do leitor, que está, necessariamente, num outro ponto da "paisagem". A esse respeito, a centração implica ainda mais uma dificuldade, informações apresentadas isoladas e estaticamente, não permitem, na maior parte das vezes, a replicação do estudo em questão, no sentido de uma repetição da investigação adotando os mesmos procedimentos, já que as "coordenadas", como diria Piaget, em relação à representação do espaço, não estão claras, dificultando a localização nessa "paisagem"/pesquisa. Não se trata, nesse caso, de ver de um outro ponto de vista, mas de não conseguir se colocar no ponto de vista do pesquisador/autor para acompanhar suas perguntas, seu método e seus achados. Exemplos desse tipo de centração não são exclusividade de nenhuma abordagem teórica.

Considerando as ideias expostas nesse texto, defendemos a explicitação descentrada dos princípios norteadores das opções teóricas e empíricas, em benefício, não só do ensino de Psicologia, mas, especialmente, da prática de pesquisa em psicologia, no contexto de sua realização propriamente dita e também de sua divulgação. Mas, como fazê-lo?

Podemos concluir a partir das ideias de Piaget que o trabalho em grupo de discussão e o exercício, em todos os níveis, de se colocar em outro ponto da "paisagem" que envolve qualquer investigação, são boas estratégias de superação das centrações, permitindo, assim, a proximidade e, ao mesmo tempo, o distanciamento de qualquer que seja o tema, pela possibilidade de reflexão crítica. Aprofundar-se (por proximidade) de uma perspectiva teórica deve ser complementado por distanciar-se desta, para criticá-la e avaliar seus limites e suas vantagens. O primeiro movimento (proximidade) deve se referir a colocar-se "no lugar" dessa teoria, quanto a seus princípios epistemológicos e conceitos principais, o que implica considerar a totalidade (até onde for possível) do desenvolvimento das ideias que compõem a abordagem teórica e não apenas parte delas (como se fossem o todo). O distanciamento, por sua vez, deve permitir o colocar-se "em outro lugar", relativizando, assim, o próprio ponto de vista (teórico) e analisando os outros possíveis, o que não implica concordar com eles.

Como desdobramento dessa conclusão geral, mas nem por isso de menor importância, podemos considerar que os movimentos de proximidade e distanciamento podem conferir à atitude do pesquisador maior humildade diante de suas teorizações e achados científicos. Não se trata de aceitar passivamente ideias advindas de outras perspectivas ou reflexões oriundas de outros pontos de vista sobre o mesmo tema, mas, ao contrário, usá-los como contraponto para a reflexão, buscando compreendê-los em sua "lógica", o que fornecerá elementos novos para reflexão sobre o próprio ponto de vista, redimensionando-o num sistema mais amplo, numa "paisagem" panorâmica.

Retomando o contexto de ensino e aprendizagem da prática de pesquisa em psicologia, a meta mais desejável, tanto para o professor quanto para os alunos, é, portanto, poder aprofundar o ponto de vista próprio, a partir de sua relativização (por comparações, confrontações e correspondências), num sistema de pontos de vista possíveis. Não se trata de concordâncias ou discordâncias com os conteúdos dos pontos de vista, mas de "ir além" de uma única referência, buscando, ao contrário, coordenar diferentes pontos de partida, o que poderá fortalecer (por meio da descentração) escolhas anteriores, as quais estarão agora mais objetivadas.

Encerramos nossa exposição sobre o tema, esperando ter demonstrado que os conceitos piagetianos de centração e descentração formam um par conceitual que pode servir de base para discutir os movimentos de proximidade e distanciamento, envolvidos na dinâmica do ensino e da aprendizagem da prática de pesquisa em psicologia. Arriscamos pensar que esses conceitos não só servem de base para pensar atividades de ensino e aprendizagem de pesquisa, mas poderiam também fazer parte de objetivos explícitos para essas práticas, isto é, poderiam definir metas a serem atingidas no contexto das práticas de pesquisa em psicologia. Professores/pesquisadores poderiam, então, pretender oferecer em suas aulas ocasiões de descentração a seus alunos, estimulando-os a formularem boas perguntas sobre os conteúdos, de outros pontos de vista, confrontando autores, métodos, pressupostos epistemológicos e resgatando princípios norteadores das diferentes abordagens teóricas. O desafio é estimulante já que, se Piaget tiver razão, poder olhar a "paisagem" de diferentes ângulos e perspectivas oferece uma gama de aspectos e detalhamentos, que um único ponto de vista ou posição nem sequer vislumbra. Nossa prática de pesquisa com alunos de graduação em Psicologia permite concordar com Piaget quanto a isso e continuar vislumbrando extensas "paisagens".

REFERÊNCIAS BIBLIOGRÁFICAS

Inhelder, B., & Piaget, J. (1955). *De la logique de l'enfant à la logique de l'adolescent.* Paris: PUF.

Inhelder, B., & Piaget, J. (1964). *A psicologia da criança.* DIFEL: São Paulo.

Piaget, J. (1923). Le langage et la pensée chez l'enfant. Neuchâtel: Neuchâtel et Niestlé.

Piaget, J. (1926). *La représentation du monde chez l'enfant.* Neuchâtel: Neuchâtel et Niestlé.

Piaget, J. (1937). *La construction du réel chez l'enfant.* Paris: PUF.

Piaget, J. (1945). *La formation du symbole chez l'enfant.* Paris: PUF.

Piaget, J. (1948). La représentation de l'espace chez l'enfant. Paris: PUF.

CAPÍTULO 3

Proximidade e distanciamento na pesquisa acadêmica do professor de ciências sobre sua própria prática

José Moysés Alves

> ... para fazer que minha vivência em si, minha carne interna, se torne meu próprio objeto, devo sair dos limites do contexto de valores no qual se efetuava minha vivência, devo situar-me noutro horizonte de valores. Terei de tornar-me outro em relação a mim mesmo... (Bakhtin, 1997, p. 128)

INTRODUÇÃO

Refletir sobre proximidade e distanciamento na relação sujeito-objeto tornou-se uma necessidade para mim durante a (co)orientação de estudantes de mestrado, do Programa de Pós-graduação em Educação em Ciências e Matemática (PPGECM) da Universidade Federal do Pará. Eles eram professores de ciências e desenvolveram suas dissertações de mestrado partindo de pesquisas sobre aspectos de sua própria prática (Costa, 2005; Gomes, 2006; Parente, 2004; Pessoa, 2005; Valente, 2007). De forma geral, focalizaram nessas investigações a construção de conhecimentos nas interações em suas salas de aula, tendo como referencial teórico-metodológico a abordagem histórico-cultural.

Havia no PPGECM uma atmosfera favorável a que os mestrandos desenvolvessem suas pesquisas em seus locais de trabalho, visando a construir respostas para os problemas da prática pedagógica. Também tínhamos exemplos na literatura de outros professores realizando o tipo de pesquisa que pretendíamos desenvolver, analisando informações coletadas em suas salas de aula (Machado, 1999; Mortimer, Machado, 2001). Mas nem os estudantes nem eu tínhamos uma compreensão mais profunda das consequências dessa opção.

Nessas pesquisas, constatamos dificuldades para conciliar a atividade de ensino com a atividade de pesquisa. Entre outras, a de separar objetivos de ensino de objetivos de investigação, estratégias de ensino de procedimentos de pesquisa, avaliação do ensino de resultados de pesquisa, propostas de melhoramento para uma prática pedagógica concreta de contribuições para a literatura de uma área de estudos.

Acredito, de um lado, que essas dificuldades estavam relacionadas com o fato de o paradigma positivista ainda exercer grande influência em nossas concepções de como fazer pesquisas. E, de outro, que não tínhamos refletido o suficiente sobre alternativas epistemológicas a essa perspectiva.

Segundo Freitas (2003b), o paradigma positivista propõe a explicação, o controle, a predição e a formulação de leis gerais como finalidade da investigação. Concebe a realidade como objetiva e apreensível. Entende a relação do sujeito conhecedor com o objeto de pesquisa como sendo uma relação neutra, independente de valores. O pesquisador se coloca numa situação de isenção diante da realidade. Este paradigma acaba divorciando a ciência da vida, o conhecer do agir, o homem da realidade.

Durante as nossas conversas, notava certas atitudes de meus (co)orientandos em relação à pesquisa. Algumas vezes, mostravam estranhamento por estarem intervindo na realidade pesquisada. Outras vezes, tomavam as inovações práticas que estavam propondo como a própria pesquisa, sendo a dissertação de mestrado o relato desta experiência.

Por outro lado, apesar de trabalharmos com o referencial da abordagem histórico-cultural, não estávamos familiarizados com a discussão da área educacional a respeito da pesquisa do professor sobre sua própria prática. Propor inovações e investigar em uma situação real também foi novo para nós. O compromisso ético com a formação dos estudantes e os acontecimentos do cotidiano escolar interferiam em nossos planejamentos de formas imprevistas.

Diferentemente do paradigma positivista, segundo Freitas (2003b), o paradigma crítico propõe compreender para transformar a realidade pesquisada. Concebe a realidade como uma construção dos múltiplos sujeitos que nela interagem. A relação entre pesquisador e objeto de pesquisa é marcada pelo desejo de mudança, pelo compromisso com a emancipação humana. Fundamenta-se em análises contextualizadas, indutivas, qualitativas, centradas na diferença, mas valoriza os processos sociais coletivos. Há uma preocupação com a crítica dos valores estabelecidos e das ideologias. O paradigma crítico exige da parte do pesquisador um compromisso com a transformação da realidade. Fazer pesquisa deixa de ser um ato solitário e individual. A referida autora considera evidente a proximidade da abordagem sócio-histórica ao paradigma crítico, pela sua fundamentação comum: o materialismo histórico dialético. Ela afirma que o método dialético constitui "uma alternativa metodológica que ao assinalar a possibilidade de superação da dicotomia sujeito-objeto, indica a necessidade e a possibilidade de transformação da sociedade" (p. 12).

Outro acontecimento que se veio somar à necessidade que sentia de refletir sobre os percalços de fazer pesquisas em que o professor investigava a construção de conhecimentos partindo de transcrições de suas interações com os estudantes foi a proposta do coordenador de nosso Grupo de Trabalho da Associação Nacional de Pesquisa e Pós-graduação em Psicologia. Ele sugeriu que discutíssemos o tema "Aproximação e distanciamento nas relações entre sujeito e objeto de pesquisa"[1]. Resolvi, então, refletir sobre a possibilidade do professor de ciências distanciar-se e (re)aproximar-se de sua prática, fazendo dela o objeto de sua pesquisa acadêmica.

---

[1] O Grupo intitula-se *Contextos Sociais de Desenvolvimento: Aspectos evolutivos e culturais*, é cadastrado no Diretório do CNPq e tinha como coordenador na época o prof. dr. Paulo de Salles Oliveira, da Universidade de São Paulo.

A PESQUISA ACADÊMICA DO PROFESSOR SOBRE A PRÓPRIA PRÁTICA

Ao ler trabalhos sobre o professor-pesquisador, percebi que muitos dos problemas que enfrentávamos estavam presentes nas preocupações dos autores dessa área. Eles discutem diferenças nas exigências feitas por esse tipo de pesquisa em relação à prática reflexiva e à pesquisa acadêmica. Há uma preocupação de aproximar as duas formas de fazer pesquisa e propostas de diferentes maneiras de formar o professor para investigar sua prática.

Desde a década de 1970, a ideia do professor-pesquisador tem recebido atenção crescente e, mais recentemente, o reconhecimento acadêmico. Ela tem sido apontada como importante para o desenvolvimento do currículo, para o ensino e para o crescimento profissional (Ludke, 2001). Segundo Elliott (2001), tal pesquisa nasceu da colaboração de professores inovadores com especialistas em currículo das instituições educacionais superiores. Mais tarde, tal colaboração entre especialistas e práticos passou a ser chamada de pesquisa-ação e essa forma de pesquisa ". . . desencadeou inevitavelmente uma tensão entre professores e especialistas. Os primeiros, ansiosos por preservar sua autonomia profissional no âmbito curricular e pedagógico, e os segundos, ansiosos para validar suas ideias e teorias na academia" (p. 139).

Diferenças entre a pesquisa feita pelo professor e a pesquisa acadêmica também foram apontadas por Zeichner (2001). Os professores consideravam irrelevante a pesquisa educacional conduzida pelos acadêmicos, porque era distanciada dos problemas da prática. Por sua vez, muitos acadêmicos rejeitavam a pesquisa dos professores na escola por considerá-la trivial, desvinculada da teoria e sem contribuições para uma área de estudo específica.

Vários autores concordam que a reflexão na e sobre a prática, ideia muito difundida nos meios educacionais, a partir dos trabalhos de Schön, na década de 1980, não pode ser tomada como sinônimo de fazer pesquisa. Segundo Ludke e Cruz (2005), esta é uma estratégia que "pode servir para os professores problematizarem, analisarem, criticarem e compreenderem suas práticas, produzindo significado e conhecimento que direcionam para o processo de transformação das práticas escolares" (p. 90). De acordo com as autoras, refletindo sobre sua prática o professor pode produzir conhecimento, sem necessariamente ser um pesquisador. Só quando ele vai além da reflexão e, entre outras exigências, procura entender o fenômeno, fazendo análises à luz de teorias, é que ele faz pesquisa.

Neste sentido, Cunha e Prado (2007) consideram que a pesquisa é uma opção, ao passo que a reflexão é uma característica própria da natureza humana. Para as autoras, o professor-pesquisa quando tem a intenção de fazê-lo, maneja os instrumentos e sistematiza sua produção de forma que seja reconhecida como pesquisa. Nem sempre o professor quer ou sabe fazer isso. Elas argumentam que pesquisar e refletir são realmente práticas distintas, porém complementares.

> A reflexão não é necessariamente pesquisa e ocupa-se da totalidade, procurando levar em conta várias dimensões e perspectivas. A investigação exige um processo reflexivo "especial", que demanda a delimitação de um problema, um foco determinado que possa ser estudado com mais profundidade. (Cunha, Prado, 2007, p. 276)

De forma semelhante, Perrenoud (1999), admitindo existirem pontos em comum entre a pesquisa e a prática reflexiva, aponta diferenças fundamentais relacionadas com as duas atividades. Em primeiro lugar, considera que elas não têm o mesmo objeto. A pesquisa educacional se interessa por todos os fatos, processos e sistemas educativos, incluindo todos os aspectos das práticas pedagógicas. Ao professor reflexivo interessa, prioritariamente, seu próprio trabalho e seu contexto imediato, cotidiano. Em segundo, a atitude exigida pela pesquisa e pela prática reflexiva não é a mesma. A pesquisa objetiva descrever e explicar, exibindo sua exterioridade. A prática reflexiva quer compreender para regular, aperfeiçoar e transformar uma prática particular a partir de seu interior. Em terceiro lugar, pesquisa e prática reflexiva não têm a mesma função. "A pesquisa visa a saberes de caráter geral, duráveis, integráveis a teorias e a prática reflexiva contenta-se com conscientizações e saberes da experiência, úteis localmente" (p. 15). Por último, pesquisa e reflexão são validadas por diferentes critérios. A pesquisa exige método e controle intersubjetivo. A prática reflexiva se julga pela qualidade das transformações que opera e dos problemas profissionais que soluciona.

A possibilidade do professor que está na escola, mas não está na universidade, desenvolver pesquisa considerada legítima é discutida por Cunha e Prado (2007). A partir de suas análises dos textos enviados por professores para seminários do grupo de pesquisa que participam, concluem que o professor faz pesquisa quando

> toma o seu trabalho como espaço-tempo de produção de conhecimentos e saberes; orienta uma questão relevante para seu trabalho na escola; organiza informações, integra e busca respostas; sistematiza e registra suas análises e reflexões; reorienta seu trabalho e encaminha outras (e novas) questões e socializa sua produção com outros parceiros. (p. 278)

Os autores acrescentam outra condição para o professor constituir-se enquanto pesquisador: "dialogar com autores e colegas estabelecendo uma parceria que auxilie na fundamentação do próprio trabalho e em uma compreensão crítica de seu modo de produção" (p. 278).

Neste contexto, Cunha e Prado (2007) argumentam que o conceito de pesquisa, enquanto produção de conhecimento novo, feita por alguém preparado teórica e metodologicamente, passa a ser questionado. Essa perspectiva costuma demandar

> ... a superação da constatação de informações coletadas e condições estudadas, implica conferir generalidade aos resultados, o domínio de um referencial teórico-epistemológico da área. O professor da escola básica não é compreendido como sujeito preparado para esse tipo de pesquisa. (p. 275)

Vários autores procuram aproximar a pesquisa acadêmica e a que é feita pelo professor na escola. Florentino[2] considera que as duas formas devem ser vistas como complementares. Propõe que entre elas ocorra um diálogo, de modo que a prática alimente a teoria e a teoria alimente a prática. No mesmo sentido, Nunes (2008) argumenta que a distância entre a pesquisa educacional e a prática de sala de aula pode ser diminuída quando o professor torna-se pesquisador de sua prática e o pesquisador participante do cotidiano escolar.

A necessidade de suplantarmos a divisão entre a pesquisa dos educadores e a pesquisa acadêmica em educação também é defendida por Zeichner (2001). O autor sugere três estratégias principais para romper essa separação. Primeiro, o envolvimento dos profissionais das escolas em discussões sobre o significado e a importância das investigações acadêmicas. Segundo, o desenvolvimento de projetos de pesquisa em colaboração com os professores

---

[2] A. Florentino, em comunicação oral ao Grupo de Trabalho da ANPEd intitulado "A pesquisa na formação de professores" quando da 25ª reunião anual da ANPEd, em 2002.

nas escolas, superando modelos hierárquicos. Terceiro, o apoio a projetos de pesquisa-ação desenvolvidos pelos educadores, tomando bastante cuidado com o conhecimento produzido nesse processo.

Existem no Brasil, segundo Zeichner e Diniz-Pereira (2005), algumas iniciativas de parcerias entre universidades e Secretarias de Educação para o desenvolvimento de programas de formação continuada. Tais iniciativas incluem a realização de pesquisas por parte dos professores, entretanto,

> as condições de trabalho da maioria dos educadores são tão precárias que às vezes pode parecer piada de mau gosto falar em pesquisa desenvolvida por professores na escola. Com raríssimas exceções, a pesquisa educacional brasileira está, sem duvida alguma, concentrada nas universidades. (Zeichner, Diniz-Pereira, 2005, p. 71)

Refletindo sobre a formação de futuros professores na universidade, Ludke e Cruz (2005) chamam a atenção para o risco que se corre hoje dos cursos "se concentrarem predominantemente no exercício de uma reflexão de caráter pessoal, particular, sobre a própria prática do estudante, futuro professor, num esforço subjetivo e isolado do contexto em que se dará essa prática" (p. 83). As autoras consideram necessário que o professor receba os fundamentos teóricos desenvolvidos pelas disciplinas que estudam a educação. Criticam a costumeira separação das disciplinas de conteúdos específicos daquelas voltadas para a preparação chamada pedagógica e a distância entre formação teórica e prática. Também criticam que a formação para a pesquisa aconteça mais nos bacharelados que nas licenciaturas.

Segundo Tardif (2000), na formação inicial, os conhecimentos científicos educacionais e os saberes profissionais estão bem próximos, mas não dialogam nem se influenciam. A seu ver, os pesquisadores interessam-se muito mais pelo que os professores deveriam ser, fazer e saber do que pelo que eles realmente são, fazem e sabem. O autor relata que em vários países muitos questionam se as universidades podem proporcionar uma formação profissional de qualidade, assentada na realidade do mundo do trabalho profissional, visto que elas estão dominadas por culturas (mono)disciplinares e por imperativos de produção de conhecimentos. Considera que a prática profissional nunca é um espaço de aplicação dos conhecimentos universitários. Quando muito, em função das demandas do trabalho, tais conhecimentos são filtrados, diluídos e transformados. Nesse sentido, argumenta que a pesquisa universitária deve se apoiar nos saberes dos professores, a fim de compor um repertório de conhecimentos para a formação deles. Diferentemente dos conhecimentos universitários, os saberes profissionais não são construídos e usados em função de seu potencial de transferência e generalização, eles estão estreitamente relacionados e atendem a uma situação de trabalho particular.

Cunha e Prado (2007) argumentam que o professor-pesquisador não precisa estar necessariamente vinculado a programas de pós-graduação para produzir pesquisa. O professor, no cotidiano da escola, compromissado com a sistematização de seus conhecimentos e acionando saberes, produzindo novas relações e mobilizando mudanças, pode ser reconhecido como professor-pesquisador.

Apesar da importância atribuída à investigação sobre a prática para a formação continuada dos professores, pesquisas têm mostrado que, em geral, as licenciaturas não formam o professor para a pesquisa, com a exceção dos bolsistas de iniciação científica. Essa formação costuma acontecer nos cursos de mestrado e doutorado (Ludke, 2001).

A realização de trabalhos híbridos, elaborados em conjunto por docentes da escola básica e seus professores no curso de mestrado é apontada por Ludke e Cruz (2005) como uma possibilidade de desenvolvimento mútuo. Crescem os professores da educação básica pelo contato com a literatura e crescem os professores universitários que passam a ter contato direto com os problemas vitais da escola.

Era em uma situação semelhante a essa que estávamos pesquisando e enfrentando dificuldades tanto para propor inovações que promovessem a aprendizagem dos estudantes da educação básica, na escola, quanto para desenvolver investigações que atendessem às exigências acadêmicas da pós-graduação. Segundo Ludke e Cruz (2005), esse é um desafio atual colocado para a pesquisa educacional. Ao mesmo tempo, aproximá-la da universidade, onde ela é geralmente feita, e da educação básica, onde é chamada a resolver os problemas.

Na pós-graduação, exige-se que as dissertações e teses tenham relevância social e teórica. Considerando que o aperfeiçoamento da ação pedagógica constitui o resultado desejável dos processos educacionais, a pesquisa do professor sobre sua própria prática, apresenta, em geral, relevância social. Nessas pesquisas, o professor pode problematizar, entre outros aspectos, os critérios que adota para selecionar conteúdos, as formas que emprega para ensiná-los e para avaliar a aprendizagem dos seus alunos, bem como a adequação de suas estratégias de ensino.

Em nossa área de pesquisa, especificamente, Mortimer e Machado (2001) afirmam que "o reconhecimento, pelos professores, do papel da linguagem e das interações discursivas no processo de elaboração de conceitos científicos tem sido uma das condições mais importantes para possibilitar mudanças nas práticas pedagógicas" (p. 128). Segundo Oliveira (1999), os métodos de pesquisa que permitem a compreensão das transformações que ocorrem, permanentemente, nos processos educativos, são os métodos mais adequados para a pesquisa educacional.

Neste sentido, a pesquisa do professor sobre a própria prática, especialmente quando feita na academia, precisa ter fundamento teórico e metodológico. Ela deve contribuir para uma área de estudos específica, formulando e respondendo perguntas do interesse dessa comunidade científica, usando métodos desenvolvidos por outros pesquisadores ou criando novos. Espera-se, portanto, que ela tenha uma relevância teórica, além da relevância social.

Há diferentes possibilidades teóricas para fundamentar a pesquisa do professor sobre a sua prática. Ludke (2001) argumenta que não parece ser "necessário nem justificável, por um lado, estabelecer uma categoria de pesquisa 'própria' do professor, limitando seu trabalho a essa opção obrigatória" (p. 92-93). No nosso caso, repito, optamos por pesquisar a construção de conhecimentos nas interações em sala de aula, a partir da abordagem sócio-histórica.

As abordagens teóricas concebem a relação sujeito-objeto de maneiras diferentes. O fato de o professor-pesquisador ser, ao mesmo tempo, sujeito e objeto de sua investigação constitui uma complicação para o paradigma positivista, que prescreve neutralidade na relação do pesquisador com seu objeto de estudo. As dificuldades que enfrentávamos nos desafiavam a entender como essa relação poderia ser concebida a partir da perspectiva com a qual estávamos trabalhando.

A RELAÇÃO SUJEITO-OBJETO NA PERSPECTIVA SÓCIO-HISTÓRICA

Trabalhos de qualidade questionável têm sido produzidos, devido à aparente facilidade no uso de metodologia qualitativa. Segundo Ludke e Cruz (2005) tais pesquisas limitam-se a transcrever informações sem analisá-las à luz de teorias e sem buscar apoio em trabalhos anteriores, feitos por outros pesquisadores, sobre os mesmos problemas.

Neste sentido, antes de examinar a relação sujeito-objeto, considero importante apontar algumas das características da pesquisa qualitativa de orientação sócio-histórica, descritas por Freitas (2002). Nessa perspectiva, o acontecimento particular é concebido como instância de uma totalidade social. Procura-se entender os sujeitos envolvidos na investigação e os seus contextos. Não se cria artificialmente uma situação para ser pesquisada, mas vai-se ao encontro da situação no seu acontecer, no seu processo de desenvolvimento. Em nossas pesquisas, planejávamos sequências didáticas diferentes daquelas que os professores costumavam desenvolver com seus alunos e introduzíamos na sala de aula filmadoras e gravadores de voz. Ainda assim, considerávamos que essas atividades não alteravam o essencial da estrutura e das finalidades das aulas regulares de ciências.

Outras características da pesquisa qualitativa de orientação sócio-histórica, são apontadas por Freitas (2002). A coleta de dados enfatiza a compreensão, a descrição deve ser complementada pela explicação dos fenômenos em estudo e busca-se a integração do individual e do social nas relações entre os eventos investigados. O pesquisador procura reconstruir a história dos acontecimentos, seu processo de transformação. Sendo parte integrante da investigação, o pesquisador constrói sua compreensão a partir do lugar sócio-histórico no qual se situa e depende das relações intersubjetivas que estabelece com os sujeitos pesquisados.

Apoiada em Bakhtin, Freitas (2002), afirma que o pesquisador das ciências exatas adota uma postura monológica, pois se encontra diante de um objeto mudo. Ele fala sobre o objeto e não com ele. Precisa contemplá-lo para conhecê-lo e falar a respeito dele. O pesquisador das ciências humanas não pode adotar a mesma postura, pois seu objeto é um ser expressivo e falante. Neste caso o pesquisador não pode limitar-se a contemplá-lo, mas precisa dialogar com ele, pois tal sujeito tem sua própria voz, sua própria perspectiva a respeito da realidade.

A relação não é mais entre sujeito e objeto, mas entre sujeitos. A explicação do objeto construída por uma única consciência deve ceder lugar à compreensão, que acontece no diálogo entre dois sujeitos. Concordando com o argumento da autora, poderíamos simplesmente estendê-lo à pesquisa do professor sobre sua própria prática. Entretanto, ela parece estar se referindo a uma pesquisa em certo sentido diferente daquela que é o foco do nosso interesse, pois nela o sujeito pesquisador e o(s) sujeito(s) pesquisado(s) são pessoas diferentes.

Em geral, nas pesquisas em ciências humanas o pesquisador é alguém que investiga uma situação que não lhe é familiar. Segundo Freitas (2002), "Para buscar compreender a questão (de pesquisa) formulada é necessário, inicialmente, uma aproximação, ou melhor, uma imersão no campo para familiarizar-se com os sujeitos a serem pesquisados" (p. 28). Com essa finalidade, o pesquisador frequenta os locais em que acontecem os eventos de seu interesse, observa a situação, conversa com as pessoas envolvidas e recolhe informações sobre elas ou que elas próprias produzem.

O professor-pesquisador, que investiga a construção de conhecimentos nas interações em sala de aula, não é um estranho que precisa mergulhar na situação para conhecê-la.

Pelo contrário, é ele quem seleciona os conteúdos a serem ensinados, estrutura as atividades que serão desenvolvidas e conduz boa parte das interações que se tornarão objeto de seu estudo.

Esta imersão no cotidiano pesquisado, segundo Amorim (2004),

> ... pode nos cegar justamente por causa da sua familiaridade. Para que alguma coisa possa se tornar objeto de pesquisa, é preciso torná-la estranha de início para poder retraduzi-la no final: do familiar ao estranho e vice-versa, sucessivamente. (p. 26)

Imerso em seu cotidiano, o professor-pesquisador precisa, primeiro, distanciar-se de sua própria prática para tomar suas interações em sala de aula como objeto de pesquisa.

Segundo Amorim (2004),

> ... o pesquisador pretende ser aquele que recebe e aceita o estranho. Abandona seu território, desloca-se em direção ao país do outro, para construir uma determinada escuta da alteridade e poder traduzi-la e transmiti-la. (p. 26)

Essa situação é, de certo modo, diferente daquela do professor-pesquisador, pois se o professor pode estranhar sua própria prática, distanciando-se dela, isto não implica um deslocamento "em direção ao país do outro". A menos que entendamos este outro no sentido de "tornar-me outro em relação a mim mesmo . . ." (Bakhtin, 1997, p. 128).

Para Freitas (2003b), o lugar do pesquisador é exotópico, ou seja, é exterior e diferenciado daquele dos sujeitos da pesquisa. Concluída a coleta das informações, ele retorna a si mesmo. Segundo a autora, esta volta a si mesmo constitui o momento da objetivação, o mais importante do processo compreensivo. Significa que o pesquisador afasta-se daquele(s) com quem se identificou empaticamente para contemplá-lo(s) da sua posição original.

> Sem esse retorno não há compreensão, mas apenas identificação. Essa volta ao seu lugar é que permite ao pesquisador ter condições de dar forma e acabamento ao que ouviu e completá-lo com o que é transcendente à sua consciência. (Freitas, 2003b, p. 11)

Novamente, encontramos uma situação diferente daquela do professor que pesquisa a própria prática. Como o professor é a mesma pessoa que ensina e que pesquisa sobre o seu ensino, ao pesquisar ele não se desloca para encontrar um outro, se identificar com ele e, de volta ao seu lugar, objetivá-lo e compreendê-lo. Se o professor pode estranhar sua própria prática e compreendê-la em outros termos, isto não se deve ao fato de dialogar, na situação de pesquisa, com um outro diferente de si.

Segundo Amorim (2004), "o outro é ao mesmo tempo aquele que eu quero encontrar e aquele cuja impossibilidade de encontro integra o próprio princípio da pesquisa. Sem reconhecimento da alteridade não há objeto de pesquisa" (p. 28). Nesse sentido, a pesquisa sobre a própria prática também constitui um desafio para uma perspectiva sócio-histórica, não por postular a neutralidade do pesquisador, mas pela maneira de reconhecer a alteridade e assim constituir seu objeto de pesquisa.

QUANDO O SUJEITO É ELE PRÓPRIO OBJETO DE SEU ESTUDO

O objeto das ciências naturais é mudo, sujeito e objeto têm uma natureza diferente. Nas ciências humanas se estabelece "uma diferença no interior de uma identidade" (Amorim, 2004, p. 28). Creio que podemos conceber a alteridade na pesquisa sobre a própria prática, como um "tornar-me outro em relação a mim mesmo . . ." (Bakhtin, 1997, p. 128), ou seja, como uma diferença no interior de uma subjetividade.

Entendo subjetividade, conforme a define González Rey (2002), "como a forma ontológica do psíquico quando passa a ser definido essencialmente na cultura, através dos processos de significação e de sentido subjetivo que se constituem, historicamente, nos diferentes sistemas de atividade e comunicação humanas" (p. 22). Nessa definição, o externo (interpessoal) e o interno (intrapsíquico) estão implicados de forma simultânea, pois as significações e sentidos são produzidos em um mesmo espaço subjetivo, que integra, de variadas formas, o sujeito com sua história particular e a subjetividade social.

Assim, os significados partilhados na universidade e na escola constituem a subjetividade do professor-pesquisador e são por ela constituídos. De um lado, ele precisa atender às demandas da escola e às peculiaridades de seus alunos para planejar, executar e avaliar o ensino. De outro, precisa atender às exigências institucionais da pós-graduação para planejar, desenvolver, relatar e publicar sua pesquisa. Nesse sentido, o professor que pesquisa a própria prática com fins acadêmicos participa de dois contextos culturais distintos.

González Rey (2002) considera que a cultura influencia o sujeito desde o exterior, apenas nos momentos em que ele começa a participar de âmbitos culturais que existiam anterior e independentemente dele. Mas uma vez inserido em tais contextos "o sujeito não atua como um subordinado determinado desde fora, mas passa a ser parte destes processos culturais, aparecendo nesta dimensão como um sujeito constitutivo e constituinte da cultura" (p. 22-23).

Ao pensar sobre sua prática com os novos conhecimentos e valores, incorporados a partir de suas interações no contexto universitário (e aqui podemos incluir, entre outras, suas leituras, as discussões e troca de experiências com colegas e professores e a participação em congressos), o pesquisador torna-se "outro" em relação ao professor. A cultura escolar e a cultura universitária oferecem diferentes significados e ferramentas para o professor realizar o seu trabalho. Ao mesmo tempo, tais contextos recebem a influência deste sujeito concreto, que produz sentidos diversos sobre o acervo cultural disponível, a partir de suas interações e história de vida particular.

De acordo com González Rey (2002) a categoria sujeito é fundamental para compreender a subjetividade enquanto processo. Representa o indivíduo concreto, ativo, que se compromete, simultaneamente, com sua história e com o momento atual de sua existência social. Os processos de seu desenvolvimento subsequente são definidos nessa relação, "assim como o sentido subjetivo de suas ações atuais, as quais se convertem também em elementos de sentido e significação do momento atual que caracteriza seu desenvolvimento" (p. 32).

Ocupar posições contextuais diferentes, assumir papeis sociais contrastantes, em tempos relativamente distintos para desempenhá-los possibilita o crescimento do professor-pesquisador. Em tal processo, o mesmo sujeito interativo produz diferentes configurações de sentido subjetivo, que dialogam e se transformam.

Apoiada em Bakhtin, Freitas (2003a) argumenta que cada pessoa faz uma leitura dos acontecimentos e do outro, de acordo com sua compreensão, que é orientada por um horizonte social específico. Esse horizonte se amplia à medida que o sujeito interage com o outro. "É nesse jogo dialógico que o pesquisador constrói uma compreensão da realidade investigada transformando-a e sendo por ela transformado" (p. 37).

    O professor que pesquisa sua prática inicia sua investigação aceitando que desconhece processos nos quais ele próprio está envolvido. Ele começa estranhando o que lhe é familiar. Dialogando com outros pesquisadores, que podem ser seu orientador, colegas, outros pesquisadores e/ou os autores dos textos que lê na pós-graduação ele se apropria de conhecimentos e valores diferentes daqueles que tinha antes. Eles irão constituir um excedente de visão, proporcionarão uma posição exotópica em relação às suas crenças e valores anteriores. Dessa posição subjetiva exterior de pesquisador, pode tomar sua atuação enquanto professor como objeto de estudo, de forma distanciada ou de outro ângulo. Reaproxima-se da sua prática com um olhar ampliado pelos novos conceitos, procedimentos e atitudes que aprendeu na pós-graduação. Compreende sua prática dessa nova perspectiva e pode transformá-la de acordo com os seus interesses e possibilidades. Desse modo, configurações de sentido produzidos em contextos e momentos diferentes, permitem ao professor-pesquisador aproximar-se e distanciar-se de sua prática pedagógica, constituindo-a em seu objeto de pesquisa.

REFERÊNCIAS BIBLIOGRÁFICAS

Amorim, M. (2004). *O pesquisador e seu outro: Bakhtin nas ciências humanas*. São Paulo: Musa.

Bakhtin, M. (1997). *Estética da criação verbal*. São Paulo: Martins Fontes.

Costa, A. R. (2005). *Contextualização, dialogia e parceria no estudo das ligações iônicas*. Dissertação de mestrado, Universidade Federal do Pará, Belém.

Cunha, R. B., & Prado, G. V. T. (2007). A produção de conhecimento e saberes do/a professor/a-pesquisador/a. *Educar*, *30*, 251-264.

Elliott, J. (2001). Recolocando a pesquisa-ação em seu lugar original e próprio. In C. M. G. Geraldi, D. Fiorentini & E. M. A. Pereira (Orgs.), *Cartografias do trabalho docente: professor(a)-pesquisador(a)*. Campinas: Mercado das Letras, Associação de Leitura do Brasil.

Freitas, M. T. A. (2002). A abordagem sócio-histórica como orientadora da pesquisa qualitativa. *Cadernos de Pesquisa*, *116*, 21-39.

Freitas, M. T. A. (2003a). A perspectiva sócio-histórica: uma visão humana da construção do conhecimento. In M. T. Freitas, S. J. Souza & S. Kramer (Orgs.), *Ciências humanas e pesquisa: leituras de Mikhail Bakhtin*. São Paulo: Cortez.

Freitas, M. T. A. (2003b). A pesquisa na perspectiva sócio-histórica: um diálogo entre paradigmas. Trabalho apresentado à 26ª Reunião Anual da ANPEd. Recuperado em 4 abr. 2006, disponível em http://www.anped.org.br/reunioes/26/outrostextos/semariateresaassuncaofreitas.rtf.

Gomes, J. R. J. (2006). *Concepções cotidianas e científicas sobre competição na educação de jovens e adultos*. Dissertação de mestrado, Universidade Federal do Pará, Belém.

González Rey, F. (2002). A subjetividade: sua significação para a ciência psicológica. In O. Furtado & F. González Rey (Org.), *Por uma epistemologia da subjetividade: um debate entre a teoria sócio-histórica e a teoria das representações sociais* (pp. 19-42). São Paulo: Casa do Psicólogo.

Ludke, M. (2001). O professor, seu saber e sua pesquisa. *Educação & Sociedade*, *74*, 77-96.

Ludke, M., & Cruz, G. B. (2005). Aproximando universidade e escola de educação básica pela pesquisa. *Cadernos de Pesquisa*, *35* (125), 81-109.

Machado, A. O. (1999). *Aula de química: discurso e conhecimento*. Ijuí: Editora Unijuí.

Mortimer, E. F., & Machado, A. H. (2001). Elaboração de conflitos e anomalias em sala de aula. In E. F. Mortimer & A. L. B. Smolka (Orgs.), *Linguagem, Cultura e Cognição: Reflexões para o ensino e a sala de aula* (pp. 107-138). Belo Horizonte: Autêntica.

Nunes, D. R. P. (2008). Teoria, pesquisa e prática em Educação: a formação do professor-pesquisador. *Educação e Pesquisa*, *34* (1), 97-107.

Oliveira, M. K. (1999). Três questões sobre desenvolvimento conceitual. In M. B. Oliveira & M. K. Oliveira (Orgs.), *Investigações cognitivas: conceitos, linguagem e cultura* (pp. 55-79). Porto Alegre: Artmed.

Parente, A. G. L. (2004). *Interações sociais e o discurso sobre o visível e o invisível em aulas de química*. Dissertação de mestrado, Universidade Federal do Pará, Belém.

Perrenoud, P. (1999). Formar professores em contextos sociais em mudança: prática reflexiva e participação crítica. *Revista Brasileira de Educação*, *12*, 5-21.

Pessoa, W. R. (2005). *Interações sociais em aulas de química: a conservação de alimentos como tema de estudos*. Dissertação de mestrado, Universidade Federal do Pará, Belém.

Tardif, M. (2000). Saberes profissionais dos professores e conhecimentos universitários: elementos para uma epistemologia da prática profissional dos professores e suas consequências em relação à formação para o magistério. *Revista Brasileira de Educação, 13*, 5-24.

Valente, J. A. S. (2007). *A construção de conceitos relacionados com os movimentos terra-lua-sol por alunos da EJA à luz da teoria histórico-cultural*. Dissertação de mestrado, Universidade Federal do Pará, Belém.

Zeichner, K. M. (2001). Para além da divisão entre professor-pesquisador e pesquisador acadêmico. In C. M. G. Geraldi, D. Fiorentini & E. M. A. Pereira (Orgs.), *Cartografias do trabalho docente: professor(a)-pesquisador(a)*. Campinas: Mercado das Letras, Associação de Leitura do Brasil.

Zeichner, K. M., & Diniz-Pereira, J. E. (2005). Pesquisa dos educadores e formação docente voltada para a transformação social. *Cadernos de Pesquisa, 35* (125), 63-80.

CAPÍTULO 4

A difícil arte de aproximação e distanciamento do pesquisador em psicologia

José Moysés Alves
Maria Thereza Costa Coelho de Souza
Paulo de Salles Oliveira

> Procuremos pensar em termos de vários pontos de vista e assim deixaremos que nossa mente se transforme num prisma móvel, colhendo luz de tantos ângulos quanto possível. (Mas, nunca se esquecendo de que) . . . escrever é pretender a atenção dos leitores. (Wright Mills, 1982, p. 230-231, 235)

Fazer pesquisa em psicologia, seja em que área for, exige um trabalho de "mão dupla", discutido neste texto à luz de diferentes abordagens teóricas.

A experiência diária nos ensina que vias de mão dupla são mais perigosas, pois se nos distrairmos e desviarmos para a contramão, podemos causar ou sofrer acidentes, colidindo com veículos que estejam na outra direção. No entanto, também sabemos que, às vezes, devemos e podemos arriscar uma ultrapassagem "segura", certificando-nos de que nenhum veículo vem em direção contrária; que temos espaço e tempo suficiente para entrar na contramão e voltar à pista correta, e que nosso veículo está em boas condições para fazer a ultrapassagem. Assim, aprendemos que, às vezes, devemos ficar onde estamos, mas estudando as condições de risco e, ao mesmo tempo, devemos arriscar de modo organizado, para chegar a nosso destino, com rapidez e segurança.

A mão dupla remete-nos também à aventura que permeia a produção do conhecimento, às idas e vindas, às surpresas, ao inusitado, à espera quando à nossa frente um veículo mais lento se torna um obstáculo. Não obstante os perigos, todavia, a mão dupla é uma ousadia importante pela ruptura que opera em relação à produção de conhecimento: deixa para trás a ideia de que conhecer só seria possível numa relação unilateral, ou seja, numa ação que vem do cientista para o objeto do conhecimento, supondo o primeiro com pleno controle deste último. Parafraseando Benjamin (1987), poderíamos dizer que a perspectiva da dupla movimentação, em sentidos opostos, ultrapassa o autoritarismo presente na "rua de mão única", na qual a imposição unilateral parece ditar um sentido unívoco para as coisas e para as pessoas. Daí a necessidade de "escrever a história a contrapelo", como está posto em suas "Teses de filosofia da história" (Benjamin, 1987).

Cremos que essa metáfora poderá auxiliar a apresentação das ideias deste texto, ou seja, tomamos o fazer pesquisa como constituído de atos que devem ser assegurados por perspectivas teóricas de base (nosso veículo em boas condições) e também por movimentos de aproximação e de distanciamento, de permanência e de ultrapassagens "seguras". Os autores propuseram-se a discutir esses movimentos simultâneos envolvidos no "fazer pesquisa", com base em três diferentes referenciais: a perspectiva dialética de Bakhtin, Vygotsky e Gonzalez Rey, de um lado, e a de Ecléa Bosi, Simone Weil e Walter Benjamim, de outro. O assunto também é discutido com base na teoria piagetiana.

Nosso objetivo é, então, retomar ideias dos textos de Alves, Oliveira e Souza que constam do presente livro para, enfim, chegar a uma síntese sobre os movimentos de proximidade e distanciamento envolvidos no fazer pesquisa em psicologia, tanto no que se refere ao pesquisador quanto aos procedimentos utilizados para a pesquisa propriamente dita, sem deixar de destacar também o que se passa com os sujeitos pesquisados. Essa síntese é, todavia, intencionalmente provisória, já que cada pesquisador, de dentro de seu "veículo" vai avaliar as melhores "condições de permanência e ultrapassagem", assim como as diversas e sucessivas situações de trânsito ao lado de outros veículos, em diferentes cenários.

Alves, em seu texto[1], convida a refletir sobre a relação sujeito-objeto de pesquisa, especificamente no caso do professor de ciências que analisa a construção de conhecimentos em suas interações com os alunos em sala de aula, a partir de uma perspectiva histórico-cultural. Esse tipo de pesquisa não se sustentaria dentro do paradigma positivista, uma vez que, nessa situação, o professor é, ao mesmo tempo, sujeito e objeto de pesquisa e não pode tomar a realidade pesquisada de uma forma isenta de valores, conforme prescreve tal paradigma.

Se autores como Wright Mills (1982) nos ensinam que "os pensadores mais admiráveis dentro da comunidade intelectual... não separam o trabalho de suas vidas", é também necessário assinalar, da perspectiva de Bakhtin, que, para pesquisar sua prática ou a si mesmo, o pesquisador teria de tornar-se "um outro em relação a si mesmo". Então como se distanciar sem perder a proximidade? É possível distanciar-se de si mesmo?

Este é o foco principal do texto de Alves[2], que se dedica a apresentar uma breve revisão da literatura recente sobre a pesquisa acadêmica do professor relacionada à própria prática. Nessa área, é importante e frequente o questionamento sobre a legitimidade da pesquisa do professor sobre sua prática, que não seria a mesma da pesquisa acadêmica clássica, pela falta de um distanciamento necessário, já que as experiências de pesquisador e objeto estariam misturadas e confundidas. Para Alves[3], é possível diferenciar as experiências justamente pelos movimentos de aproximação e de distanciamento, que o pesquisador deverá empreender em todos os momentos da investigação.

Alves busca apoio nos trabalhos de Freitas (2002, 2003a e 2003b), que defende uma perspectiva crítica em relação à positivista, já que a primeira ressalta a responsabilidade e o comprometimento do pesquisador com a realidade pesquisada. Em vez de manter-se neutro ao relacionar-se com seu objeto de estudo, o investigador trata de compreender a realidade para transformá-la. Essa perspectiva se harmoniza com o referencial histórico-cultural vygotskyano.

---

[1] *vide* Parte I, capítulo 3 deste livro.
[2] *vide* Parte I, capítulo 3.
[3] *idem.*

Entretanto, Alves[4] reconhece os riscos de uma aproximação do pesquisador ao contexto pesquisado sem o necessário distanciamento, conforme apontou Amorim (2004). Essa autora destacou que a imersão ou a familiaridade com a realidade pesquisada pode "cegar" o pesquisador, dificultando seu trabalho. Tal proximidade deve ser ultrapassada por um certo estranhamento da situação. Freitas (2002, 2003a e 2003b) e Amorim (2004) concebem tal distanciamento com base no conceito bakhtiniano de exotopia. Diferente do objeto das ciências naturais, que é mudo, nas ciências humanas o objeto da pesquisa é outro sujeito pensante. Seria necessária, então, uma diferenciação no interior de uma identidade humana. Elas argumentam que o pesquisador deve ocupar um lugar exotópico, ou seja, exterior e diferenciado daquele ocupado pelos sujeitos da pesquisa, mesmo quando a situação lhe é familiar.

Porém, se o estranhamento é possível quando o pesquisador e aqueles a quem ele investiga são pessoas diferentes, certamente, ele é mais difícil quando pesquisador e pesquisado são a mesma pessoa. Apoiando-se nos conceitos de cultura, sujeito e subjetividade de González Rey (2002), Alves considera que a exotopia no caso do professor pesquisador pode ser concebida como uma diferenciação no interior de uma subjetividade. Tal distanciamento é possível, no caso específico da pesquisa acadêmica do professor de ciências, porque o professor se apropria de novos conhecimentos na pós-graduação, os quais passam a constituir um excedente de visão com o qual ele pode compreender sua prática de outra perspectiva. Dessa forma, ele tem a possibilidade de concretizar o que, no contexto da criação artística, Bakhtin (1997) considera tornar-se outro em relação a si mesmo.

Oliveira[5], por sua vez, apresenta o tema à luz de reflexões sobre o papel da percepção e da sensibilidade do pesquisador, na pesquisa em psicologia, o qual pode configurar relações de alternância e reciprocidade, assim como promover o respeito às diferenças. Apoiado nos trabalhos de Ecléa Bosi e referindo-se à obra da pensadora Simone Weil, Oliveira[6] afirma que a percepção "no interior do concreto" aproxima o pesquisador de seu objeto de estudo, colocando a sensibilidade a serviço da relação entre sujeito e objeto. A aproximação pode se dar também por meio da experiência, como fez Weil quando participou da vida diária de operárias, mulheres, em seu trabalho em fábricas, na França.

No entanto, essa aproximação benéfica deveria estar acompanhada de distanciamento, para não haver um total mergulho do pesquisador em seu objeto, dificultando sua capacidade de estudá-lo. Nesse caso o mergulho significa mescla, indiferenciação e pode obscurecer a visão e a analise do fenômeno.

Oliveira[7] prossegue a discussão, lastreado em Hoggart (2001), lembrando que o pesquisador pode facilmente ser identificado como pertencente ao universo do "eles", sobretudo quando as pessoas a quem estuda pertencem às classes populares. Por maior que seja seu empenho em aproximar-se, não poderá ter a pretensão de vir um dia a ser confundido no grupo do "nós", tal qual o demarca a população estudada. Isso quer dizer que a cisão é irreversível?

Pesquisadores renomados, como Simone Weil (1996), mostram o contrário e indicam como conseguiram superar a dicotomia – e com ela as várias formas de reserva – que podem se instaurar na pesquisa, reproduzindo a conhecida assimetria pesquisador-pesquisado, facilmente detectável em vários ambientes sociais. Nossa proposta é formular a pesquisa numa outra atmosfera, com outras formas de interação entre pesquisadores e pesquisados, nas

---

[4] *vide* Parte I, capítulo 3.
[5] *vide* Parte I, capítulo 1.
[6] *idem.*
[7] *idem.*

quais essa oposição não deve acontecer; ao contrário, almeja-se que essa dicotomia possa ser superada. Mas como?

Para Oliveira (1999), por meio do respeito às diferenças, por parte do investigador, ou seja, este deve reconhecer sua existência e respeitá-las, não somente do ponto de vista teórico, mas também metodológico, buscando encontrar procedimentos compatíveis com essa situação de mão dupla, na qual ambos – pesquisador e pesquisados – são partícipes importantes na busca por desvendar os mistérios do real. Diz ele: "aprender a trabalhar as diferenças implica admitir que tanto pesquisador quanto pesquisados são sujeitos e objetos numa pesquisa. Um emudece temporariamente para que o outro se exprima" (p. 5).

O autor continua dizendo que se o pesquisador precisa inicialmente admitir que não faz parte do grupo do "nós", deve, ao mesmo tempo, deixar claro por palavras e principalmente por atitudes concretas o quanto se esforça para não ser pura e simplesmente colocado no grupo do "eles", radicalmente oposto ao primeiro. E sugere como desafio, a este pesquisador empenhado em mover-se na estrada de mão dupla, que se esforce por se colocar na qualidade de "um outro entre nós". Mantém, assim, seu estatuto como alguém que é *diferente* daquele grupo dos pesquisados, mas não totalmente separado destes, já que foi autorizado pelo grupo a frequentá-lo, ainda que provisoriamente (durante a pesquisa) e, sobretudo, com eles se identifica a ponto de ter escolhido aquelas pessoas e aquele lugar como matéria central de suas indagações e preocupações. Ao exato instante em que manifesta sua identificação com determinadas questões e a vida de grupos sociais específicos, neles enxergando traços de expressividade que valeriam a pena ser postas à reflexão e ao debate acadêmico – portanto aproximando-se deles – se vê também instado a um distanciamento que lhe permita discernir tanto as nuances das conquistas quanto as atribulações e os percalços dessas personagens.

Já se disse com propriedade que "amigos são aqueles com quem se pode pensar em voz alta", não omitindo neste pensar nem os feitos e tampouco as contradições. Weil (1999) uma vez mais pode ser a bússola ao afirmar que as "amizades não podem eliminar as diferenças e as diferenças não podem suprimir a amizade". Assim, aceitar a mão dupla implica reconhecer que há distanciamento e, ao mesmo tempo, aproximação, o que foi denominado por Oliveira como uma relação de mútua interferência e de reciprocidade entre sujeito e objeto.

Ser considerado "um outro entre nós" é a meta a ser buscada; permitiria, assim, ao pesquisador compartilhar experiências com os indivíduos estudados, aproximando-se e ao, mesmo tempo, se distanciando deles. Numa pesquisa realizada com crianças que foram cuidadas por seus avós, nas classes populares (Oliveira, 1999), foi possível notar, graças à proximidade, que brotava uma narrativa recorrente dos mais velhos, nas quais era comum a queixa de dores no corpo, particularmente nas costas e nos joelhos. Entretanto, ao observar a mobilidade espantosa daquelas pessoas mais velhas, especialmente quando notavam que seus netos podiam se machucar, deslocando-se com rapidez e agilidade para proteger as crianças, o pesquisador pôde divisar, graças ao distanciamento, o quanto os relatos precisariam ser relativizados. Ou seja, não nos apercebemos, por nós mesmos, o quanto destoamos daquilo que é dito e daquilo que é efetivamente feito por nós. Sem a proximidade, não seria possível que as pessoas se mostrassem mais fracamente e sem o distanciamento nos deixaríamos levar muito mais pelo que elas *dizem fazer*, encarando o discurso como "verdade" cristalina.

Noutras vezes, as duas dimensões (proximidade e distanciamento) aparecem em situações não apenas de dissonâncias entre a fala e a prática, mas de profunda tensão entre o pesquisador e os pesquisados. Nesses casos, se as diferenças não tivessem sido trabalhadas e aceitas de parte a parte, poderiam gerar ressentimentos ou graves decepções. Outra pesquisa, desta feita tratando da solidariedade em cooperativas, Oliveira (2006) distinguiu entre as muitas originalidades que apresentavam por viverem solidariamente num mundo marcado pela competição, traços que sugeriam o oposto. Uma dessas cooperativas, de engenheiros e arquitetos, abrigava relações de assalariamento (o que é incompatível com a prática cooperativa), ainda que *apenas* com a secretária e a faxineira; em outra, de origem popular, prestadora de serviços como jardinagem, limpeza e manutenção de prédios e residências, além de se mostrarem como pessoas zelosas e comprometidas com o bem comum, houve quem se perdesse na prática de furto, inclusive contra a própria cooperativa. Nesses casos, o pesquisador – por mais admiração que tivesse por essas pessoas – não poderia omitir os fatos de que teve notícia ou que ele próprio presenciou. E os coooperantes, por sua vez, não deviam encontrar aí motivos para mágoa, uma vez feita a menção. Exatamente porque se sentiram de fato traídos pela falta de solidariedade dos ex-colegas e, além disso, na pesquisa, o nome das organizações e especialmente os das pessoas participantes foram trocados por fictícios, sendo este, aliás, mais um cuidado importante que a proximidade sugere. Cabe ao pesquisador discernir, com distanciamento, que não deve expor os sujeitos além dos limites estritos para os quais obteve permissão de realizar seu trabalho. Isso não o impede, todavia, de buscar meios de expressão nos quais nem se reproduza a omissão nem a exposição indevida dos sujeitos que lhe franquearam o acesso a seu meio.

Finalmente, Souza[8], discute os movimentos de distanciamento e de aproximação, tomando como base os conceitos de descentração e centração, trazidos pela abordagem de Jean Piaget, deslocando-os do contexto em que foram apresentados por esse autor (o estudo do pensamento lógico), para o contexto do fazer pesquisa em psicologia. Se para Piaget, descentrar-se implica ou exige, simultaneamente, o "colocar-se numa outra perspectiva e inseri-la tal como a perspectiva própria, num único sistema", faz sentido usar esse conceito para discutir as relações entre pesquisador e objeto pesquisado, bem como os movimentos de aproximação e distanciamento envolvidos na descentração. De um ponto de vista piagetiano, não é fácil descentrar-se, pois seu oposto, a centração, é uma posição bastante convidativa, pois é absolutista, coloca as outras posições em torno da minha, o que é envaidecedor, e não percebe contradições, já que não há confronto entre posições diferentes. Em poucas palavras, o egocentrismo tem várias vantagens. Retomando a metáfora do veículo que ultrapassa na via de mão dupla, o egocentrismo levaria à crença de que meu veículo é o melhor, totalmente preparado para fazer qualquer ultrapassagem; que não precisa avaliar os riscos, porque eles não existem, ao menos na "minha" pilotagem. Há muitos motoristas que parecem regidos por essas características, não é verdade?

Quanto ao fazer pesquisa de maneira descentrada, Souza destaca o quanto isso é difícil por exigir do pesquisador constante revisão de suas posições teóricas e metodológicas, inserindo-as em novos sistemas de discussão. Como apontado por Souza[9], não se trata de ter de mudar de posição o tempo todo, o que não é recomendável no meio científico, mas, ao contrário, de revê-la o tempo todo, com olhar crítico, fortalecendo suas justificativas com novos argumentos, estudando-a mais para utilizá-la para formular perguntas e não para responder todas as perguntas. Ilustra suas reflexões com exemplos de sua prática como professora de pesquisa em psicologia para alunos do curso de psicologia, indicando as dificuldades que eles enfrentam para descentrarem-se de outros conhecimentos, outras teorias etc. Indica também alguns procedimentos que adota em seus cursos para promover a descentração, como a

---

[8] *vide* Parte I, capítulo 2.
[9] *idem*.

exposição do material de pesquisa em forma transcrita aos colegas, e o exercício de pensar em outras possibilidades de ação como pesquisador.

Souza[10] destaca que o grupo de alunos, exercitando o colocar-se no lugar do colega/pesquisador, também pode se beneficiar, já que pode avaliar a "paisagem", de outros pontos de vista. Essa capacidade de sair de si mesmo é algo que deve merecer da parte do psicólogo uma atenção especial, qualquer que venha a ser a área de sua especialização – seja quando faz pesquisa, como aqui é o caso, seja quando exerce sua profissão. Há certa aproximação com o conceito de empatia, isto é, se um psicólogo não manifestar empatia com o outro e desenvoltura com esse movimento de descentração, como justificará a si próprio sua escolha? Como poderá, além disso, ajudar a promover ao outro que se vale dos seus préstimos?

DESCENTRAÇÃO, EXOTOPIA E ALTERNÂNCIA SENSÍVEL

Cremos que é possível conciliar as reflexões anteriormente apresentadas e relacionar os conceitos de exotopia, descentração e alternância sensível, trazidos por Alves, Souza e Oliveira[11]. Partindo de pressupostos diferentes, ou, recuperando a metáfora inicial, dirigindo diferentes "veículos", os três autores parecem chegar a uma conclusão semelhante: o fazer pesquisa em psicologia exige estar "fora" e "dentro" das relações entre sujeito e objeto. Exige, portanto, avaliar, todo o tempo, sua posição de pesquisador. Exige distanciamento e proximidade: do objeto e de si mesmo como pesquisador, seja pela via da sensibilidade[12], da subjetividade[13] ou da ação[14].

Os manuais de metodologia científica enfatizam e às vezes tomam como exclusiva a dimensão cognitiva da tarefa do pesquisador. Entretanto, a aproximação e o distanciamento do investigador em relação a seu objeto de pesquisa ocorre nos planos cognitivo, afetivo, social e moral. A compreensão das noções de descentração, exotopia e alternância sujeito-objeto fornecem contribuições importantes quando se pensa nas dimensões menos enfatizadas do fazer pesquisa.

A pesquisa em ciências humanas incita o pesquisador a estar sempre envolvido em superar a própria compreensão, no sentido de conceber que outras são possíveis e até mais sofisticadas; revisar o valor que atribui às situações investigadas, entendendo que outras pessoas podem valorizá-las de forma diferente; contemplar novas maneiras de agir e se relacionar e admitir a possibilidade de adotá-las.

Descentrar é ser capaz de entender que o próprio ponto de vista é mais um entre outros, incluindo o valor que a pessoa atribui às pessoas e aos objetos do mundo e suas relações com eles. Implica ultrapassar o próprio ponto de vista, também a própria perspectiva afetiva, além das posições elaboradas racionalmente, para considerá-los com outros em um mesmo sistema.

---

[10] *idem.*
[11] *vide* Parte I, capítulo 3, 2 e 1, respectivamente.
[12] *vide* Parte I, capítulo 1.
[13] *vide* Parte I, capítulo 3.
[14] *vide* Parte I, capítulo 2.

Exotopia significa estar ou passar a ocupar uma posição cognitivo-afetiva exterior ou diferenciada da do outro ou de si mesmo em um momento anterior. De tal posição é possível ver no outro ou em si mesmo algo que estes não conseguem ver. Implica ter um excedente de visão, incluindo outros valores, que permite ultrapassar a perspectiva do outro ou sua própria perspectiva.

Alternar a condição de sujeito e objeto de pesquisa significa reconhecer as diferenças socioculturais que, em geral, estão presentes entre pesquisador e pesquisados. Tal alternância significa, de um lado, aproximar-se dos outros, ultrapassando sua própria condição social e valores, identificando-se com os sujeitos pesquisados, na medida do possível, para melhor entender as suas vivências. De outro, significa não abandonar a sua perspectiva de pesquisador que lhe proporciona uma leitura crítica da situação, permitindo ultrapassar a perspectiva dos sujeitos pesquisados.

Portanto, os três conceitos captam os movimentos de aproximação e distanciamento, ao mesmo tempo cognitivo, afetivo, social e moral, do outro sujeito humano que constitui o objeto da pesquisa e que pode ser, inclusive, o próprio pesquisador em outro papel social. A aproximação com o outro representa um distanciamento de si mesmo e uma ultrapassagem do ponto de vista próprio. O distanciamento do outro, fundamental para torná-lo objeto de pesquisa, significa uma reaproximação ao próprio ponto de vista e uma ultrapassagem em relação à perspectiva do outro. Significa ver, saber, sentir e/ou valorizar de forma diferenciada do outro, compreendendo sem endossar ou justificar as possibilidades divergentes.

REFERÊNCIAS BIBLIOGRÁFICAS

Amorim, M. (2004). *O pesquisador e seu outro: Bakhtin nas ciências humanas*. São Paulo: Musa.

Benjamim, W. (1987). *Obras escolhidas: magia e técnica, arte e política*. São Paulo: Brasiliense.

Freitas, M. T. A. (2002). A abordagem sócio-histórica como orientadora da pesquisa qualitativa. *Cadernos de Pesquisa, 116*, 21-39.

Freitas, M. T. A. (2003a). A perspectiva sócio-histórica: uma visão humana da construção do conhecimento. In M. T. Freitas, S. J. Souza & S. Kramer (Orgs.), *Ciências humanas e pesquisa: leituras de Mikhail Bakhtin*. São Paulo: Cortez.

Freitas, M. T. A. (2003b). A pesquisa na perspectiva sócio-histórica: um diálogo entre paradigmas. Trabalho apresentado à 26ª Reunião Anual da ANPEd. Recuperado em 4 abr. 2006, disponível em http://www.anped.org.br/reunioes/26/outrostextos/semariateresaassuncaofreitas.rtf.

González Rey, F. (2002). A subjetividade: sua significação para a ciência psicológica. In O. Furtado & F. González Rey (Org.), *Por uma epistemologia da subjetividade: um debate entre a teoria sócio-histórica e a teoria das representações sociais* (pp. 19-42). São Paulo: Casa do Psicólogo.

Hoggart, R. (2001). "Nós" e "eles". In P. de S. Oliveira (Org.), *O lúdico na cultura solidária* (pp. 171-195). São Paulo: Hucitec.

Oliveira, P. de S. (1999). *Vidas compartilhadas. Cultura e coeducação de gerações na vida cotidiana*. São Paulo: FAPESP/Hucitec.

Oliveira, P. de S. (2006). *Cultura solidária em cooperativas. Projetos coletivos de mudança de vida*. São Paulo: EDUSP.

Piaget, J. (1948). *La représentation de l'espace chez l'enfant*. Neuchâtel: Delachaux et Niestlé.

Weil, S. (1996). *A condição operária e outros estudos sobre a opressão*. Rio de Janeiro: Paz e Terra.

Wright Mills, C. (1982). *A imaginação sociológica*. Rio de Janeiro: Zahar.

PARTE II

Proximidade e distanciamento – relações eu-outro

CAPÍTULO 1

Aproximação, distanciamento e negociação de sentido em relações eu-outro no diálogo psicoterapêutico[1]

Lívia Mathias Simão
Maria Elisa Molina Pavez
Maria Teresa del Río Albornoz

Neste texto, buscamos trazer ao conhecimento e à discussão algumas elaborações que vimos fazendo a respeito das relações entre *intersubjetividade humana*, especialmente no tocante às relações intersubjetivas em psicoterapia, por um lado, e *movimentos de aproximação e distanciamento entre eu e outro*, que tais relações envolvem, por outro.

No âmbito dessa discussão, duas perspectivas nos parecem interessantes e ainda pouco exploradas: a lógica cogenética de David Herbst (1995) e as proposições de Heinz Werner e Bernard Kaplan (1978) sobre o desenvolvimento humano em situações simbólicas.

Passaremos, por isso, a uma síntese de nossa compreensão das ideias da lógica cogenética de Herbst para, a seguir, expormos sucintamente as de Werner e Kaplan sobre o desenvolvimento humano em situações simbólicas, que acreditamos complementares às de Herbst na discussão do tema aqui proposto. Finalmente, exploraremos alguns aspectos que daí emergem quanto às relações intersubjetivas de *afastamento* e *aproximação* em psicoterapia. Para tanto, discutiremos aspectos da análise microgenética de duas situações psicoterapêuticas, a título de ilustração.

Tomaremos o caminho de um enfoque ideográfico em nossa abordagem ao tema, uma vez que entendemos que a construção de significados é imanente às relações eu-outro situadas, contextuais, não podendo ser delas apartadas, se quisermos compreender processualmente tais relações. Nessa perspectiva, consideramos que é justamente mediante o estudo de caso que se pode ter acesso ao processo de produção de sentido, embora o conhecimento daí derivado possa apontar para processos gerais, que transcendem as particularidades do caso estudado. A possibilidade e a validade de estudos dessa natureza já foram demonstradas, por exemplo, pelas obras fundamentais de Vygotsky e Piaget[2].

---

[1] Versões anteriores de parte deste trabalho foram apresentadas no *XI Simpósio de Pesquisa e Intercâmbio Científico da ANPEPP*, Florianópolis, SC, 2006 e no *5º. Congresso Norte-Nordeste de Psicologia*, Maceió, AL, 2007, pela primeira autora, bem como na *5th. International Conference on the Dialogical Self*, Cambridge, Inglaterra, 2008, pelas três autoras.

[2] Uma discussão contemporânea acurada desses aspectos pode ser encontrada em Salvatore e Valsiner (2008), bem como no periódico on-line *International Journal of Idiographic Science* (www.valsiner.com).

APROXIMAÇÃO E DISTANCIAMENTO: UMA RELAÇÃO COGENÉTICA

Contemporaneamente, a noção de *empatia*, que envolve o aproximar-se do outro, tem canalizado a atenção de pesquisadores e profissionais em psicologia, que buscam aprofundar a compreensão dos processos intra e intersubjetivos no desenvolvimento do *self*.

Entretanto, compreender a experiência da intersubjetividade, em seus desdobramentos importantes para o desenvolvimento do self, requer que consideremos ambos os movimentos, de *aproximação* (empatia) e *afastamento* de si e do outro. Mais precisamente, a compreensão aprofundada dos processos intra e intersubjetivos, como aqueles que se dão nas psicoterapias, requer que concebamos que *afastamento* e *aproximação* mantêm, entre si, uma relação de *separação inclusiva*, relação esta que é parte do próprio sistema intersubjetivo de relações eu-outro. Vejamos como.

Em primeiro lugar, é importante explicitarmos o que entendemos por *relação de separação inclusiva entre os movimentos de afastamento e aproximação*. Trata-se de uma natureza de relação em que os elementos constituintes (no caso, *aproximação* e *afastamento*) não são concebidos de maneira excludente (ou *aproximação*, ou *afastamento*); tampouco fundem-se um ao outro, de modo a dissolverem suas peculiaridades (nem bem *afastamento*, nem bem *aproximação*) (cf., por exemplo, Valsiner, 1998). Na relação de *separação inclusiva*, em vez, cada elemento está para o outro em uma situação de delimitação mútua. Assim, *afastamento e aproximação coexistem*, delimitando-se um ao outro. Dessa perspectiva, por estarem em *relação de separação inclusiva*, tanto *aproximação* como *afastamento* são partes simultaneamente ativas nos sistemas intra intersubjetivo, uma delimitando a outra.

Dada essa situação, *a própria relação entre os elementos será então, ela mesma, um terceiro elemento fundamental do sistema relacional*, tal como na concepção da lógica cogenética de Herbst (1995).

A lógica cogenética de Herbst nos faz atentar para o fato de que relações desse tipo engendram uma distinção primária entre os elementos, ao mesmo tempo que os unem em uma unidade triádica. Nesse sentido, *aproximação, afastamento e a relação entre elas* são elementos indissociáveis na constituição e para a compreensão do sistema de relações *eu-eu* e *eu-outro*. A Figura 1 representa o "círculo de Herbst", metáfora dessa concepção:

Figura 1 - A forma da distinção primária, extraído de Herbst (1995, p. 68)

Segundo Herbst, essa unidade triádica tem as seguintes quatro propriedades:

1. Ela é cogenética: os três elementos que são gerados vêm à existência juntos;
2. Ela é não separável: não podemos tomar os elementos separadamente . . . não podemos tê-los inicialmente separadamente e depois juntá-los . . .;

3. Ela é não redutível: não pode haver menos que três componentes . . . se qualquer um dos componentes for retirado, então todos os três desaparecem junto;
4. Ela é contextual: nenhum dos componentes tem características individualmente definíveis . . . eles não têm nenhuma característica intrínseca que lhes pertença . . . os componentes são individualmente não definidos, mas cada um é definível em termos dos outros dois. (1995, p. 67-68)

Se assim entendidas as relações de *aproximação* e *afastamento* nos processos intra e intersubjetivos, podemos dizer que afastamento e aproximação engendram uma unidade cogenética também entre eu-eu e eu-outro, em que eles vêm à existência juntos, através de movimentos de afastamento e aproximação mútuos, em que aproximar-se de si mesmo e do outro implica afastar-se de si e do outro, e vice-versa. Por isso, esses movimentos delimitam eu e outro, assim como as relações entre eles, em diversos momentos de suas existências.

Em síntese, a cogênese de que falamos (Herbst) faz-se, justamente, na dinâmica dos movimentos de afastamento e aproximação entre eu, si mesmo e outro, movimentos esses separados de forma inclusiva.

Desssa perspectiva, as relações *eu-eu* e *eu-outro* não se dão por mera adição: os elementos não "se adicionam" um a outro, gerando a relação. Em vez, *eu-eu e eu-outro emergem juntos, por delimitação mútua, através de movimentos de aproximação e afastamento*, embora, como atores, possam ser mais conscientes de um dos movimentos (aproximação ou afastamento), que do outro. Uma implicação importante dessa perspectiva é o fato, intuitivamente conhecido e existencialmente experimentado, de que, o tentar sempre afastar-se do outro, ou dele aproximar-se sempre, o sujeito dissolve a relação.

Finalmente, cabe reiterar que afastamento e aproximação são noções que ganham significado preciso apenas nos contextos teórico-empíricos em que são postas em discussão, como nas relações psicoterapêuticas, que discutiremos adiante.

Compreendidas as relações entre aproximação e afastamento na dimensão de relações cogenéticas, podemos agora complementar nossa discussão com algumas das ideias de Werner e Kaplan.

AFASTAMENTO E APROXIMAÇÃO: UMA RELAÇÃO ORTOGENÉTICA

Interessa-nos aqui, especialmente, as ideias desenvolvidas por Werner e Kaplan sobre transformações no desenvolvimento simbólico humano (Werner & Kaplan, 1978).

Buscando dar conta dessas transformações, Werner e Kaplan postularam o chamado *princípio ortogenético*, de acordo com o qual o *desenvolvimento ocorre na direção da diferenciação de elementos inicialmente indiferenciados uns dos outros*.

Importante para o tema aqui em foco é que: a) diferenciação significa sistematização, hierarquização integradora e articulação entre os elementos; b) esse processo gera maior autonomia do todo em relação ao contexto; c) é um processo que ocorre multilinearmente, resultando em reorganização qualitativa do todo; d) a diferenciação, fundamental no processo, só é possível através dos movimentos de distanciamento e polarização das partes envolvidas.

Segundo Werner e Kaplan (1978), a situação interpessoal prototípica em que o processo de diferenciação simbólica ocorre envolve quatro elementos: um *endereçador;* um *endereçado;*

um objeto de referência ou *referente*; e um *veículo simbólico* que é empregado na representação referencial.

Tomadas as relações terapêuticas que adiante discutiremos, o endereçador pode ser, por exemplo, a mãe de uma criança que se reporta à terapeuta, ou a terapeuta que se reporta a si mesma ou um supervisor que se reporta à sua supervisionanda; analogamente, o endereçado pode a criança, sua mãe, a terapeuta como si mesma ou o supervisor; o referente pode vir a ser, por exemplo, a figura do pai da criança em terapia ou a experiência vivida por uma supervisionanda com seu cliente; finalmente, o veículo simbólico, que é uma representação referencial, pode ser, por exemplo, uma referência feita ao pai da criança, as narrativas que cliente e psicoterapeuta fazem das experiências refletidas nas sessões, através de linguagem falada, pictórica, gestual, ou ainda as referências que supervisor e supervisionanda fazem a respeito de um cliente.

Desde Werner e Kaplan (1978), o ponto chave aqui é o de que, no curso do desenvolvimento, transformam-se esses quatro elementos da situação, bem como a relação entre eles. Focalizando a relação pais-criança, destacam que: a) os endereçadores amadurecem, passam da posição de pais à de pares e, finalmente, tornam-se outros generalizados; os endereçados, de filhos, tornam-se pares; b) os referentes tornam-se mais complexos e abstratos e os veículos simbólicos tornam-se mais compartilhados.

Segundo Werner e Kaplan (1978), na situação inicial e *primordial de compartilhamento* intersubjetivo, de que a relação mãe-bebê é prototípica, o distanciamento entre os membros da relação praticamente não existe. Trata-se de uma situação pré-simbólica, em que um membro experimenta pouca distinção entre si, o outro e o objeto referencial. No caso da relação mãe-bebê, Werner e Kaplan (1978) postulam que, inicialmente, a interação corre puramente em termos sensório-motor e afetivo, tendo mais o caráter de compartilhar experiências com o outro do que de comunicar mensagens ao outro. O que é compartilhado é o objeto concreto, percebido por ambos, mas não explicitamente delineado. Assim, apontar para um objeto, por exemplo, é um convite com a expectativa de que o outro perceberá o objeto de maneira semelhante à sua. Nessa medida, o ato de referenciar emerge não como um ato individual isolado, mas como um ato social: trocando coisas com o outro, tocando e vendo coisas com o outro, apontando de modo a convidar o outro a contemplar algo, tal como ela mesma criança o contempla.

Em um estágio posterior, mãe e criança começam a contemplar objetos juntas, através de símbolos, particularmente verbais, os nomes. Quando a criança passa a atuar nesse nível de compartilhamento, isto é, quando passa a simbolizar, passa, ao mesmo tempo, a integrar e a diferenciar dois aspectos: a referência ao objeto e a representação daquele objeto. Nesse momento, o objeto referencial passa a ser apreendido como uma entidade independente do ego, destacada do self da criança, mais ou menos sistematicamente relacionada com outros objetos e representada, em si mesma e na sua relação com outros objetos, por meios simbólicos.

Alguns desdobramentos das proposições de Werner e Kaplan para a questão da regulação semiótica dos processos intersubjetivos em psicoterapia

Considerando que as questões em psicoterapia concernem também ao desenvolvimento humano, cabe refletir e propor alguns desdobramentos das proposições de Werner e Kaplan para o aprofundamento da compreensão das relações terapêuticas.

Também em psicoterapia, o desenvolvimento é um processo que vai do compartilhamento, quase indiferenciado, para uma diferenciação, tanto nas relações psicoterapeuta-cliente do aqui e agora como nas relações interpessoais a que eles se referem nas sessões. Como veremos adiante, há momentos em que parece haver alto grau de empatia e aproximação afetivo-cognitiva entre os envolvidos nas sessões. O processo de indiferenciação-diferenciação não é, entretanto, unidirecional, mas multidirecional, havendo um movimento de vai e vem do compartilhamento à diferença e vice-versa, nos vários momentos da relação *eu-eu* e *eu-outro* (Simão, 2008).

Nesse cenário, quando terapeuta e cliente constroem representações dos objetos e das relações a que estão se referindo, passam a negociar simbolicamente condições de possibilidade dos referentes e dos veículos simbólicos que podem/devem/não podem/não devem representar suas reflexões sobre o tema das sessões, em dado momento. Uma vez que as formas de construção das representações necessariamente *divergem*, em maior ou menor grau, dependendo das sutilezas cognitivo-afetivas, perceptuais, emocionais etc. dos atores, lidar com essas diferenças exigirá das partes maior descentração, ao mesmo tempo que menor idiossincrasia e contextualização nos processos construtivos de representação. Ou seja, exigirá das partes envolvidas, maior distanciamento representacional em relação aos objetos e maior distanciamento em relação às suas representações prévias e pré-compreensões, no sentido gadameriano do termo (Simão, 2008). Esses movimentos de aproximação e distanciamento do sujeito em relação a suas pré-compreensões, e as tentativas de aproximação da compreensão da construção representacional do outro, que também o faz, por sua vez, em relação ao sujeito e a partir de suas pré-compreensões, fazem que aproximação e afastamento sejam movimentos em relação cogenética, como no círculo de Herbst: um vem à tona com o outro e a relação entre eles é parte do todo significativo em dado contexto.

De fato, conforme salientam Werner e Kaplan, uma vez que o distanciamento representacional se manifesta na redução do egocentrismo e da idiossincrasia no simbolismo, esse mesmo distanciamento permitirá, em contrapartida, maior possibilidade de compartilhamento. Trata-se, em síntese, da dialogia entre distanciamento e aproximação, uma vez que as possibilidades de compartilhamento intersubjetivo envolvem permitir que o objeto se distancie do eu para que o eu possa se aproximar do outro (Simão, 2007, 2008).

Desde essa perspectiva dialógica entre distanciamento e aproximação, a relação eu-outro (cliente-psicoterapeuta, por exemplo) pode ser vista como um tipo de relação em que os membros estão temporária e contextualmente ligados, mas nunca se fundem, de modo a preservarem sua subjetividade individual, o que lhes garante a possibilidade, embora muitas vezes não realizada, dos movimentos de aproximação e afastamento de suas construções representacionais (âmbito intrapessoal), bem como das dos outros (âmbito interpessoal), que define, por assim dizer, a própria relação como cogenética.

A relevância desses aspectos está em que, como veremos, esses movimentos de aproximação e afastamento funcionam em copresença, ora um como figura e o outro como fundo, ora vice-versa, acabando por criar uma espécie de brecha na virada de um para outro, em geral propiciada pela ambivalência de sentidos das falas dos interlocutores, propositadamente ou não, ocasião em que se dá certo estranhamento entre os interlocutores e, eventualmente, a emergência da novidade nas sessões de terapêuticas e de supervisão.

A emergência de novidade é possível graças à natureza eminentemente semiótica da experiência humana, isto é, ao fato de a experiência dar-se sempre mediada por signos (Valsiner, 2000; Valsiner & Van der Veer, 2000). É também graças à natureza semiótica da experiência humana, que se tornam possíveis a aproximação e o distanciamento psicológicos, uma vez que a mediação possibilita a capacidade do sujeito afastar-se simbolicamente do aqui e agora, apartando-se da imediaticidade da experiência e podendo, então, refletir sobre ela (Gillespie, 2007; Valsiner, 2007).

Uma noção provocadora nessa discussão é a noção filosófica de alteridade. A questão da alteridade se coloca muitas vezes, equivocadamente, em termos dicotômicos: inseparabilidade sujeito-outro (aproximação e compartilhamento como fusão) x isolamento eu-outro (distanciamento como isolacionismo solipcista).

Entretanto, no cerne da noção de alteridade está a abertura do sujeito para outrem. Por isso, tanto inseparabilidade como isolamento estão fora do campo da alteridade. São ambas formas de não abertura à alteridade na relação eu-outro. Se A e B estiverem separados, não haverá relação possível entre eles. Se estiverem fundidos, não haverá limite entre eles e, novamente, não é possível haver relação[3] (Simão & Valsiner, 2007).

Assim, a questão da alteridade nos desafia com a ideia de que se manter em relação significa manter-se em uma relação dialógica na tensão entre distanciamento e aproximação. Tomada essa perspectiva para as relações de aproximação e distanciamento nas relações eu-outro, a busca constante das construções e reconstruções representacionais sobre objetos por psicoterapeuta e cliente, demandam uma forte ligação interpessoal, ao mesmo tempo que clara separação em suas subjetividades, para que possam estar efetivamente em relação, nos termos aqui propostos (Simão, 2007).

Trata-se, assim, de uma relação sistêmica, isto é, os membros se relacionam um com o outro de modo a formarem um todo temporalmente organizado. Esse todo, por sua vez, pode ser percebido apenas desde a perspectiva experiencial dos atores (membros na relação), somente por eles próprios como privilegiadamente posicionados nos lugares de suas vidas (Diriwächter, 2008).

Em síntese, o ponto-chave dessa compreensão é que as relações entre eu e outro compreendem três membros: o eu, o outro e a relação entre eles.

Dessa perspectiva, manter-se separado do outro não significa isolar-se, mas proporcionar que alguma relação se desenvolva. Significa uma situação de vida vantajosa em termos de desenvolvimento, por permitir ao Eu ser tocado pelo estranho que há no outro; permitir ao Eu transformar-se na luta por superar a estranheza do outro, enquanto ambos tentam afirmar-se como agentes discretos, embora dependentes da relação (Marková, 2003).

---

[3] No construtivismo semiótico-cultural essa perspectiva está contemporaneamente presente, por exemplo, nas noções de *separação inclusiva eu-outro* (Valsiner, 1989), em que eu e outro estão em uma relação sistêmica formando um todo temporalmente organizado; também se faz presente na noção de intersubjetividade sem fusão Ego-Alter, proposta por Marková (2003, 2006), em que Ego e Alter não só matem seu *status* estrutural *separado – mas – unido,* mas também se enriquecem reciprocamente através da sua interdependência, uma vezque buscam recíproca visibilidade e reconhecimento (2006, p. 127).

Pensar esse tipo de estrutura relacional holística na relação entre eu e outro, em que ambos se afastam e se aproximam mutuamente, é também relevante no nível metateórico da pesquisa e reflexão em Psicologia, uma vez que, tal como aponta Valsiner (1998), ao distinguirem-se um do outro na relação, os membros mantêm-se separados, "sendo a separação o pano de fundo sobre o qual a sua relação pode ser investigada" (p. 15).

Um dos desdobramentos interessantes do que vimos discutindo até aqui, a respeito das relações entre afastamento, aproximação e diferenciação simbólica, é a compreensão de que o self, entendido conforme Hermans (1996, 2002), compreende diversas posições do eu com relação a si mesmo. Essas posições estão, por sua vez, fortemente ligadas, em termos relacionais, aos outros, isto é, são posições do eu que marcam um espaço psicológico que é distinto daquele que o outro ocupa.

Assim, os movimentos de afastamento e aproximação configuram posições relacionais, que o eu da pessoa vai ocupando em relação a si mesmo e aos outros, em momentos e circunstâncias diversas, em um intercâmbio dialógico contextualizado. Nesse sentido, uma pessoa, enquanto ser relacional, pode ter uma perspectiva do outro, ou de um determinado problema, que lhe permitirá examiná-lo de uma perspectiva particular, abrindo-lhe possibilidade de tomar esta ou aquela posição em relação a si mesma e ao mundo.

Através das posições do eu, estabelecem-se, então, distinções sobre nossa experiência, a cada momento. Ou seja, se aderirmos ao conceito de mente dialógica como uma mente que processa experiência mediante a relação entre posições, sejam posições em si mesmo, sejam em relação ao outro, aderimos também ao fato de que é possível iniciarmos e mantermos dinâmicas de movimento psicológico e, portanto, construirmos experiências psicológicas.

AFASTAMENTO, APROXIMAÇÃO E POSIÇÕES DO SELF EM TERAPIA FAMILIAR

Apresentaremos, a seguir, a análise de um caso clínico, como desdobramento ilustrativo das considerações feitas até aqui, focalizando especialmente a ideia de *self dialógico em movimentos de aproximação e afastamento*. Isso porque pensamos que a existência de uma noção espacial do eu abre possibilidade para que se compreendam os movimentos e as elaborações psicológicas em termos de distanciamento e aproximação de uma posição do eu com relação a outra. Também resulta daí, como corolário, que nesse intercâmbio haverá construção e reconstrução simbólica contínua por parte do eu. Nessa medida, argumentamos que a possibilidade de mudança terapêutica, por exemplo, em situações de conflito, introduz-se através do *movimento* ou do *não movimento* psicológico, por *imobilidade* (*obstrução, impedimento*) ou *não mudança*.

Serão analisados trechos de sessões de psicoterapia de uma família chilena, em que há dois filhos homens, biológicos, e uma filha adotiva. A menina, que contava com treze anos de idade à época das sessões aqui analisadas, foi deixada aos cuidados dos pais adotivos, por encargo do pai biológico, logo que a mãe biológica morreu, devido a complicações médicas durante o parto.

Segundo os relatos familiares, o pai biológico fez visitas à família durante algum tempo, quando a menina era pequena. Ela reagia com pouco interesse às visitas do pai biológico, uma vez que não tinha familiaridade com ele. Com o passar do tempo, as visitas se espaçaram, terminando durante a infância de Margarida[4].

Cabe mencionar, ainda, que a mãe adotiva (Ana) também fora criada por sua avó, não teve seu pai biológico presente durante sua criação, e sua mãe vivia em outra cidade, sem se ocupar diretamente de seus cuidados.

Os pais adotivos de Margarida – Ana e Manuel – procuraram a terapia familiar por sentirem, nos últimos tempos, muitas dificuldades na relação com Margarida, coincidindo essas dificuldades com indagações da menina sobre o tema da adoção. Este último fato colocou ambos à prova, fazendo-os sentir que não eram capazes de lidar adequadamente com esse aspecto da vida familiar.

Tomamos para análise parte de uma sessão, em que ocorreu uma discussão entre os pais e a menina sobre o valor das paternidades adotiva e biológica. Durante a discussão, Ana e Manuel expressaram que não desejam que Margarida critique seu pai biológico de modo algum, nem que ela o odeie. Também querem que a menina os ame, pois eles a consideram uma filha muito querida e dela cuidaram com muito amor. Formou-se assim, no diálogo, uma tensão entre significados, tal como ilustrado na Figura 2.

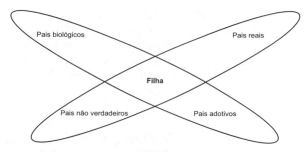

Figura 2 - Um quadro dos pais e de Margarida, com base na análise de seu diálogo sobre parentalidade

A partir da Figura 2, podemos visualizar a situação de criação de Margarida sob a forma de dualidades que vão se alternando no intercâmbio entre a menina e os pais.

Um primeiro eixo de tensão é o que liga pais biológicos a pais reais. Quando Ana diz que Margarida não pode odiar os pais biológicos, ou dizer algo contra eles, questiona a possibilidade de que Margarida elabore sua história com eles. Nesse questionamento, Ana alude a noções que podem vir de distintas fontes, como sua própria história familiar, a representação social de parentalidade na cultura chilena, temores sobre sua atual maternidade adotiva etc. Esses elementos significativos funcionam para Ana como delimitadores internos e sociais (Valsiner, 1997) do discurso da mãe para a menina, buscando manter o significado de parentalidade biológica estático em Margarida, ao sustentar esse discurso de pais reais – pais não reais (representação social). O pai biológico é seu pai; portanto, Margarida deve amá-lo. Ela "saberia querê-lo igualmente porque era seu papai"[5], comenta Ana. Ao fazê-lo, apropria-se idiossincraticamente desse fato para elaborar algo próprio, sua história de parentalidade bio-

---

[4] No texto são usados nomes fictícios, para preservação da identidade das pessoas mencionadas.
[5] No original, em espanhol: "Ella iba a saber quererlo igual porque era su papá".

lógica, e o encena com a menina, dizendo-lhe que não pode falar mal de seu pai biológico, derrubando, assim, os argumentos de Margarida, o que lhe causa confusão e interrupção nas elaborações sobre o tema.

No outro polo aparece a parentalidade adotiva que, em oposição, seria não verdadeira. Cabe aqui um forte questionamento em que estão implicados Margarida e seus pais adotivos. Quando a menina expressa sua raiva em relação ao pai ausente, em termos de cuidados não recebidos da parte dele, valida o cuidado recebido de seus pais adotivos. Se, de sua parte, Ana invalida esse discurso, deixa a menina em terreno confuso: Margarida não pode conciliar parentalidade com cuidado.

Nessa mesma sessão, Ana refere-se ao fato de que foi órfã de pai, tendo sido criada por uma das avós, por rejeição de sua mãe, recordação esta que ainda lhe causa dor. Ana, de sua posição de filha, não valida o discurso da menina. Ao não validá-lo, ela pode estar querendo resgatar algo de sua própria história, tal como a manteve até então. É assim que, ao ganhar distância de sua posição de adulta responsável e perder distância da posição da menina, Ana identifica-se com Margarida na posição de filha. Perde potência como mãe e adquire a postura da menina que perde o pai. Sem dúvida, esse mesmo movimento faz que ela possa empatizar-se com a posição de Margarida, pois entra em contato com a carência e a dor. Metaforicamente, ao falar pelo outro, passa a conduzir a individualidade do outro; mas, ao mesmo tempo, há um momento de proximidade com a posição do outro, mediada pelo afeto, que a terapeuta pode trabalhar.

Tal movimento de tomar distância do sofrimento da menina, posiciona Ana como a menina do passado, sem pai, o que a aproxima de Margarida através de outra posição, a de filha órfã. Isto é, Ana toma distância psicológica da filha através de suas crenças, que ela impõe ao diálogo, dialogando consigo mesma na posição de filha órfã; acaba, então, por produzir em si mesma um momento de aproximação da filha, quando a olha também como filha órfã; ambas, mãe e filha, foram ou são filhas órfãs, embora a mãe se reconheça como uma filha órfão crítica e opinativa; paradoxalmente, isso coincide com a postura atual de Margarida.

A terapeuta pode, então, dizer a Ana: "isso é o que você sente como filha, diante da perda do pai. Como você vê a posição da sua filha?" Essa intervenção da terapeuta pode colocar Ana em sua função de parentalidade, fazendo-a distanciar-se de outros papéis, de modo que ela possa olhar a filha. Assim, a intervenção terapêutica pode provocar o distanciamento psicológico de uma posição do eu, assim como a aproximação a outra.

A Figura 3 ilustra as posições do eu que são propostas para a compreensão de aspectos relevantes da relação entre Margarida e seus pais adotivos, no contexto desta análise.

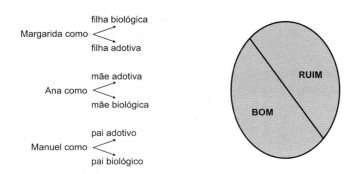

Figura 3 - Representação das posições do "eu" na relação entre Margarida e seus pais adotivos

Filha real-não real?

A análise do caso permitiu salientar outro aspecto de interesse para esta discussão, o de que o discurso dos adultos responsáveis identifica-se com o de pais biológicos na posição de vítimas de uma menina descontente. Eles não desejam que Margarida questione sua vida, nem a deles, e pretendem deixar claro que o pai biológico não é mau, nem descuidado, como diz a menina. Essa posição alivia os adultos mas, ao mesmo tempo, os afasta de seu papel protetor. A menina corre o risco de ficar sozinha, e de ser vista como filha não real, a partir das respostas de rechaço e culpabilização dos outros.

A Figura 4 mostra a trajetória de Margarida como filha adotiva e filha biológica diante da sua situação de parentalidade:

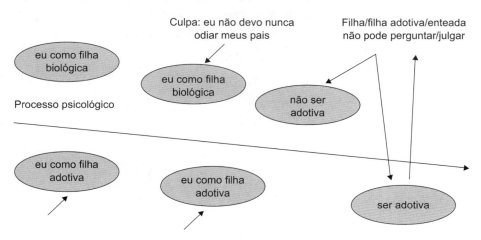

Figura 4 - Representação da trajetória de Margarida diante de sua parentalidade

No contexto particular das relações aqui examinadas, o par dialógico de noções *real-falso* pode apontar para outro par dialógico de noções, o de *legitimidade-não legitimidade*, na relação de Ana e de Manuel com sua filha, tornando evidente uma tensão subterrânea: a legitimidade do papel parental da visão deles próprios. Esse aspecto não foi explicitado no diálogo: uma relação pais-filha em que eles, pais, posicionam-se como pais não legítimos de uma filha não legítima.

É importante destacar que, em um contexto social mais amplo, bem como na prática em psicoterapia de maneira geral, pede-se aos pais adotivos que sejam como pais biológicos. Ao não lhes ser permitido questionar a parentalidade biológica, dificulta-se-lhes também refletir sobre a parentalidade adotiva, acarretando que a parentalidade adotiva não seja examinada, bloqueando-se os processos de significação a seu respeito.

No caso aqui examinado, Ana e Manuel convertem-se, assim, em *pais como se*. Então, "eu lhe dou carinho porque ela me pede", assinala Ana, aludindo à ação de Margarida como agente ativa: se ela é ativa, Ana pode lhe dar afeto. Se não, deve manter-se passiva diante da filha.

Na Figura 4, podemos identificar posições e trajetórias de posições na construção do diálogo entre Margarida e seus pais adotivos. Também identificam-se estratégias de manejo do distanciamento psicológico e sua contextualização, em função dos objetivos dos participantes do diálogo. Por exemplo, a estratégia usada por Ana na construção da *filha que questiona o amor parental*.

Em síntese, esta análise pretendeu ilustrar o fato de que o desafio que se coloca ao psicoterapeuta é principalmente o de tomar as posições do eu, que aparecem em seus clientes, bem como as dinâmicas de movimento entre essas posições, para fazer intervenções que agilizem a alternância no diálogo, de forma que os interlocutores possam adquirir uma diversidade de perspectivas, das quais possam fazer construções sobre aquilo de que se queixam atualmente.

Nessa dinâmica, é especialmente relevante o valor afetivo desses intercâmbios, uma vez que acarreta a possibilidade mesma dos movimentos de aproximação e distanciamento nas relações intra e intersubjetivas (Del Río, 2007). No caso aqui analisado, por exemplo, se a mãe identifica que o *ser filha órfã* é *ser carente de afeto*, então a proximidade dela com a filha tem mais possibilidade de ser realizada. Nessa dinâmica, o significado último que a parentalidade adotiva toma, em termos de posicionamentos pessoais, sofre um giro idiossincrático próprio dessa família particular, naquele contexto particular que é, entretanto, também estruturado culturalmente.

Nessa medida, cada posição do eu significa uma possibilidade de exploração para a terapeuta agir simbolicamente sobre algo que pode ser dito ou sobre algo que se omite no intercâmbio terapêutico. A terapeuta, ao distinguir as diversas posições no discurso de seus interlocutores, pode proporcionar aproximação ou o distanciamento intra e intersubjetivos, de modo que os interlocutores vão de uma posição em direção a outra. Ao ocorrer em um espaço de ambiguidade de significados, esse fazer terapêutico evidencia a ambivalência entre significados e força o diálogo na direção de uma resolução.

Passaremos agora à ilustração da relação entre afastamento e aproximação no contexto psicoterapêutico de sessões de supervisão.

DISTANCIAMENTO PSICOLÓGICO COMO FERRAMENTA TERAPÊUTICA: O TERAPEUTA COMO ATOR NA CENA CLÍNICA

A análise que se segue toma como ponto de partida o fato de que a relação entre aproximação e distanciamento reveste-se de interesse em psicoterapia não só porque esse processo permite compreender em maior profundidade as relações terapeuta-cliente, mas também as relações em contexto de supervisão, tocando, portanto à formação em psicoterapia.

Tomaremos aqui a perspectiva de análise microgenética de extratos de diálogos, focalizando intervenções de um supervisor e de seu supervisionando, procurando examinar as dinâmicas de vínculo que se desdobraram na situação e os quais podem ter contribuído para a formação da supervisionanda.

Além de apoiar-se nos pressupostos já discutidos aqui, a análise que se segue considera ainda o pressuposto de que a personalidade humana conta com um caráter de mobilidade, permitindo aos sujeitos posicionarem-se de diferentes perspectivas em um diálogo. Essa flexibilidade, quando ocorre, possibilita que cada interlocutor aja simbolicamente na busca por compreender o outro, ao mesmo tempo que tenta gerar nesse outro novas posições a respeito de si e dos outros. Isso, por sua vez, favorece a emergência de novas concepções a respeito de si e novas construções sobre a realidade.

Decorre daí que, em cada experiência subjetiva, estão presentes as perspectivas de um observador e de um ator, este último suscetível de ser observado. As posições de ator e observador são inicialmente indiferenciadas, requerendo-se dinâmicas intersubjetivas de distanciamento que favoreçam a emergência de cada uma delas (Valsiner, 1998).

A partir dessas considerações, é possível pensarmos em dois tipos de dinâmica de diferenciação: a de *sujeito diante de uma audiência* e a de *sujeito como ator empático*[6].

Sujeito diante de uma audiência

Nesse tipo de dinâmica, sujeito e experiência (o *eu* e o *mim*) encontram-se indiferenciados. A diferenciação será possível quando a pessoa passa a poder realizar uma ação objetivante (Morin, 1994) desde o *eu* na direção do *mim*, gerando um movimento de distanciamento da imediaticidade da vivência, facilitado pela construção simbólica que a representa (Valsiner, 2007). No contexto terapêutico, por exemplo, o terapeuta usa signos para se posicionar diante de sua experiência como ação, cognição ou emoção.

Essa construção expressa-se pela ação comunicativa dirigida ao outro, em que o sujeito toma a posição de ator-observador-conhecedor de sua própria experiência, situando-se em uma nova posição em relação ao outro. Por exemplo, o terapeuta comunica suas ideias ou observações a seu cliente.

Em um primeiro momento, o outro é destinatário da comunicação, mas em um segundo momento, modificará a posição dialógico-epistemológica *eu-tu* do ator na direção de uma posição intermediária *eu-mim mesmo*, a partir das automensagens que surgem daquilo que

---

[6] Estes tipos de dinâmica estão em fase de elaboração pela segunda autora, a partir das discussões conjuntas que resultaram, em parte, neste texto.

ele mesmo disse ao outro, bem como da posição do outro como audiência que o observa. Note-se que essa dinâmica não se deve ao fato de que é o outro que observa a experiência do sujeito, mas ao fato de que o sujeito, em primeira pessoa, observa-se a si "como se o fizesse através dos olhos do outro" (Bakhtin, 1990). No cenário terapêutico, esse distanciamento surge da visão do paciente como audiência. De fato, a vivência do terapeuta, que implica o gerar significados e o emocionar-se a si mesmo, seja consciente ou inconscientemente, tem especial relevância no curso do diálogo com o paciente. Essa dimensão tem sido considerada, em diferentes marcos teóricos, como fenômeno de contratransferência ou como fatores do terapeuta, participando, de toda forma, ativamente no processo de consecução de objetivos terapêuticos. A Figura 5 ilustra esse tipo de dinâmica de diferenciação.

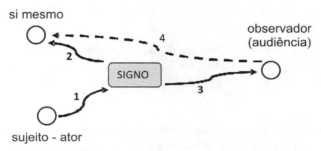

Figura 5 - Representação da dinâmica de diferenciação de sujeito diante de uma audiência

Sujeito como ator empático

Outro cenário das relações intersubjetivas tem lugar quando alguém observa o outro para tecer comentários, interpretações, buscando compreendê-lo. Nessa situação, o sujeito posiciona-se através da mediação semiótica, realizando a objetivação da experiência do outro. Nesse cenário, o outro é experimentado como alheio (outrem) (Bakhtin, 1990). Nesse caso, o signo atua como um conector vinculante dos integrantes na ação comunicativa, permitindo que o sujeito se conecte com a pessoa de seu interlocutor. Esses signos, que geram um vínculo entre os interlocutores, permitem ao sujeito que observa uma apreensão da experiência do outro de uma vivência de copartícipe de sua ação. Se tomada a metáfora do espelho, a experiência do observador serve como espelho para a compreensão da experiência do outro. Assim, o observador que compreende posiciona-se como observador empático com a experiência do outro. E, conforme Bakhtin (1990), o que é vivido como alheio necessita ser apropriado. A Figura 6 ilustra esse tipo de dinâmica de diferenciação:

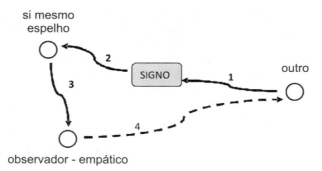

Figura 6 - Representação da dinâmica de diferenciação de sujeito como ator empático

A seguir, apresentamos uma ilustração do que se acabou de discutir, usando trechos de diálogos entre um terapeuta de orientação psicanalítica com experiência e uma terapeuta novata, sua supervisionanda, que expõe suas dificuldades na condução da terapia de um paciente jovem, do sexo masculino:

> Supervisor (S): A quem o paciente alude, quando fala dessa menininha com mãos fortes, que ajuda aos vovozinhos, e do homem trabalhador que vinha no micro-ônibus?
>
> Terapeuta (T): Acho que é a parte dele que se cuida, uma parte capaz de trabalhar e de se esforçar pela sua família.
>
> S: Creio que está dando um reconhecimento ao trabalho, ele que se queixa dos obstáculos; mas, sem dúvida, depois diz que se beneficiou com o trabalho, que está mais tranquilo, menos perseguido; e, depois, há um reconhecimento pelas pessoas trabalhadoras. Creio que aí está você, às 8 horas da manhã esperando-o, e ele está se queixando. Eu não sei se há uma auto-observação aí, "Eu estou me queixando das dificuldades para vir, sem dúvida sou um frouxo", e tem outras pessoas que trabalham como você. Sabe? A mim me dá a impressão que você ficou como que perturbada com o fato de que ele disse me custa vir, mas a verdade é que isso foi algo dito de passagem, mas imediatamente desfeito no sentido de que, apesar de tudo, ele vem, reconhece ganhos, reconhece o trabalho realizado.
>
> T: A mim me dá a impressão de que é ambivalente, em um momento diz que lhe faz bem, mas em outro momento me diz que quando se sentir melhor, faz um gesto como que de não necessitar do resto. Essa fantasia ambiciosa é de não necessitar continuar vindo, não necessitar de ninguém.
>
> S: Mas isso soa como um contraste, é como dizer: "Olha os ganhos que eu tive, é que eu tinha uma tremenda aspiração de sair perfeito daqui, mas com a evolução do trabalho, baixaram as expectativas que eu tinha inicialmente e me conformaria com algumas coisas boas e estaria agradecido a você apesar disso". [A terapeuta se joga visivelmente para trás na cadeira].
>
> T: Mas eu, no momento em que te escuto [refere-se ao supervisor], me sinto feliz por dentro, que bom! Mas, mas, me dá a impressão de que esta segunda expectativa está mesmo em um plano racionalizado, não me parece genuíno.

Podemos notar que o supervisor se aproxima da situação de supervisão com um importante desdobramento de movimentos e posicionamentos. Começa por uma generalização: *o reconhecimento do trabalho*, apoiado em valores culturais positivamente carregados, com os quais tanto supervisor como supervisionanda e cliente, provavelmente, compartilham.

A seguir, o supervisor posiciona-se da perspectiva do paciente, em uma autorreflexão hipotética, empregando termos como se fossem saídos da boca do paciente – *estou me queixando das dificuldades para vir, sem dúvida sou um frouxo*. Pergunta a si mesmo dessa posição; há aí, da parte do supervisor, uma auto-observação que encena um autodiálogo do paciente, posicionando-se como ator empático com ele, paciente.

No momento seguinte, o supervisor continua na posição de paciente, mas desta vez em uma observação de si mesmo da perspectiva da sua terapeuta: "aqui está você às 8 da manhã, esperando-o, como se dissesse, o paciente observa essas coisas de si mesmo na relação com você que está esperando por ele". O supervisor acrescenta, assim, a indicação da posição da terapeuta como audiência para o processo de auto-observação do paciente.

Desse outro ângulo, se observarmos a linguagem adotada pela terapeuta em supervisão, nota-se que ela usa, frequentemente, os conceitos com fixidez. Por exemplo, *ambivalente*, *racionalizado*, *não genuíno*, foram expressões utilizadas de maneira monológica, atemporal e descontextualizada. Comparativamente, as expressões do supervisor manifestam nuances, contrastes, entre passado e presente, bem como capacidade de posicionar-se de diversos lugares identitários. Nesse diálogo, ele faz um movimento de distanciamento em direção ao passado, gerando uma relação de contraste com o presente da supervisão, mediado pelo tempo transcorrido nas sessões de terapia conduzidas pela supervisionanda. Há ainda outra tomada de distância da perspectiva do paciente, quando usa o signo *expectativa*, indicando aquilo que poderia ser sentido, pensado e esperado pelo paciente. Sem dúvida, isso poderia corresponder também a sentimentos da terapeuta, colocados na cena de conversação com o supervisor; mas esse aspecto não é diretamente aludido. Em contrapartida, dá-se a reação física da terapeuta, que se joga para trás no encosto da cadeira, em uma atitude corporal de distanciamento, em que cabe indagar: poderia representar uma atitude de oposição ao supervisor?

Assim, o termo expectativas inclui os três participantes deste diálogo e atua de maneira particular nas diferentes oposições relacionais: terapeuta-paciente e terapeuta-supervisor. Fortalecendo sua postura de oposição, a terapeuta reage em resposta à posição do supervisor como audiência avaliadora – *eu, no momento em que te escuto, me sinto feliz* – buscando satisfazê-lo, para satisfazer sua própria avaliação e modificar seu autodiálogo. Sem dúvida, reitera o termo, mas para contrapor o sugerido pelo supervisor voltando-se para conceitos estáticos – *não me parece genuíno* – resultando em uma polarização das posturas.

Vejamos como se seguiu o diálogo:

S: Ele reconhece a relação com você. Agora, você parece que sente que ele não está falando genuinamente.

T: É como se ele estivesse pensando, durante a semana, sobre o trabalho que deveria fazer, de maneira muito intelectualizada, como esses livros de autoajuda que ele lê. Não é que eu não acredite nele, não o queira bem, mas me dá a impressão que pensou que deveria ser assim.

S: Claro que é importante isso que te acontece, que você sente como se aquilo que está te dizendo não fosse genuíno, como se estivesse dando um jeito de dar um lustro de alguma maneira, te trazendo algumas frases de não sei onde, como que gratificando você ou te seduzindo.

T: Claro que tinha uma mescla de gratidão e gratificação, agradecer e tentar de me agradar, que são coisas distintas que eu custo a diferenciar.

Na primeira parte desse intercâmbio, mantém-se a dinâmica que havíamos observado até aqui. Sem dúvida, há um ponto de mudança quando o supervisor toma uma posição de ator empático com a terapeuta – *é importante o que você sente*. Com essa afirmação, o supervisor admite esse significado como válido, mas vai mais além dessa posição, gerando um novo significado, usando a expressão *dando um jeito de dar um lustro... gratificando você*. Desse modo, flexibiliza a postura na qual vinha se colocando e considera agora aspectos menos positivos do paciente, agregando ambivalência à compreensão do processo terapêutico em curso. A resposta da terapeuta mostra um giro na relação de supervisão. Ela se posiciona de seu paciente em direção a ela mesma, responde como ator empático e flexibiliza sua visão. A isso acrescenta-se que ela se permite dar sentido à sua própria experiência, do olhar do supervisor como audiência – *são coisas que custo a diferenciar*. Pela primeira vez, fala do paciente de forma mais amável e o clima da relação de supervisão muda.

Finalizando, destacamos que as implicações das noções dialógicas de afastamento e aproximação, bem como das análises ilustrativas que apresentamos, para o processo terapêutico, são de sinalizar e elucidar que a intervenção terapêutica se dirige, a todo momento, a uma relação. Daí que os significados aí presentes são pessoais e dirigidos contextualmente a algo. Distanciamento e aproximação simbólicos permitem esse processo de tomar posições diferentes no curso da relação. Trata-se de um processo que é uma trajetória de posicionamentos dialógicos de um ator diante de outro, diante das relações com outros e diante da cultura. São diálogos sobre diálogos, em que coconstroem-se significados, possibilitados por fenômenos como os de identificação, empatia, mutualidade e apoio emocional.

Aspectos importantes nesse processo são o permitir e o gerar momentos de proximidade com o outro, olhar nos olhos do outro, uma vez que isso tem uma qualidade afetiva que o leva a sentir-se ouvido e compreendido. Sem dúvida, esses momentos de contenção e escuta não seriam suficientes para permitir a elaboração psicológica, se não houvesse um "empurrar" para a geração de novos significados. Estes, por sua vez, desenrolam-se, dialogicamente, a partir de dinâmicas de natureza oposta, tais como a tensão, a oposição e a diferença. Ou seja, tanto mutualidade como oposição são momentos construtivamente necessários no intercâmbio terapêutico.

Para além dos aspectos de conteúdo do que é conversado nas sessões, de uma perspectiva evolutiva e dialógica, as metas dos atores apores apontam para a geração de direcionalidade. Não buscamos compreender algo para permanecermos estáticos ou estáveis, mas para gerar processo, questionamento, novas perguntas, ainda que nem sempre esse resultado de compreensão nos agrade, ou o recebamos com tranquilidade emocional. Também não estamos nos referindo aqui a uma direção predeterminada ou conhecida por antecipação em seus detalhes, como objetivos conscientemente fixados, mas como um processo que é levado a cabo por uma orientação para o futuro que está, ela mesma, sempre em movimento, mudando com o próprio curso das ações simbólicas que fazem o processo. Em suma, trabalha-se no nível processual, buscando gerar dialogicidade, trajetórias que abarcam oposição, mutualidade, simetria, assimetria, espelhamento, contraste, desde estados de indiferenciação e generalização, até a diferenciação e a contextualização. Nesse cenário, terapeuta e supervisor convertem-se em posicionadores e posicionados na relação afastamento-aproximação, a cada momento particular do processo, orientados pela futuridade da relação terapeuta-paciente e supervisor-supervisionando.

REFERÊNCIAS BIBLIOGRÁFICAS

Bakhtin, M. (1990). Author and hero in aesthetic activity. In M. Holquist & V. Liapunov (Orgs.), *Art and answerability: early philosophical essays by M. M. Bakhtin* (pp. 4-231). Austin: University of Texas Press.

Del Río, M. T. (2007). *La construcción de significado psicológico de niños abusados*. Tese de doutorado, Pontificia Universidad Católica de Chile, Santiago.

Diriwächter, R. (2008). Genetic Ganzheitspsychologie. In R. Diriwächter & J. Valsiner (Orgs.), *Striving for the Whole: Creating Theoretical Syntheses* (pp. 21-45). Somerset: Transaction Publishers.

Gillespie, A. (2007). The social basis of self-reflection. In J. Valsiner & A. Rosa (Eds.). *Cambridge handbook of sociocultural psychology* (pp. 678-691). Cambridge: Cambridge University Press.

Herbst, D. P. (1995). What happens when we made a distinction: an elementary introduction to co-genetic logic. In T. A. Kindermann & J. Valsiner (Eds.), *Development of Person-Context Relations* (pp. 67-79). Hillsdale: Lawrence Erlbaum.

Hermans, H. (1996). Voicing the Self: From Processing to Dialogical Interchange. *Psychological Bulletin, 119* (1), 31-50.

Hermans, H. (2002). The dialogical Self as a Society of Mind. *Theory and Psychology. 12* (2), 147-160.

Marková, I. (2003). Constitution of the Self: Intersubjectivity and Dialogicality, *Culture & Psychology*, 9(3), 249-259.

Marková, I. (2006). *Dialogicidade e representações sociais: as dinâmicas da mente*. Petrópolis: Vozes.

Morin, E. (1994). La noción de sujeto. In D. Fried (Ed.), *Nuevos paradigmas, cultura y subjetividad* (pp. 67-90). Buenos Aires: Editorial Paidós.

Simão, L. M. (2007). Why Otherness in the research domain of semioticcultural constructivism? In L. M. Simão & J. Valsiner (Orgs.), *Otherness in Question: Labyrinths of the Self* (pp. 11-35). Charlotte: Information Age Publishing.

Simão, L. M. (2010). *Ensaios dialógicos: do compartilhamento à diferença nas relações eu-outro*. São Paulo: Editora Hucitec.

Simão, L. M., & Valsiner, J. (2007). Multiple Faces of Otherness within the Infinite Labyrinths of the Self. In L. M. Simão & J. Valsiner (Orgs.), *Otherness in Question: Labyrinths of the Self* (pp. 395-407). Charlotte: Information Age Publishing.

Valsiner, J. (1989). *Human development and culture*. Lexington: Lexington Books.

Valsiner, J. (1997). *Culture and the Development of children's actions. A Theory of Human Development*. New York: John Wiley and Sons.

Valsiner, J. (1998) .*The guided mind*. Cambridge: Harvard University Press.

Valsiner, J. (2000). *Culture and human development:* an introduction. London: SAGE Publications.

Valsiner, J. (2007). *Semiotic fields in action: Affective guiding in the internalization/externalization process*. New Delhi: Sage.

Valsiner, J., & Van der Veer, R. (2000). *The social mind: construction of the idea.* New York. Cambridge University Press.

Werner, H., & Kaplan, B. (1978) General Nature of Developmental Changes in the Symbolic Process. In S. S. Barten & M. B. Franklin (Orgs.). *Developmental Processes – Heinz Werner's Selected Writings* (vol. 2, Cognition, Language and Symbolization, pp. 487-500). New York: International Univerisities Press.

CAPÍTULO 2

Histórias de aproximação: construção e manutenção de vínculos afetivos entre crianças em uma situação provisória de abrigo[1]

Maria Isabel Pedrosa
Thais de Albuquerque da Costa Lins Menelau

Contar histórias de aproximação entre crianças que convivem em situação provisória de abrigo é uma tarefa instigante, não apenas pelo desafio metodológico que se coloca para se descobrir, empiricamente, um padrão diferenciado de comportamento, que sinalize afeto preferencial entre elas, mas, sobretudo, porque se sabe que essas crianças estão sendo privadas da convivência familiar ou por orfandade, ou por maus-tratos, ou, ainda, por negligência, esta muitas vezes decorrente de situações de precariedade, e não por falta de motivação de familiares para cuidar ou protegê-las. São, portanto, histórias de distanciamentos que se entrecruzam a histórias de aproximações.

O vínculo será aqui considerado um conceito interpessoal e, não, um atributo do indivíduo como alguns autores o concebem, quando, por exemplo, ao se referirem ao apego da mãe por seu bebê o tratam como um instinto materno, determinado por uma pulsão interior da mãe (Carvalho, Politano & Franco, 2007). O vínculo decorre de contextos específicos de interação; esta é aqui concebida como um potencial de regulação entre os componentes de um campo interacional (Carvalho, Império-Hamburger & Pedrosa, 1996) e, neste trabalho, o campo interacional será circunscrito a um grupo de crianças brincando.

As interações são fundantes na constituição do sujeito. É por meio desse processo, que as relações com os *outros* (pais, mães, avós, tios, instituições, entre outros) vão se efetivando, ao longo da vida (Rossetti-Ferreira, Amorim & Silva, 2004). Carvalho, Bastos, Rabinovich e Sampaio (2006, p. 590) acreditam que "o ser humano é intrinsecamente social, e se constitui como indivíduo no contexto de trocas e experiências sociais". Assim como essas autoras, partimos dessa mesma premissa e, para compreender o que é concebido como vínculo entre crianças, faz-se necessário considerar o conceito de interação social.

Autoras como Carvalho, Império-Hamburger e Pedrosa compreendem a interação como:

um processo efetivo ou potencial de trânsito de informação em um campo cuja natureza é definida pela natureza de seus componentes e dos princípios que descrevem suas relações; os componentes

---

[1] De acordo com a Lei nº. 12.010, de 3 de agosto de 2009, o abrigo passou a ser chamado de instituição de acolhimento. Entretanto, preferiu-se permanecer com a nomeação abrigo, tal como se chamava por ocasião das observações realizadas, por ser ainda o termo mais usado corretamente.

constituem o campo, e são simultaneamente constituídos pela efetivação do processo interacional. Interação é um estado potencial e um processo. (1996, p. 21)

A interação social se efetiva entre indivíduos; não é um fato que ocorre isoladamente e nem se limita a propriedades individuais. A partir da análise de fenômenos interacionais inferidos da atividade lúdica de crianças pequenas, Carvalho *et al.* (1996, p. 21) formularam três princípios de sociabilidade, que constituem e são simultaneamente constituídos por esses fenômenos, por meio de processos de regulação, corregulação e correlação: *a orientação da atenção, o compartilhamento de significados* e *a persistência de significados*.

Segundo as autoras, a regulação pode ser reconhecida quando o comportamento de alguém só é compreendido se se leva em conta outra pessoa. Assim, para se dizer que uma criança imita outra criança tem-se, necessariamente, de levar em consideração o comportamento dessa outra criança tida como imitada. A ocorrência mais simples de regulação é a seleção, no campo interacional, do outro como seu foco de interesse (*princípio da orientação da atenção*). É necessário destacar que uma criança pode ser regulada por outra sem que esta se aperceba desse comportamento, evidenciando que regulação não é sinônimo de reciprocidade, ou seja, uma criança pode imitar a outra sem que esta note tal ação. A corregulação ou regulação recíproca, por sua vez, consiste em um processo de ajustamento mútuo onde se estabelece um acordo entre os significados, ou seja, "as ações individuais ajustam-se de forma a comporem atividades conjuntas, compartilhadas" (p. 11). Nesse processo, os parceiros alcançam um acordo a respeito de um significado (*princípio do compartilhamento do significado*). A corregulação pode desencadear um processo de correlação em que há uma redução de informações, expressando o que é comum e compartilhado e eliminando informações irrelevantes para o acordo. A esse processo, Lyra e Winegar (1997) chamam de abreviação. Abre-se espaço para o terceiro princípio de sociabilidade – *a persistência de significados*. Assim, um som, uma palavra, um gesto, tornam-se capazes de evocar uma situação vivenciada anteriormente, de modo condensado, e de fazer emergir o significado construído, seja pelos próprios parceiros que o construíram ou por outros que passaram a partilhá-lo. A persistência de significados pressupõe certa estabilidade dos parceiros e conduz ao conceito de relação, que pode ser caracterizado por um padrão de interações entre mesmos indivíduos, em um grupo social (Hinde, 1987), conceito que dará suporte a outro, mais especificamente tratado no presente trabalho, qual seja, vínculo interpessoal.

Conforme já destacado anteriormente, ao se configurar um campo social de interações, tratando-se aqui de interações de crianças, tenta-se observar as pistas que elas sinalizam aos parceiros, por exemplo, ao brincarem. Analisam-se gestos, posturas corporais, vocalizações e comportamentos no intuito de apreender o que elas pretendem realizar com o outro na brincadeira, tomados como indicadores de significados que estão envolvidos naquele contexto.

Será que, a partir desses indicadores, é possível captar indícios de um processo de vinculação? É bem verdade que crianças, ao brincarem juntas, trocam informações sobre o evento desenvolvido, constroem significados e códigos que comunicam a natureza do processo interacional. As crianças bem pequenas, que ainda não têm a fala bem articulada, são capazes de se relacionar com os coespecíficos, por ações imitativas e complementares, que possibilitam desencadear brincadeiras conjuntas. Gritos e risos, quando presentes nas brincadeiras, sugerem uma situação prazerosa, pelo menos é assim compreendido pela outra criança que responde com orientação do olhar e aproximação do grupo. Permitem também estabelecer um contato social entre crianças que ainda não dispõem de recursos verbais. Ao estabelecerem acordos, estão compartilhando modos particulares de estar juntas. Mas, *o que se entende por compartilhamento?*

"O compartilhar refere-se a algo possuído em comum; a um estado ou processo inferido e não a um ato" (Carvalho & Rubiano, 2004, p. 183). Pode-se dizer, então, que o compartilhamento é construído pela interação social, tornando, portanto, evidente um comportamento não individual; ao contrário, é produto das relações entre os indivíduos. Dessa forma, o vínculo deve ser pensado como um processo inferido e não observável; o que é possível perceber são comportamentos – as ações dos interagentes. Por meio desses comportamentos, é possível vislumbrar a emergência de vários tipos de vínculo no grupo de crianças brincando, por exemplo: parcerias privilegiadas, vínculos de cuidado, dominação etc.

Ao mesmo tempo que esse compartilhamento propicia a emergência de vínculos, pode também favorecer a repetição ou novas elaborações do compartilhado, reforçando, assim, o vínculo já estabelecido. Parcerias privilegiadas, por sua vez, tendem a apresentar uma comunicação mais abreviada, sinalizando que, anteriormente, alguns significados já foram compartilhados. Em outras palavras, o "vínculo pode ser pensado como um espaço privilegiado para a persistência de significados construídos na interação enquanto, ao mesmo tempo, é fortalecido por esse compartilhamento" (Carvalho & Rubiano, 2004, p. 185).

Na literatura do desenvolvimento infantil, o vínculo tem sido estudado, principalmente, em dois contextos teórico-empíricos: nas investigações sobre o apego mãe-filho, ou adulto-criança; e nos estudos sobre a amizade na infância (Carvalho & Rubiano, 2004).

No primeiro caso, salienta-se o trabalho de Bowlby (2002), que concebe o vínculo mãe-filho, ou cuidador-criança, chamando-o de *attachment*, traduzido para o português por *apego*. O autor desenvolve uma hipótese funcional, moldada no processo da evolução, argumentando que o apego é um mecanismo adaptativo de busca de proximidade para sua proteção. Na espécie humana, esse mecanismo é tão relevante quanto a busca de alimento, uma vez que a criança ao nascer é completamente dependente de seu cuidador. O apego revela-se do ponto de vista comportamental (busca de proximidade com a figura de apego e protesto à separação) em torno do oitavo mês, em consonância com o início de sua locomoção. Ele modula a busca de exploração, favorecendo sua proximidade com o adulto apegado, decorrendo daí sua proteção (Carvalho, 2005; Rossetti-Ferreira, 1986).

Carvalho e Rubiano (2004) realizaram uma revisão de estudos sobre amizade de criança e observaram que o vínculo aparece, frequentemente, como um traço individual, tratado como uma competência social de formar amigos.

PERSCRUTANDO HISTÓRIAS DE VÍNCULOS NO ABRIGO: COMO PROCEDER?

A vinculação de crianças a parceiros de idade é um processo que ainda precisa ser estudado. Pouco se conhece e são várias as perguntas que ainda estão em aberto: como o vínculo se revela entre crianças? Que fatores estão envolvidos? Ele é mediado pelo afeto de uma criança a outra ou é mediado por um papel ou posição que uma criança ocupa no grupo, por exemplo, um irmão social, ou criança menor? O vínculo de uma criança a outra precisa da contrapartida da reciprocidade? Há caminhos mais produtivos para estudá-lo? Além dessas perguntas, outras podem ser formuladas em se tratando de histórias de aproximação entre crianças abrigadas.

Essas perguntas orientaram o olhar investigativo em observações feitas em um abrigo, da cidade de Recife, em um grupo de crianças multietário, com idade entre 1,2 e 4,3 anos[2]. O grupo era composto por treze crianças (esse número se alterou ao longo do trabalho em face de adoções feitas) e as observações foram videogravadas, com a aprovação do juiz da Vara da Infância e da Adolescência, e do Comitê de Ética em Pesquisa, que solicitaram a não identificação das crianças, no caso do uso das imagens videogravadas, ou mesmo em relatórios ou artigos de divulgação. Por essa razão, seus nomes também foram mudados. A atividade de registro foi feita em um período de três meses.

Brincar é uma atividade constante no ambiente do abrigo observado. Como já é conhecido, as crianças se envolvem com seus parceiros e fazem grandes esforços para seus propósitos no brincar. Por essa razão, tem sido produtivo observar e registrar as situações de brincadeira, para se depreender diferentes processos no curso de sua ontogênese (Pedrosa, 2005). Um desses processos, o que temos interesse em focar aqui neste trabalho, é a construção de vínculos entre parceiros. Em suas brincadeiras, as crianças, parecem ter propósitos que decorrem de seus interesses naquele momento, com os parceiros disponíveis, os objetos que estão ao seu alcance e as possibilidades do ambiente em que se encontram. É possível inferir um ou vários "objetivos" subjacentes à brincadeira, perscrutando-se toda a situação do brincar e buscando identificar estratégias de que se valem para levar a cabo seus propósitos. Por exemplo, um objeto em uso pelo parceiro pode desencadear uma sequência de ações que visem à preparação de comidinha, à alimentação do filho, à busca por objetos complementares, à organização da mesa de refeição e outras ações.

Escolheu-se, portanto, registrar as crianças em situações livres de brincadeiras. Após esse período, foram selecionados e descritos alguns segmentos de registros que pareceram promissores para o objetivo de examinar as interações de crianças que convivem cotidianamente em uma instituição de abrigo, buscando-se histórias de vínculos. Tinha-se como objetivo específico: descrever um padrão diferencial de preferência da criança por seu parceiro. Esse padrão implica uma história de aproximações e distanciamentos que se desenrola no tempo, mas de modo não linear: no processo de vinculação, o eu e o outro se constituem como interagentes privilegiados, em situações concretas de embate, de reconhecimento, de estranhamento, de dúvida ou de certeza.

No decorre da análise, alguns episódios serão descritos, preservando-se detalhes com potencial de revelar aspectos que problematizem o processo de vinculação entre as crianças, pois, como já mencionado, a vinculação é um fenômeno inferido a partir dos comportamentos dos interagentes. As configurações sociais que vão sendo construídas nas interações são pistas possíveis para se refletir sobre o vínculo.

ANALISANDO EPISÓDIOS PARA EXPLORAR O DESENROLAR DO PROCESSO DE CONSTRUÇÃO DE VÍNCULOS

Foram selecionados alguns episódios de sequências interativas em que é possível observar e transcrever detalhadamente certos comportamentos que podem revelar como a criança interpreta aquele contexto, assim como busca desenvolver com seu parceiro uma brincadeira.

---

[2] Idade das crianças em ano e meses.

Momentos irrelevantes para os propósitos da análise não serão transcritos, mesmo que estejam intercalados às transcrições.

É importante frisar que os episódios descritos não serão apresentados na ordem cronológica, mas de acordo com as necessidades de enfatizar aspectos relevantes para a constituição do vínculo.

Episódio: Brincadeira de colchonete

Crianças envolvidas: Kelly (3,0), Emily (1,6), Laila (3,10), Marcos (2,4) e Rafaela (3,10).

Laila está brincando de panelinha, fingindo comer, tomar água, suco etc. Marcos chega com sua cadeira, coloca-a ao lado de Laila e pergunta: "E eu? E eu?". Ele fica olhando para Laila, enquanto ela fala algo que não se entende. Marcos sai de perto com sua cadeira, enquanto Laila continua manipulando os objetos. Ela grita por Marcos, dizendo: "Toma água Marcos". Percebe-se que ao lado de Laila encontra-se Emily, observando a brincadeira. Nesse momento, Marcos acha uma mamadeira e Laila pede para colocar água, então ele joga para ela. Ela coloca água na mamadeira e olha para Marcos. Este pega a cadeira e vai em direção a Laila. Esta o chama para comer. Laila arruma o prato de Marcos e diz que é para ele comer tudo, começando a lhe dar comida. Percebe-se que Emily aproxima-se mais de Laila, porém esta a afasta. Laila mostra a Marcos o café, os outros objetos e diz para ele comer primeiro. Enquanto Marcos finge comer, Laila sai e vai para a casinha, pedindo para ele esperar. Volta, coloca mais comida no prato de Marcos e depois sai. Marcos continua comendo. Ele para e chama por Laila. Ela volta sustentando o bebê (um boneco) e dando a mamadeira a ele. Marcos fica chamando por ela e Laila diz: "Vai tomar; deixa eu dar o mingau do bebê". Laila termina de dar a mamadeira e coloca o bebê para arrotar; enquanto isso Marcos olha para ela. Ele finge comer novamente, depois para, encostando-se na cadeira. Quando Laila se aproxima, olha para ele; este também olha para Laila e volta a "comer". Laila sai com o bebê, enquanto Marcos continua comendo. Ela pergunta: "Terminou Marcos?" Ele afirma que sim; ela ajeita o prato, mandando-o tomar o café.

De início, percebe-se que Laila está sozinha, bastante entretida, manipulando alguns objetos. Suas ações despertam a atenção de outra criança, Marcos. Ele indicou que queria participar da brincadeira, ao trazer sua cadeira para perto de Laila e perguntar "E eu? E eu?". Inicialmente, Laila parece não querer sua participação na brincadeira; ela fala algo que não se entende e ele permanece apenas observando o que ela faz e depois vai embora, até que ela o chama e oferece "água", introduzindo-o na sua brincadeira de faz de conta.

Conforme já destacado anteriormente, a busca de proximidade é um dos indicadores de possíveis relações preferenciais (Carvalho & Rubiano, 2004). Sendo assim, o segundo momento desse episódio mostra Laila insistentemente procurando Kelly para brincar.

Laila sai carregando os objetos, indo na direção de Kelly e gritando por ela. Enquanto isso, Kelly está sentada, assistindo televisão e Laila diz: "Tome o seu comê", entregando-lhe um objeto. Kelly segura o prato e finge comer. Laila sai em direção à mesa, dizendo: "Puxe sua cadeira e venha", levando a cadeira de Marcos. No entanto, Kelly não faz o que a parceira pede. Laila grita com Emily para que ela saia de seu lado na mesa e que coloque sua cadeira ao lado de Kelly, na mesa. Laila vai, novamente, na direção de Kelly e pega o seu prato, olhando para ela; nesse momento, Marcos chega com uma argola para entregar a Kelly. Marcos tenta colocar a argola nela, mas não consegue; deixa-a no prato e sai. Percebe-se que Emily acompanha Laila; esta, ao lado de Kelly, sustenta uma mamadeira.

Laila se senta e dá comida ao bebê, enquanto Kelly coloca as argolas no pé. Depois, Laila sai e entrega a comida a Kelly. Ao voltar à cadeira, dá a mamadeira ao bebê, enquanto Kelly brinca com a argola. Kelly parece não estar muito entretida com a brincadeira. Rafaela tenta pegar as argolas de Laila, mas esta não deixa. Rafaela toma a cadeira e Laila começa a chorar. Rafaela sai da cadeira e diz: "Então me dá minha pulseira". Laila diz que não. Kelly diz que a pulseira está com ela, tirando do seu braço. Kelly dá uma pulseira a Rafaela e esta lhe dá outra. Marcos se demora, olhando para Kelly; esta coloca um objeto na boca e Marcos a imita.

Percebe-se que Laila busca aproximar-se de Kelly. Apela, dizendo-lhe: "Tome o seu comê" e, ao se aproximar dela, senta-se a seu lado; depois, a chama para a mesa. Kelly não demonstrou interesse em participar da brincadeira com Laila, mesmo esta insistindo verbalmente e buscando um contato físico com ela.

Outra inferência que se pode fazer a partir desse trecho de episódio é a compreensão social das crianças acerca da brincadeira. Cada uma parece reconhecer o seu papel: Kelly sustenta um pote como se fosse um prato e finge comer; Laila segura um bebê e finge dar mamadeira a ele. A configuração espacial em que as crianças se encontram, ou seja, uma sentada ao lado da outra, desempenhando seus papéis, lembra brincadeiras de mãe e filha. Todavia, apesar de compartilharem os objetos, não desenvolvem ações coordenadas cooperativas.

A seguir, serão descritos novos trechos desse episódio que revelam uma busca de proximidade insistente de Laila por Kelly.

Marcos, Kelly e Rafaela pulam sobre os colchonetes. Laila, que ainda se encontra sentada na cadeira, diz: "Rafaela, Marcos e Kelly vai se machucar". Laila se levanta, bate em Rafaela e a manda parar, chamando Rafaela de menina chata; esta repete o mesmo para Laila. Laila parece não gostar da brincadeira dos meninos, dizendo: "Kelly coma seu comê, depois você brinca". Porém, as três crianças continuam brincando nos colchonetes. Laila avisa a cuidadora o que os meninos estão fazendo. Marcos bate em Kelly e ela chora. Depois Kelly o belisca e corre, porque este corre atrás dela. Kelly corre para perto da cuidadora para evitar que Marcos lhe bata. Laila e Rafaela ficam olhando. Laila sai, sustentando seu bebê e olhando para a TV. Rafaela, Marcos e Kelly continuam pulando nos colchonetes. Laila puxa um colchonete, mas apenas Rafaela percebe e vai atrás. Tenta tomar de Laila, mas não consegue, voltando para a brincadeira com os meninos. Laila chama Rafaela para buscar o colchonete, mas, no momento, ela não percebe. Apenas, quando vira, percebe que o colchonete está lá e vai buscá-lo. Kelly a chama para continuar a brincadeira. Laila chama Kelly, pedindo que ela olhasse o bebê que está ali. Então, Kelly sai, parecendo ir fazer o que Laila está pedindo. Rafaela e Marcos continuam a brincadeira e Laila diz: "Eu vou pular também". Logo depois, Kelly volta para brincar. Eles dizem que estão brincando de pula, pula. Laila pede para Kelly fazer algo para o bebê; parece que é para ela lhe dar a mamadeira, porém, Kelly diz "não", gesticulando com a cabeça, e continua a brincar. Laila pega o bebê no colo. Rafaela bate com o colchonete em Marcos para que ele saia. Kelly e Marcos saem e Rafaela vai atrás em seguida.

Laila, mais uma vez, tenta se aproximar de Kelly. Primeiro chama a atenção das três crianças, incluindo Kelly: "Rafaela, Marcos e Kelly vai se machucar"; em seguida, adverte-a, lembrando-lhe a comida: "Kelly coma seu comê, depois você brinca". Observa-se que Laila "convida" Kelly para participar de sua brincadeira, avisando-lhe sobre o perigo de um acidente, caso ela continuasse pulando no colchonete; e depois lhe sugerindo uma interrupção no que fazia, para depois continuar (primeiro comer; depois brincar – mas comer também é de faz de conta!). É possível supor que, neste momento, o interesse maior de Laila não é o cuidar de Kelly, ou das outras crianças, prevenindo-lhes os riscos de se machucarem (uma delas até é chamada de chata!), mas, sim, a busca da parceira (Kelly) para brincar com ela.

Observa-se, a partir deste último trecho, que Laila busca a participação de Kelly em sua brincadeira. Kelly recusa, dessa vez, de modo mais enfático, ao fazer o gesto "não" com a cabeça. Ela e seus colegas preferem outra brincadeira, mais precisamente, preferem brincar de pula, pula.

É importante frisar que, mesmo sem interesse explícito para brincar de comer, Kelly compartilha com Laila um significado em comum, uma vez que ambas compreenderam a situação social adequadamente. Ademais, há indícios de que Laila tem uma preferência por brincar com Kelly, pois o seu esforço foi nitidamente maior para que ela se engajasse em suas atividades.

Vejamos outro episódio onde é possível visualizar outras estratégias utilizadas pelas crianças para compartilhar com seu parceiro.

Episódio: Brincadeira de comidinha

Crianças envolvidas: Kelly (3,1); Zilma (1,2); Zeca (2,0).

> Kelly já segura uma pá e apanha um cesto do chão. Coloca a pá no cesto e depois na boca de Zilma, uma criança menorzinha, fingindo lhe dar comida. Vai até Zeca dá o cesto a ele em troca de um pote de Danone. Kelly volta, senta-se em frente a Zilma e finge lhe dar comida. Esta aceita brincar ao abrir a boca. Em seguida, Kelly deita Zilma, mas continua a lhe dar comida e diz estar dando papa a Zilma. Duas outras crianças se aproximam; uma permanece sentada ao lado e outra se afasta. Zilma tenta pegar a pá, mas Kelly não deixa. Em certo momento Zilma demonstra não querer mais, porém Kelly força, mesmo ela agitando os braços. Kelly para a brincadeira porque a cuidadora tira Zilma de perto dela.

Um ponto a destacar nesse episódio é a troca de objetos entre Kelly e Zeca de modo a ajustar as ações ao propósito da brincadeira. Ao ver um pote de Danone nas mãos de Zeca, Kelly buscou efetivar a troca: deu a Zeca o cesto e pegou o pote. Este pote parecia mais adequado para a ação de dar comidinha a Zilma. Houve uma compreensão tácita de Zeca: entregou o pote de Danone a Kelly sem aparente reação de aborrecimento.

Outro aspecto que chama a atenção é a forma como Kelly se apresenta a Zilma: a postura como Kelly se senta à frente da parceira mostra o seu interesse em brincar com ela. Ao mesmo tempo, Zilma se faz participante da brincadeira, visto que responde positivamente ao papel que Kelly lhe atribui – a de ser neném, que recebe comidinha na boca. Kelly e Zilma compartilham o mesmo tópico: brincadeira de comidinha.

É relevante trazer para a discussão a maneira como as crianças se envolvem numa relação de cuidadora e de ser cuidada. Ao observar alguns trechos desse episódio, é nítido o papel de cuidadora, assumido por Kelly, e o contraponto, assumido por Zilma. Kelly dispensa atenção à criança menor e a "alimenta". Zilma abre a boca para receber o alimento ou o rejeita, sinalizando que não quer mais, ou mesmo, que deseja encerrar a brincadeira. Esse tipo de ação – dar comidinha – é frequente entre crianças dessa idade, fazendo parte ou não de uma brincadeira mais complexa de mãe e filho. No caso do abrigo, pode-se falar de uma relação de cuidadora e crianças da instituição. "Dar comidinha" pode instaurar toda uma postura de cuidar e ser cuidada, característico de uma relação adulto-criança. Essa brincadeira é bem recorrente nessa instituição em que foram realizadas as observações, sobretudo por Kelly, assumindo um papel de cuidadora. Ela, portanto, vai tecendo uma rede de interações com outras crianças, no caso examinado, com Zilma, ao protagonizar esse papel. Em decorrência, há aproximações afetuosas de atenção e proteção.

Vejamos, a seguir, a continuação desse episódio:

> Zilma deita-se novamente e Kelly volta a dar comida a ela. Kelly sustenta a cabeça de Zilma para direcionar a colher corretamente em sua boca. Em certo momento, Kelly dá um brinquedo para ela sustentar e volta a lhe dar comida. Dessa vez, Zilma parece estar gostando, pois sorri. Kelly para e Zilma olha tanto para ela quanto para outra criança, sentada ao lado. Kelly tenta continuar, dessa vez "fazendo a colher de aviãozinho", mas Zilma não quer mais. Kelly força, raspa o pote como se fosse terminar. Chama a pedagoga[3]; parece querer mostrar-lhe o que faz. Para de dar comidinha a Zilma, enquanto observa o que a pedagoga fala. Zilma vai para perto da pedagoga. Kelly finge que está comendo e enche o potinho novamente.

Nota-se, logo no início desse trecho, que as crianças se organizam para restaurar a brincadeira que era feita antes. Isso é evidente quando Zilma deita-se novamente e Kelly volta a "dar comidinha" a ela. A ação do deitar parece sintetizar a essência do jogo criado entre elas. "O deitar" abrevia uma sequência de ações anteriormente vivenciadas e indica aos parceiros interativos um curso de ações possíveis.

O rápido reconhecimento das crianças dessa situação de brincar se torna mais claro quando Zilma expressa um sorriso indicativo de seu engajamento. Dessa forma, o sorriso pode operar como um código linguístico, o qual informa sobre sua aceitação em brincar com a parceira, uma vez que seu aparato verbal é ainda incipiente em razão de sua idade. A configuração desse trecho do episódio traz à tona o segundo princípio da sociabilidade, mencionado por Carvalho et al. (1996), o do compartilhamento de significados. Kelly e Zilma regulam-se entre si, no espaço da brincadeira, e constroem, juntas, um sentido para suas ações, a ponto de demonstrarem uma à outra um curso de ações a ser seguido, muito embora ele possa ser modificado ou rejeitado logo em seguida, como foi o caso, nesse episódio, quando Zilma não mais quis "comer a comidinha".

É importante enfatizar que essa brincadeira de dar comidinha persistiu por um longo tempo, neste segundo segmento do episódio – cerca de sete minutos. Note-se que Kelly tentou dar prosseguimento à brincadeira, realizando a variação de fazer da colher um aviãozinho, para atrair a atenção de Zilma. Esta, porém, não se mostrou mais interessada. Kelly usou a estratégia do adulto que simula um aviãozinho com colher para a criança abrir a boca e se alimentar um pouco mais. Esse é um comportamento recorrente dessas situações de alimentação de crianças, em nossa cultura.

É pertinente falar na construção de uma relação de vínculo entre Kelly e Zilma? Chama a atenção o grande envolvimento dessas duas crianças na brincadeira que compartilham. De início, Kelly é quem dá partida e incentiva a atmosfera relacional, enquanto Zilma se mostra ainda passiva às investidas de sua parceira. No desenrolar do episódio, Zilma compreende bem o que Kelly pretende, correspondendo a seus pedidos, compartilhando o significado da brincadeira. Esse significado persiste por todo o episódio, fazendo emergir novos aspectos e desdobramentos no brincar. São observadas inúmeras outras situações de cuidado em que

---

[3] Há uma pedagoga que visita o abrigo em alguns dias da semana para orientar o trabalho dos cuidadores.

Kelly e Zilma são protagonistas, a segunda sempre no papel de ser protegida e paparicada. Talvez, o fato de Zilma ser uma das crianças mais novas[4], que convive no cotidiano da instituição com as outras mais velhas, desencadeia interações de cuidar, proteger, sendo, portanto, uma parceira ideal para desempenhar o papel de filha, ou de bebê, na situação de brincadeira. Mas, por que Kelly é a criança que mais inicia interações de cuidar de Zilma? A frequência com que episódios desse tipo ocorrem promove a proximidade das crianças, aspecto que denota a busca de compartilhamentos. Assim, parafraseando Carvalho (1998, p. 219): "é na interação com o outro, e através dela, que o sistema [vínculo] se constitui; . . . essa constituição é um processo de permanente transformação, ainda que em tempos diferentes".

A seguir, serão apresentados outros episódios que podem trazer outras reflexões à discussão dessa temática, no espaço institucional do abrigo.

Episódio do sofá

Crianças envolvidas: Kelly (3,1), Luê (1,9), Aída (2,11) e Zilma (1,3).

Kelly anda pela sala e canta ao mesmo tempo. Observa Zilma sentada no sofá e vai em sua direção. Abraça-a, e, logo em seguida, a cuidadora segura Zilma e a coloca no colo. Kelly sobe no sofá e mexe por algum tempo no cabelo de Aída, observando Zilma. Quando a cuidadora tira a mão de Kelly do cabelo de Aída, Kelly diz: "Vem cá Zilma, senta aqui, senta aqui", batendo com a mão no sofá. Como esta não atende ao seu pedido, ela se levanta e tenta pegá-la. Nesse momento, abraça-a e beija-a. Simultaneamente, Aída faz o mesmo com Kelly. Esta tenta, várias vezes, tirar Zilma das pernas da cuidadora. Ao conseguir, encosta Zilma no sofá e levanta suas pernas. Zilma, porém, escorrega e cai no chão. Percebe-se que, ao lado de Zilma, Luê observa essa sequência de interação, fazendo os mesmos movimentos de Zilma. Kelly vê o que Luê faz, mas continua orientada para Zilma. Bate palmas para ela que se levanta e se senta no sofá. Enquanto isso, Luê chama a atenção de Kelly, imitando o movimento de Zilma de deitar no sofá. Kelly faz com ele o mesmo que fez com Zilma: levanta suas pernas. Ele ri parecendo gostar. Kelly reorienta-se para Zilma que se afastou e diz: "Vem cá, Zilma". Puxa-a e dança com ela. Simultaneamente, observa que Luê tenta, novamente, chamar a sua atenção, mas Kelly continua voltada para Zilma: coloca-a no colo, apresentando dificuldades, e a leva para o sofá. Nesse local, tenta novamente levantar suas pernas. Há indícios de que Zilma diverte-se, pois ri para Kelly. Esta beija a sua barriga, mexe suas pernas e canta para ela. Essa sequência é repetida algumas vezes. Zilma levanta-se e abraça Kelly. Depois, retorna ao sofá e Kelly continua o que fazia antes. Nesse momento, ela mexe nos braços e no rosto de Zilma. A cuidadora liga o televisor e se ouve a música do programa do Sítio do Pica-pau. Kelly volta-se para a TV, bate palmas, dança e se afasta de Zilma, aproximando-se da TV. De repente, Kelly volta para brincar com Zilma, bate no seu bumbum e ela ri. Sai, novamente, dançando e olhando para a TV.

Certos aspectos desse episódio dão margem a ampliar a discussão já iniciada sobre a construção do vínculo. O primeiro ponto a ressaltar diz respeito à orientação preferencial da atenção de Kelly para Zilma. Apesar de Luê ter se aproximado e de estar disponível para a brincadeira – notam-se as constantes tentativas de Luê em chamar a atenção de Kelly, ajustando sua postura corporal àquela que Kelly gostaria que Zilma realizasse – Kelly, inicialmente, não lhe toma como parceiro e continua investindo na interação com Zilma, que

---

[4] Há, na instituição, crianças mais novas que são do berçário e permanecem em uma ala separada.

demora a corresponder às suas investidas. Kelly dirige-se para Luê, no sofá, levanta suas pernas e este sorri, demonstrando sua motivação em compartilhar e desempenhar o papel que estava sendo proposto a Zilma. Mesmo assim, Kelly interrompe a sequência com Luê e volta a orientar-se para Zilma, que se havia afastado, indicando sua preferência por esta parceria.

Kelly busca, novamente, envolver Zilma em uma brincadeira e recorre aos recursos verbais, chamando-a insistentemente e propondo outra atividade – a de dançar; depois a põe no braço e a leva para o sofá, reiniciando a sequência de levantar suas pernas. Também dá beijo em sua barriga e canta para ela. Dessa vez, Zilma corresponde aos agrados de Kelly e ri para ela, demonstrando estar gostando. O sorriso representa um sinal comunicativo de que a brincadeira gera prazer.

A ação de "levantar as pernas da criança e beijar sua barriga" representa algumas das brincadeiras comuns entre cuidadores e bebês. Parece ser um modo de o adulto demonstrar cuidado e afeto à criança. Nesse episódio, o papel do adulto está sendo desempenhado por uma criança mais velha, Kelly. Ao percorrer outros episódios em que Kelly esteve presente, percebe-se essa característica de cuidado com as crianças mais novas do que ela, sobretudo com Zilma. Poder-se-ia dizer que, neste episódio e no episódio anterior, o da "brincadeira de comidinha", Kelly demonstra uma forte inclinação para um contato afetivo com Zilma. Lembrando a teoria de Bowlby (2006), que examina o apego num contexto mãe-criança, a nosso ver, um tipo especial de vinculação, há uma ênfase no fato de que o apego se caracteriza como uma ligação afetiva estável entre a criança e o cuidador; neste trabalho em que são observadas crianças num abrigo, a vinculação parece estar se constituindo em outro sistema interacional: o da criança-criança.

Episódio: Brincadeira do corneto

Crianças envolvidas: Kelly (3,0), Rafaela (3,10) e Laila (3,10).

Kelly está sentada numa cadeira tocando o corneto, enquanto Rafaela arruma os colchonetes atrás dela. Laila, do pátio externo, chama: "Kelly! Kelly!", várias vezes. Kelly observa um programa na TV e, ao mesmo tempo, toca um corneto, bem entretida. Laila continua a gritar, chamando por Kelly "para comer". Esta continua a tocar o corneto. Em certo momento, resolve responder ao chamado de Laila, indo em sua direção. Volta para pegar a cadeira, a pedido de Laila, e novamente dirige-se para onde esta se encontra.

Esse episódio, relativamente pequeno, ilustra bem um modo como Laila aborda sua parceira: chamando-a pelo próprio nome e indicando que pegue uma cadeira e venha para perto dela. É importante destacar que Laila a chama, estando em outro espaço (pátio externo), demonstrando uma busca ativa por Kelly, mesmo esta não estando próxima e disponível para uma atividade. Laila revela, naquele momento, uma orientação preferencial por Kelly.

Episódio: Brincadeira de riscar

Crianças envolvidas: Kelly (3,1), Rafaela (3,11), Kiko (4,3), Mara (2,9) e Laila (3,11).

Laila risca num quadro (um jeito próprio de desenhar, característico de sua idade) e resolve parar; volta-se e vê no chão uma folha de papel; pega a folha e, diz: "oh, o papel". Kelly e Kiko que também riscam no quadro olham para ela, levantam-se e vão em sua direção. Laila diz: "É minha, é minha", andando pela sala, sustentando o papel e um lápis de cera. Num certo momento, grita: "Vem Kelly, vem Kelly". Esta, de início, não demonstra interesse. Laila encosta-se na parede e grita novamente: "Vem Kelly, Kelly". Esta vai em direção de Laila e se senta na sua frente. Laila dá um pedaço de papel a ela, fala alguma coisa, mas não se entende o que diz; parece que manda Kelly fazer algo. Logo após, chega Kiko e se senta perto delas. Depois, muda de lugar a pedido de Laila que lhe dá papel para riscar. Kelly pede a Laila o lápis e ela lhe cede. Laila chama Rafaela para sentar-se e ela responde que não, mexendo com a cabeça. Laila começa a gritar: "Mara, Mara", jogando um carrinho para o lado, enquanto esta continua deitada no colchonete. Laila se levanta e manda Kelly e Kiko se deitarem para riscar, enquanto vai em direção de Mara e entrega um papel a ela, apontando que ela vá se sentar onde os outros estão. Mara não demonstra interesse em sentar-se junto às outras crianças e, então, Laila diz: "Não quer não, é?", puxando o papel dela. Mara pega o papel novamente e Laila diz: "Então vá sentar ali".

O início desse episódio revela Laila retomando suas investidas em Kelly, ao dizer: "Vem Kelly, vem Kelly", apesar de haver também outro parceiro que se interessou pelo papel que ela segurava. Laila a chama para próximo de si, lhe dá um papel e lhe cede o lápis que tinha, envolvendo-a na atividade.

No decorrer do episódio, Laila busca envolver outras crianças, mas seu primeiro alvo foi Kelly. O papel, o lápis e a chegada de Kiko ao local em que elas tinham-se sentado, possivelmente interessado em participar, parece ter estimulado Laila a brincar de escolinha, pois, imediatamente, sugere a Kiko onde ele deve se sentar, entrega-lhe uma folha de papel e, ainda, convida duas outras crianças a participarem, indicando, a uma, que se sente, e chamando a outra, que se encontrava mais distante. Essas duas crianças não aceitaram o convite de Laila, mas esta insistiu com a segunda criança, indo até ela e lhe entregando um papel. Laila organiza a brincadeira e as outras crianças aceitam o seu comando. Há uma hierarquia na relação da "professora" com "os alunos", em que estes obedecem àquela. É relevante mencionar que Laila é a única criança que sai da instituição, diariamente, para ir à escola. As crianças admitem sua autoridade, porque realizam o que ela determina.

A continuidade desse episódio traz outras indicações sobre a construção de uma possível relação preferencial de Laila por Kelly, comparada à relação que ela estabelece com outros parceiros.

Enquanto Laila determina o que Mara tem que fazer, Rafaela puxa o papel de Kelly e, esta tenta recuperá-lo, mas não consegue; Rafaela belisca Kelly e ela começa a chorar. Laila chega e diz: "Senhorita não chore não". Nesse momento, tenta entreter Kelly com outra coisa, dizendo: "Aqui tem a cor pra você riscar". Chama por Mara novamente e esta vem em sua direção. Depois, levanta-se e vai pegar o papel que Rafaela tinha tomado de Kelly, dizendo: "Me dê". Rafaela aparenta ficar chateada. Laila, ao voltar, diz: "Toma Kelly", entregando-lhe o papel. Diz, também, para Mara sentar-se. Kelly busca, algumas vezes, a atenção de Laila, batendo-lhe de leve com a mão, e dizendo: "Olha", apontando para o seu desenho. Nesse momento, Laila tenta pegar o papel de Mara e brigam. Laila consegue o papel e Mara fica chorando. Depois, Laila se levanta e diz: "Vem Kelly". Esta a segue juntamente com Kiko. Eles sentam-se em um cantinho da sala e ficam riscando. Enquanto isso, Kelly olha para o ambiente e para Kiko e eles conversam entre si, mas não se entende o que dizem.

Retornando ao episódio, nessa segunda parte da descrição, percebe-se que Laila, Kelly e Kiko se encontram bem ajustados à atividade de riscar, ou seja, compartilham o significado da brincadeira por meio de ações coordenadas cooperativas. Mara e Rafaela também interagem, mas não de modo cooperativo, não aceitando os comandos de Laila e disputando a folha de papel, chegando mesmo a um conflito explícito. Novamente, Kelly é chamada por Laila para outro lugar da sala e Kiko as acompanha, mesmo sem ser convidado; sua participação na brincadeira é, entretanto, aceita.

Mais uma vez, Laila busca proximidade física de Kelly e consegue envolvê-la em uma atividade de seu próprio interesse. Além disso, a consola, buscando distraí-la com um lápis de outra cor, pois Kelly ficou em desvantagem e chorou na disputa de uma folha de papel com Rafaela. Laila buscou ainda recuperar a folha de papel de Kelly, empreendendo uma disputa com Rafaela. Esta perde a disputa e fica, aparentemente, chateada. A despeito disso, Laila devolve a folha a Kelly e busca protegê-la, em seguida, convidando-a para um cantinho da sala. Kelly recomeça sua atividade de riscar nesse novo local. Antes, porém, enquanto Laila buscava de volta a folha que havia dado a Mara, Kelly faz um desenho e insiste em mostrá-lo a Laila, desejando, provavelmente, sua apreciação e, concomitantemente, reforçando sua posição de liderança no grupo. A incessante busca de Laila por Kelly, envolvendo-a em suas brincadeiras, talvez seja uma forma de realizar com sua parceira atividades de seu interesse, bem como uma maneira de manter proximidade afetiva. Esse recurso pode ser considerado um indício de construção e manutenção de vínculo (Carvalho e Rubiano, 2004).

Episódio: Brincadeira de massinha

Crianças envolvidas: Célio (2,4), Kelly (3,1), Rafaela (3,11) e Laila (3,11).

Kelly está manipulando massinha de modelar (plastilina) que se encontra num balde. Célio a observa. Em um momento, ambos procuram massinha no chão. Encontram um pedacinho e Kelly a coloca no balde, agachando-se para manipulá-la. Em seguida, ela joga o balde, afastando-o para longe de si, senta no chão e volta a manipular a massinha. Em alguns momentos, coloca a massinha dentro da calcinha, observa o ambiente e volta a repetir sua ação. A cuidadora percebe o que ela faz e a adverte. Kelly continua a manipular a massinha, sentada no chão, quando Rafaela chega e pega um pedaço. Kelly grita e chora. Laila interfere quando percebe a atitude de Rafaela e fala: "Não pega a massinha dela", sentando-se em frente a Kelly. Senta-se de pernas abertas, de uma forma a limitar o espaço delas, traçando uma espécie de losango, no chão, sinalizando, conspicuamente, a pouca disponibilidade de compartilhar com outros. Entretém-se fazendo bolinhas. Laila pede e insiste para Kelly colocar o pé em cima do dela, como que fechando mais o losango. Kelly mostra que existe massinha embaixo de sua sandália. Laila insiste, mais de uma vez, para Kelly colocar os pés sobre o dela. Continuam manipulando a massinha. Elas falam entre si, mas não se compreende. As duas continuam fazendo bolinha e também cobrinha. Rafaela chega e mostra a massinha que tem na mão. Senta ao lado de Laila e tenta fazer o mesmo, possivelmente, na tentativa de entrar na brincadeira. Kelly pergunta a Laila se está bonito o que ela fez. Rafaela, de vez em quando, mostra a Laila o que está fazendo, porém esta sinaliza não dar muita importância. Rafaela dá a sua massinha a Laila, mas esta a joga fora.

Inicialmente, observa-se que Kelly brinca sozinha, manipulando a massa de modelar. Essa atividade chama a atenção de outras crianças, atraindo-as para este espaço. É interessante notar que a primeira investida para compartilhar a brincadeira foi de Rafaela. Ela, entretanto, foi repreendida por Laila; talvez, por histórias passadas de se apoderar do objeto; ou porque ela entrou na brincadeira sem muito tato – pegando um pedaço de massa sem pedir licença; ou mesmo, porque não é uma parceira preferida para compartilhamentos. Qualquer uma dessas razões, ou outras, podem ser levadas em conta. Importa, no entanto, observar que Laila teve livre acesso ao compartilhamento da brincadeira de massinha. Ela defende Kelly da investida indesejada da parceira e restringe o espaço de compartilhamento, pelo posicionamento de seu corpo, usando as pernas para delimitar o campo de ação delas duas. Talvez, Laila tenha obtido créditos por sua ação inicial de guardiã; talvez, porque já tenham construído histórias de compartilhamento e estas efetivaram a relação de vínculo afetivo entre as duas. Ou ainda, a ação de guardiã, é compatível com uma relação de vínculo já constituída.

Com base na análise desses diversos episódios é possível perguntar: existe uma relação de vínculo entre Laila e Kelly? A pergunta é pertinente ao se observar que na literatura o vínculo tem sido analisado como "um padrão diferencial de interações entre parceiros em uma situação social, expressando seletividade em relação a certos parceiros ao longo de um período de tempo" (Carvalho *et. al.*, 2006, p. 595).

A partir da análise feita, em seu conjunto, depreende-se que Laila seleciona preferencialmente Kelly como parceira de brincadeiras e esta aceita e nutre essa relação preferencial, respondendo a seus convites e se envolvendo nas atividades que ela propõe. Vários indicadores apoiam essa inferência:

a) Laila orienta sua atenção preferencialmente para Kelly, convidando-a verbalmente para brincar e até insistindo quando Kelly não responde tão prontamente. O caso mais conspícuo é observado no episódio "brincadeira dos colchonetes", no terceiro momento transcrito, em que Kelly está pulando no colchonete com outras crianças, de maneira prazerosa, e Laila a chama "para comer". Antes, porém, Laila adverte todas as crianças que elas podem se machucar, aparentemente, justificando que elas deveriam parar com aquela brincadeira; depois Laila bate em uma das crianças, chamando-a de chata. Não conseguindo a parceria de Kelly, que explicitamente foi convidada por ela para brincar "de comer", Laila usa a estratégia de chamar a cuidadora para que essa pare com aquela brincadeira dos colchonetes, mas a educadora não deu importância ao apelo de Laila. Esta, por sua vez, convida novamente Kelly para brincar, dessa vez, pedindo-a para olhar o bebê e, em seguida, para dar-lhe mamadeira. A brincadeira do colchonete, entretanto, parecia mais atrativa para Kelly que negou sua participação na brincadeira de comer ou de dar comidinha ao bebê.

b) Laila busca envolver Kelly em suas atividades já iniciadas, ou se introduz na brincadeira que a própria Kelly já participa: há vários exemplos, entre outros, a brincadeira de comer e sua variante, a de dar mamadeira ao bebê, mencionada acima; a brincadeira de riscar no papel, quando ela lhe dá uma folha de papel e lhe cede um lápis de cor; novamente a brincadeira de alimentar o bebê, quando se afasta por um instante e deixa Kelly segurando a comida, mesmo esta ocupada, manipulando umas argolas; e, ainda, quando ela se senta em frente a Kelly e participa da brincadeira de massinha que esta já brincava.

c) Laila conforta e protege Kelly de investidas agonísticas de outras crianças. Nos episódios examinados, foram selecionados dois exemplos: o primeiro, quando Rafaela puxa o papel de Kelly e esta começa a chorar. Laila lhe conforta, oferecendo-lhe um lápis de outra cor para ela riscar; vai, em seguida, recuperar o papel, tomando-o de Rafaela, e o devolvendo a Kelly. O segundo exemplo refere-se ao momento em que Rafaela toma um pedaço de massinha de Kelly e, imediatamente, Laila reage quando a vê chorando; ela diz a Rafaela "Não pega a massinha dela".

d) Laila busca proximidade física de Kelly. O caso mais evidente foi a delimitação do espaço de brincar, exclusivamente para as duas, usando as pernas abertas, uma de frente para a outra, esboçando a figura de um losango no chão, reservando o espaço interno da figura para campo de ação da atividade com massinha. Por diversas vezes, Laila pedia a Kelly que colocasse seus pés sobre os dela, de modo a fechar a figura.

Um ponto que merece reflexão ao fim desta análise é admitir que a reciprocidade não esteja implicada na relação de vínculo. Dizer que uma criança é vinculada a outra, ou está em processo de construção de vínculo, usando os critérios aqui discutidos, não significa dizer que essa outra é também vinculada à primeira ou está construindo um vínculo com ela. A vinculação, como se viu, é um tipo de interação em que se pode depreender um padrão de comportamentos, padrão esse que denota a escolha preferencial de um (ou alguns) parceiro(s), por um período de tempo. Uma criança que se vincula à outra realiza, provavelmente, comportamentos de orientação preferencial, busca de proximidade e de envolvimento com ela e diversos modos de regulação interativa estarão em curso, satisfazendo-a em sua dinâmica psicológica, podendo se efetivar uma relação de complementaridade, desafio, instigamento etc. Sendo um processo interacional, são múltiplas as possibilidades de regulação do par que interage e compartilha. A vinculação, entretanto, não precisa ser simétrica, ou seja, obrigatoriamente, a criança alvo da vinculação precise também ter um padrão preferencial pela primeira criança, mesmo se compreendendo que numa relação de vínculo devem existir comportamentos do parceiro que nutrem a ligação afetiva.

Assim, parece claro, pela análise dos episódios selecionados, em meio a um conjunto maior de videogravações feitas, que Laila e Kelly construíram uma relação afetiva, cujo padrão de interações permite falar que Laila tem preferência por Kelly, selecionando-a entre vários parceiros. Em 29 episódios analisados, nem todos descritos aqui, Laila busca proximidade de Kelly oito vezes e busca proximidade de outras crianças, parceiras disponíveis no ambiente, dez vezes. Kelly, entretanto, busca Laila e constrói com ela histórias de compartilhamento, mas não se depreendeu uma preferência por ela. Kelly busca proximidade de Laila cinco vezes e, quinze vezes, as demais crianças. Em alguns episódios analisados até pareceu, sutilmente, que sua orientação preferencial recaía sobre Zilma, a criança mais nova, com a qual ela desenvolvia um padrão de cuidado e paparicação. Evidentemente, se Laila, ativamente, já procurava Kelly e buscava envolvê-la em suas atividades, talvez sobrassem poucas oportunidades de contrapartidas em que Kelly a procurasse. Além disso, a busca de proximidade foi apenas um indício usado para se caracterizar a relação de vinculação.

CONSIDERAÇÕES FINAIS

Ao final do trabalho retorna-se ao tópico que instigou o percurso aqui descrito intitulado histórias de aproximação em crianças numa situação provisória de abrigo, em que foram alçados indícios que apoiassem a tessitura de um processo de vinculação. A aproximação de uma criança em relação à(s) outra(s) implica uma dimensão temporal inerente à construção e manutenção de laços afetivos, ou seja, dimensão temporal inerente a um processo em curso. Enquanto construção psicológica possibilitada por encontros e desencontros com parceiros interacionais, vários aspectos se atualizam e se desdobram de modo multifacetário, nem sempre previsível, ou mesmo, nem sempre compreensível do ponto de vista lógico.

Diferentes modos de regulação interacional foram identificados; ações cooperativas, conflitos, negociações e resoluções de conflitos puderam ser descritos; posições e hierarquia social no grupo foram encontradas; proteção, conforto e cuidado caracterizaram algumas relações presentes nesse grupo; tópicos compartilhados e estratégias para a realização do brincar fizeram parte das inúmeras brincadeiras construídas.

O vínculo foi inferido entre crianças abrigadas na instituição observada. Foi possível alçar indicadores para se falar dessa relação subjacente ao ambiente interacional das crianças: a orientação preferencial da atenção ao parceiro, objeto de vinculação; o envolvimento do parceiro em suas próprias atividades ou o seu próprio envolvimento na atividade, já iniciada, do parceiro; um padrão de conforto, proteção e cuidado com o parceiro; e, por fim, a busca de proximidade física.

O tema vinculação, ainda precisa ser explorado e aprofundado. O vínculo é um conceito que parece útil para se diferenciar relações no espaço interacional de crianças e também de adultos. Ele explicita a relação preferencial por parceiros e diferencia um investimento afetivo que permeia as relações dos interagentes. Não pareceu ser um padrão simétrico de relacionamento. Assim, foi possível supor que Laila tem vínculo afetivo por Kelly, mas os dados não autorizam inferir que esta discrimina preferencialmente Laila como foco de suas preocupações, apesar de nutrir uma relação de compartilhamento e brincadeiras de ações cooperativas coordenadas. Outras crianças também são alvo, igualmente, de sua orientação e compartilhamento.

Uma questão interessante que pode ser alçada das observações e descrições realizadas são os mecanismos subjacentes às aproximações e distanciamentos. Que motivações, por exemplo, aproximam Kelly a Zilma?

Kelly busca, com frequência, interações com Zilma, a criança mais nova em seu ambiente social. Ela desenvolve um padrão de relação de cuidado e paparicação. Pode, entretanto, chamar-se esse padrão de vínculo afetivo? É evidente que Zilma foi diferenciada entre vários parceiros e foi alvo de atenção de Kelly em vários episódios. Não se sabe, porém, se o fator desencadeador dessa atenção é uma relação afetiva diferencial ou é o fato de ser ela a parceira mais nova do grupo, instigando-a a um padrão de comportamento de afago, carinho e mimo. Ou é possível se falar em diversos tipos de vínculos, como vínculos de amigos, de parceiros de brincadeira, de parceiros de cuidado e proteção, de parceiros de competição etc.? Todos seriam parceiros diferenciados, mas as motivações subjacentes são variadas, com padrões de ações específicos e, portanto, os indicadores de preferências seriam de características diversas. Essas e outras perguntas ficam em aberto, indicando a necessidade de novas pesquisas que possam trazer pistas sobre esse fenômeno.

Aproximar-se de um parceiro, requer, às vezes, distanciar-se de outros, ou de si próprio. A dimensão temporal revela-se sincrônica. É apropriado pensar que um investimento afetivo de um em relação ao outro implica despojar-se e, a um só tempo, acumular perdas e obter ganhos. Ao ceder um lápis para Kelly riscar o seu papel implicou Laila ficar sem esse lápis. Assim também nutrir sentimento de atenção e proteção em relação a Kelly impeliu que Laila revidasse, de modo vigoroso, o constrangimento sofrido por Kelly quando Rafaela tomou-lhe o papel.

As crianças abrigadas trazem histórias de distanciamentos com rupturas de afetos; cada uma, portanto redesenhará uma trajetória com superação de dificuldades vividas, desde que esteja fortalecida com novas aproximações.

REFERÊNCIAS BIBLIOGRÁFICAS

Bowlby, J. (2002). Apego: a natureza do vínculo. In *Apego e perda*. São Paulo: Martins Fontes.

Bowlby, J. (2006). *Formação e rompimento dos laços afetivos*. São Paulo: Martins Fontes.

Carvalho, A. M. A. (1998). Etologia e comportamento social. In L. Souza, M. F. Q. Freitas & M. M. P. Rodrigues (Orgs.), *Psicologia: reflexões (im)pertinentes* (pp. 195-224). São Paulo: Casa do Psicólogo.

Carvalho, A. M. A. (2005). Em busca da natureza do vínculo: uma reflexão psicoetológica sobre grupos familiares e redes sociais. In J. C. Petrini & V. R. Cavalcanti (Orgs.), *Família, sociedade e subjetividades: uma perspectiva multidisciplinar* (pp. 183-194). Petrópolis: Editora Vozes.

Carvalho, A. M. A., Bastos, A. C., Rabinovich, E., & Sampaio, S. (setembro-dezembro de 2006). Vínculos e redes sociais em contextos familiares e institucionais: uma reflexão conceitual. *Psicologia em estudo*, 11 (3), 589-598.

Carvalho, A. M. A., Império-Hamburger, A., & Pedrosa, M. I. (1996). Interação, regulação e correlação no contexto de desenvolvimento humano: discussão conceitual e exemplos empíricos. *Publicações Ifusp*, 1196, 1-34.

Carvalho, A. M. A., Politano, I., & Franco, A. L. S. (2007). Uma reflexão sobre o conceito de vínculo interpessoal na teorização psicológica. In A. M. A. Carvalho & L. V. C. Moreira (Orgs.), *Família, subjetividade, vínculos* (pp. 125-140). São Paulo: Paulinas.

Carvalho, A. M. A., & Rubiano, M. R. B. (2004). Vínculo e compartilhamento na brincadeira de crianças. In M. C. Rossetti-Ferreira, K. S. Amorim, A. P. S. Silva & A. M. A. Carvalho (Org.). *Rede de significações e o estudo do desenvolvimento humano* (pp. 171-187). Porto Alegre: Artmed.

Hinde, R. A. (1987). *Individuals, relationships and culture: links between ethology and the social sciences*. Cambridge: Cambridge University Press.

Lyra, M., & Winegar, T. (1997). Processual dynamics of interaction through time: adult-child interaction and process of development. In A. Fogel, M. Lyra & J. Valsiner (Eds.), *Dynamics and indeterminism in developmental and social process* (pp. 93-109). New Jersey: Erlbaum.

Pedrosa, M. I. (outubro de 2005). A brincadeira como lugar "ecologicamente relevante" para a investigação da criança. *Simpósio Nacional de Psicologia Social e do Desenvolvimento*. Recuperado em 2 de julho de 2007, em http://www.simpsodes.pro.br/resumos.php.

Rossetti-Ferreira, M. C. (1986). Introdução. In *Mãe & criança: separação & reencontro* (pp. 9-33). São Paulo: Edicon.

Rossetti-Ferreira, M. C., Amorim, K. S., & Silva, A. P. S. (2004). Rede de Significações: alguns conceitos básicos. In M. C. Rossetti-Ferreira, K. S. Amorim & A. P. S. Silva (Orgs.), *Rede de significações e o estudo do desenvolvimento humano* (pp. 23-33). Porto Alegre: Artmed.

CAPÍTULO 3

Proximidade/distanciamento: a intercorporeidade e a mútua constituição eu-outro-ambiente

Katia de Souza Amorim

Investigações sobre processos de desenvolvimento nos primeiros anos de vida não são novas. Aliás, elas têm sido realizadas ao longo de toda a história da Psicologia, sendo que os estudos da criança pequena, de suas capacidades comunicativas e de seu desenvolvimento têm sido feitos partindo de diferentes perspectivas (psicanalítica, etológica, sistêmico-dinâmica, psicobiológica, sócio-histórica e da teoria da atividade, entre outras). Com isso, inúmeras proposições foram e têm sido elaboradas, cada qual representando pontos de ancoragem para formas muitas vezes divergentes entre si quanto à concepção, sua pesquisa e atuação junto à criança.

Revisões bibliográficas recentes (Anjos, Amorim, Vasconcelos & Rossetti-Ferreira, 2004; Elmor, 2008) indicam essa diversidade de abordagens e perspectivas. Particularmente, as análises dessas revisões revelam que, nas últimas décadas, tem havido um crescente investimento para a teorização dos processos de desenvolvimento do primeiro ano de vida, considerando-os de modo articulado aos processos interativos. As revisões revelam ainda que, em virtude de seus respectivos pressupostos de base, os pesquisadores privilegiam parceiros preferenciais diversos (mãe, pai, irmãos, pares de idade, educadores e profissionais de saúde) nos estudos das relações do bebê; e, também, de que os pesquisadores atribuem focos, papéis e significados diferentes a esses mesmos parceiros interacionais.

Nessa polissemia, as análises apontam ainda para o fato de que as formas de considerar os processos interativos têm-se transformado significativamente, nesse período. E de que, de forma crescente, discute-se que o desenvolvimento do bebê se mostra substancial e inerentemente relacionado ao outro. Nessa linha, como afirma Pino (2003), seria pelo outro que o bebê se constitui enquanto um ser social com sua subjetividade.

A RELAÇÃO EU-OUTRO-AMBIENTE

Vários têm sido os autores a se embasar numa perspectiva que considera o outro fundante ao desenvolvimento humano. Este trabalho assume esse referencial, particularmente através da perspectiva da *Rede de Significações* (Rossetti-Ferreira, Amorim, Silva & Carvalho, 2004). Essa é uma perspectiva metodológica que vem sendo elaborada para compreender e apreender os processos desenvolvimentais humanos, tendo como pressuposto uma abordagem histórico-cultural, a qual se ancora em autores como Vygotsky (1991), Wallon (1986), Valsiner (1987) e Bakhtin (1981, 1997, 1999).

Nessa perspectiva, propõe-se que os processos relacionais e desenvolvimentais humanos devam ser considerados a partir do paradigma da complexidade, imersa que a pessoa está em uma malha de elementos intrinsecamente inter-relacionados, os quais contemplam aspectos particulares das pessoas, pessoas estas que se encontram em interação, em contextos específicos, todos estando mergulhados *na* e impregnados *pela* matriz sócio-histórica.

Aquela complexidade é considerada se dando em função das dialéticas articulações entre aqueles vários elementos, em que a pessoa e o ambiente transformam-se como partes inseparáveis em um processo de mútua constituição. Nesse sentido, a metáfora de rede torna-se útil, pois possibilita expressar o desenvolvimento das várias pessoas em interação e da situação como um todo, e não simplesmente de cada pessoa isolada das outras e do contexto, como tradicionalmente tem sido feito na área.

Nesse processo, a rede configurada na ação de significar o mundo, o outro e a si mesmo, efetivada no momento interativo, é entendida compondo um universo semiótico. Dessa forma, em uma dada situação específica, a depender das significações possíveis, ocorre a atribuição pelo *outro* e por si mesmo, de papéis sociais e de formas específicas de coordenação de papéis (Oliveira & Rossetti-Ferreira, 1993, 1996), os quais favorecem certas possibilidades e limites de ações/emoções/concepções. Recursiva e dialeticamente, a emergência daquelas ações/emoções/concepções pode (re)conduzir as pessoas à atribuição de novos sentidos, reorganizando a configuração da rede, a qual pode promover novas formas possíveis de comportamento.

A perspectiva da *RedSig* destaca, assim, a dinâmica dos processos e suas delimitações, já que as significações circunscrevem ações/emoções/concepções em determinadas direções, mais do que em outras; promovem certas práticas sociais; delimitam zonas de possibilidades de atuação dos parceiros em interação.

Os processos desenvolvimentais, assim, só são considerados possíveis em sua qualidade relacional, situada e processual, dadas às relações às quais as pessoas se encontram articuladas, pertencentes e submetidas. Sua característica fundante é a intersubjetividade.

Nesse processo, como referido acima, a significação é considerada a mediadora e o portador dessa significação é inicialmente o *outro*, lugar simbólico da humanidade histórica (Pino, 2003). Ao se considerar que as relações com o outro são entendidas como atravessadas pela significação, destaca-se a noção de que o processo se dá de maneira dialógica, dialogismo este considerado com baes nas noções de Bakhtin (1981, 1997, 1999).

E, considerar o dialogismo aqui implica, por um lado, entender que qualquer relação e discurso encontram-se articulados ao entremeado de múltiplas vozes sociais e estando interligados ao diálogo social. E diálogo social, segundo aquele autor, implica ir além da alternância de sujeitos falantes. Como Bakhtin destaca, nas relações e nos discursos, sempre há a existência de enunciados anteriores, aos quais o próprio discurso está vinculado. Nesse sentido, de acordo com Bakhtin (1981), o pensamento nasce, forma-se e transforma-se sob o efeito da interação contínua e permanente com o pensamento alheio, com uma assimilação, mais ou menos criativa das palavras dos outros, não se podendo nunca determinar uma posição sem correlacioná-la com outras posições.

Porém, para Bakhtin (1997), o discurso liga-se não somente aos elos que o precedem, mas, também, aos que lhe sucedem, elaborando-se em função de uma eventual resposta, reação. O discurso dirige-se a alguém, sempre se levando em consideração o fundo aperceptivo em que o discurso será recebido.

Como diz o autor, o discurso é vivo e vive nos modos sociais. Ele tem fronteiras, marcadas pela situação concreta, pelas circunstâncias, que emanam de alguma esfera da atividade humana e refletem as condições específicas e finalidades da dada esfera. Assim, as formas de manifestação do signo são entremeadas pela organização social de tais indivíduos e pelas condições em que a interação acontece. Dessa forma, a linguagem vive nas bordas entre o seu próprio contexto e o do outro; reside nas bordas entre alguém e outro.

E esse outro é compreendido de um modo original, o outro sendo referido não como alguém que está fora de mim, que é estranho a mim, mas como alguém que me constitui, que contribui para o processo de construção de um eu que não me pertence integralmente e que só existe a partir do olhar do outro (Barros, 2002).

No entanto, tanto Vygotsky como Bakhtin, dado o lugar de que falam e os seus objetos privilegiados de estudo, acabaram por considerar as significações e os processos dialógicos *nas* e *através das palavras*. Mas, se o ser humano é um ser constituído, desde o nascimento, para e pela cultura, pelas significações, nas dialógicas relações que estabelece, como considerar esses processos relacionais dialógicos em crianças nos dois primeiros anos de vida, quando ainda não adquiriram a fala intelectual e o pensamento verbal? Como falar que a criança se encontra na cultura, basicamente após a aquisição da linguagem oral, se estudos empíricos (Fogel, 1993; Amorim, 2002) revelam que mesmo o bebê bem pequeno age de forma culturalmente apropriada? Considerando-se que a relação eu-outro/eu-ambiente é *fundante* e está presente desde o nascimento, como se dão os processos dialógicos, nessa faixa etária?

Intrigadas por essas questões, as autoras do presente capítulo decidiram investigar processos desenvolvimentais de bebês e sua inserção sociocultural, a partir de uma perspectiva dialógica, em que se considera inerente as relações do bebê com o outro e com as significações de seu grupo cultural.

De modo a se apreender tais processos e as relações dos bebês com a cultura e os signos, estabeleceu-se que se deveria afastar de propostas que tomam o adulto (oral, verbal) como padrão de medida do ser criança; afastar de propostas que projetem na criança a representação do ser adulto (Carvalho, 1983). Como diz Pino (2003), entre adultos e crianças não há apenas semelhanças, mas diferenças, e essas diferenças traduzem a peculiaridade da "condição de ser criança" e não algo negativo próprio dessa condição. Nesse sentido, a busca foi apreender as peculiaridades de ser da linguagem e significação dos bebês; as especificidades de se ser um ser cultural, já no primeiro ano de vida.

Elemento instigador – como estudar processos de significação no primeiro ano de vida?

O estudo foi feito a partir de vários estudos de casos de bebês que frequentaram uma creche universitária. O material empírico foi obtido do Banco de Dados, o qual registrou, em 1994, 21 bebês (de quatro a treze meses), suas famílias e educadoras, após o ingresso deles na creche[1] (Amorim, Eltink, Vitória, Almeida & Rossetti-Ferreira, 2004).

O projeto realizou vários registros, como (a) entrevista de matrícula; (b) fichas: "Observação de saúde", "Intercorrências de saúde" e "Observação do comportamento da criança"; (c) entrevistas: com as seis educadoras do módulo, três das técnicas da creche e com as

---

[1] Importante mencionar que todos os envolvidos foram consultados quanto à participação no projeto, tendo-se obtido consentimento para essa participação. O projeto foi, ainda, aprovado pelo Comitê de Ética em Pesquisas.

mães de seis crianças consideradas "sujeitos focais"[2] (no total, 73 entrevistas); (d) gravações em vídeo.

As gravações em vídeo foram feitas com câmera de vídeo móvel, por técnico especializado, nos três primeiros meses de frequência à creche (7/3/1994 a 21/6/1994). Nas primeiras semanas, as gravações eram diárias, com três horas de duração (chegada à creche, almoço e saída). A partir de abril, as gravações duravam duas horas diárias (horário do almoço e da saída). A gravação era realizada por uma hora seguida, sem interrupções, registrando o conjunto dos eventos que ocorriam naquele período. Elas eram orientadas por objetivos gerais, como reações e interações na separação e no reencontro do bebê com familiares; apresentação/mediação do ambiente, dos objetos e das pessoas, pelos familiares e educadoras; e eventos interativos da criança com outras crianças, educadoras e outras pessoas que frequentam o ambiente. Como resultado dessas gravações, tem-se 54 fitas de vídeo, equivalendo a 72 horas de registro.

De modo a se apreender os processos desenvolvimentais e a inserção na cultura, a partir de relações do bebê com o outro e as significações culturais, o *corpus* foi construído pela articulação das gravações em vídeo com as entrevistas das mães e das educadoras. A partir das fitas de vídeo, editou-se cronologicamente o aparecimento de cada criança. As fitas foram transcritas microgeneticamente, indicando-se o local onde se desenvolve a situação, as pessoas presentes, as atividades desenvolvidas e as interações estabelecidas. Descreveu-se a concomitância de eventos, a sequência com que ocorrem e afetam o outro, além de ações, posturas, olhares e falas. Dada a especificidade dos bebês, e desses terem habilidades de comunicação verbal ainda em desenvolvimento, discriminamos comunicação e ações não verbais dos vários participantes, captando choro e balbucios dos bebês, além dos olhares, posturas, movimentos corporais, sorrisos, expressão emocional, em associação à situação como um todo.

Com base nesse material foram feitos recortes para evidenciar episódios que possibilitassem apreender os bebês em suas relações e como os bebês são constituídos nos e pelos múltiplos sentidos presentes, além de contribuírem para constituí-los, tendo em vista os modos como a cultura concebe e atua *com* e *junto a* eles; como se dá o jogo de significações nas relações dos bebês (com suas especificidades, capacidades e potencialidades); e pela forma como os bebês (re)agem nesses contextos.

Como o objetivo era verificar a existência do desenvolvimento e da constituição do bebê, optou-se por uma análise centrada no processo. Optou-se, assim, por metodologia de análise que apreendesse como se dão os processos de mudança ao longo do tempo (Valsiner, 2000), usando, para isso, a *análise microgenética*.

Nessa abordagem, a microgênese refere-se a qualquer atividade humana em seu processo de desdobramento, independentemente desse desdobramento levar segundos, horas ou dias. O objetivo básico é uma exposição *à* e apreensão *da* dinâmica dos processos, de modo a se identificar os principais pontos constituintes da história destes, com a reconstrução de diferentes estágios, na busca das origens das transformações (Valsiner, 1987). Como Blonsky (citado por Vygotsky, 1991) afirma, o comportamento só pode ser compreendido como a história do comportamento. E como Vygotsky (1991, p. 74) propõe, "é somente em movimento que um corpo mostra o que é".

---

[2] Trabalhou-se com "sujeitos focais" devido ao grande número de crianças envolvidas. Isso implicou que, após a quarta semana de frequência, seis crianças tivessem registro mais detalhado: as gravações em vídeo eram mais direcionadas a elas, apenas as suas mães foram entrevistadas e, nas entrevistas das educadoras, a discussão era dirigida a elas.

A meta, portanto, foi capturar o movimento, enquanto se preservava o tempo na unidade construída, retendo informações sobre a dinâmica observada. Esperava-se apreender velhos e novos comportamentos, emoções e concepções, além da coconstrução e das transformações pelas quais passam as pessoas, os relacionamentos e os contextos. Nessa abordagem, como afirma Valsiner (1987), os diferentes estágios do fenômeno não podem ser considerados independentemente. Ao contrário, é axiomaticamente aceito que o estágio prévio leva ao subsequente e a ordem temporal da observação serve como dado para a apreensão dos processos.

Ao discutir a análise microgenética, Góes (2000) frisa que ela é considerada *micro* por ser orientada para minúcias indiciais. Ela é considerada genética no sentido de ser histórica, por focalizar o movimento nos processos e relacionar condições passadas e presentes, explorando ainda aquilo que, no presente, está impregnado de projeção futura. É genética, como sociogenética, por relacionar eventos singulares com outros planos da cultura, das práticas sociais, dos discursos circulantes, das esferas institucionais. Nesse sentido, são as relações situadas que devem ser pesquisadas ao se examinar o curso de ação do sujeito.

Como pontua Góes (2000), tal abordagem assume a centralidade do entrelaçamento das dimensões cultural, histórica e semiótica no estudo do funcionamento humano, focalizando aspectos intersubjetivos e dialógicos. Os processos são examinados do ponto de vista do fluxo das enunciações, em uma ampliação da noção de diálogo para além dos contatos face a face. São destacadas práticas discursivas, como posição de poder dos sujeitos, imagem dos interlocutores, formações discursivas, gêneros discursivos etc.

PROCESSOS DE RELAÇÃO E SIGNIFICAÇÃO NO PRIMEIRO ANO DE VIDA

À análise do *corpus*, foram exploradas várias possibilidades de estudar processos desenvolvimentais e a inserção cultural, a partir das interações do bebê e de suas relações atravessadas pela significação. Nos casos, foi possível acompanhar a construção de significações no processo de separação mãe/bebê por intermédio dos momentos de despedida (do "tchau"); ou acompanhar a construção de significados ligados ao uso de certos objetos (como telefone) e, ainda, ver o desenrolar de ações a serem realizadas pela criança (como mamar, usando a mamadeira). Ainda, analisamos as significações por meio das formas de relações com outras crianças, em que são construídos significados de "bater/acariciar", dar/pegar ou "roubar/tomar" o brinquedo do outro.

Entre os diferentes caminhos, para este capítulo, selecionaram-se dois casos, mediante os quais se acompanhou o desenvolvimento motor das crianças: 1) em Túlio, a aquisição da habilidade de se sentar sem apoio; e 2) em Linda, a aquisição do engatinhar.

Tradicionalmente, essas habilidades motoras são consideradas de uma perspectiva maturacional do sistema nervoso. As aquisições de sentar-se e engatinhar representam momentos no processo de "tornar-se" humano, considerados predominantemente a partir do plano biológico.

Porém, essa não foi a perspectiva que lançamos aos eventos. Como Wallon afirma,

... jamais pude dissociar o biológico e o social, não porque os creia redutíveis entre si, mas porque no Homem, eles me parecem tão estreitamente complementares, desde o nascimento, que a vida psíquica só pode ser encarada tendo em vista suas relações. (1986, p. 8)

Nesse sentido, como Ribeiro e Bussab (1998) e Ribeiro e Otta (2004) afirmam, embora o nascimento represente uma ocasião especial do desenvolvimento, ele não pode ser confundido com um ponto zero, antes do qual o organismo não foi afetado pela experiência. Os autores também frisam ainda que seria ingenuidade postular que estados posteriores sejam construídos exclusivamente pelo ambiente. Como discutem, a complexidade das interdeterminações entre fatores de origem genética e ambiental não permite nenhum tipo de simplificação; o reconhecimento da natureza desses fatores não implica separações, tornando-se necessário desmontar o paradigma de oposição entre natureza e cultura. Tratam assim do ser humano como "biologicamente cultural" (Ribeiro, Bussab, 1998). De acordo com eles, há mais do que um jogo de palavras na afirmação de que o ser humano é naturalmente cultural. A chave para a compreensão da natureza humana está na cultura e a chave para a cultura está na natureza humana. Como discutem Varela, Thompson e Rosch (1991), natureza e cultura estariam uma em relação à outra como produto e processo. Não há, assim, distinção inteligível entre características herdadas (biológicas, geneticamente dadas) e adquiridas (mediadas ambientalmente), o organismo sendo tanto sujeito como objeto dos processos desenvolvimentais. Tal posicionamento conceitual nos instigou também a acompanhar a questão das significações no desdobrar de processos motores.

ESTUDO DE CASO 1 – A AQUISIÇÃO DO SENTAR-SE DE TÚLIO

Com a meta de estudar o processo de aquisição da habilidade de Túlio de se sentar sem apoio, acompanhou-se o caso ao longo dos quatro primeiros meses de frequência dele, na creche; isto é, desde o momento do ingresso na instituição (quando ele só permanecia deitado), até o momento em que é capaz de se sentar sem apoio com equilíbrio e firmeza.

Túlio ingressou na creche, aos seis meses de idade. Ele é o quarto filho do casal e todos os seus irmãos frequentaram a mesma instituição.

Ao ingresso na creche, a educadora Zilda refere que ele é um "nenê bonachão", "gorducho"; que ele é um "bebê tranquilo", que "não chora"; que "fica bem na dele".

Na terceira semana, ao comentar sobre as dificuldades de adaptação de vários dos outros bebês à creche e, no contraponto, ao se referir ao comportamento calmo de Túlio, Zilda afirma que espera "que ele continue assim... É o salvador da turma. Ele é aquele que quer que o mundo acabe em barrancos".

A tranquilidade de Túlio é tanta e persistente que, na terceira semana de frequência do bebê à creche, Marcela diz que ela e Zilda estão preocupadas. Diz Marcela:

> Tem hora que a gente precisa prestar atenção pra não deixar ele de lado, porque ele é daquele tão bonzinho, que a gente preocupa em não abandoná-lo. A gente corre atrás dos que tão chorando, daqueles que vêm nas tuas pernas toda hora. Então, eu e a Zilda tem procurado dedicar um tempo pra ele. Mesmo ele sendo assim tão manso, também ficar um pouco com ele... no colo, às vezes, conversar... trocar um carinho.

Nessa terceira semana de frequência à creche, ainda, as educadoras comentam que a criança prefere só ficar deitada de costas, chorando ao ser colocado de bruços. Por causa disso, elas informam que tem havido uma "preocupação de deixar ele bastante tempo, quando tá acordado, no colchão, que ele precisa se exercitar mais. Virar ele de bruços pra brincar, pra firmar mais a cabecinha, as pernas, pois o corpo é pesado".

Segundo Marcela, aparentemente, Túlio é uma criança que devia ficar muito tempo em carrinho ou em berço, o que dificultava que se exercitasse. Ainda de acordo com Marcela, ele "interage mais com o ambiente e com os brinquedos, não com outras crianças".

Um mês após o ingresso na creche, Marcela relata que "Túlio é um bebezão, . . . bem estático. . . . Se cair uma mosca nele, acho que ele não sabe tirar".

Após seis semanas, Zilda diz que Túlio continua igual: ainda não se vira, não senta e não engatinha. Agora, no entanto, a educadora revela preocupação com esses fatos, pois, diz ela, "com sete meses, querer ficar só deitado!" Segundo ela, aos sete meses, já daria pra sentar sem apoio e, mesmo, "tem uns que já tão começando a engatinhar sem apoio". Diante disso, refere que regularmente tem colocado Túlio sentado ou de bruços e que comentou com a mãe para ela colocá-lo em casa, também, "para ajudar estimular".

Porém, Zilda relata que, diante das novas posições, Túlio fica muito bravo: "Eu pus ele recostado, ele não quis ficar de jeito nenhum. Ficou bravo. Chorou, chorou. Aí, eu fui lá tirei". Para ela, essa intensa reação de choro "chamou um pouco a atenção" e, em virtude disso, ela iria conversar com a auxiliar de enfermagem da creche, para ver "se ele não quer, porque não quer, ou se tem algum outro problema, alguma outra coisa". Zilda relata, ainda, que a mãe comentou que a médica pediatra disse que a "cabeça dele... é um pouco grande".

Zilda diz, ainda, que Túlio é diferente das outras crianças, as quais parecem que a *conhecem bem*. Ele, por outro lado, "não tem muita reação se ele fica comigo, se ele fica com a Milena . . . Ele não estranha ninguém".

No período, as educadoras desenvolvem um trabalho de estimulação: "Tô sentando ele com apoio. . . . E, de pé, ele ainda não firma as perninha. Então, tô procurando deixar ele mais sentado com as pernas estendidas, pra ele firmar mais as costas, as pernas".

Além do trabalho de estimulação no colchão, as duas educadoras passaram a colocá-lo para almoçar sentado no cadeirão, com apoio de almofada na frente e atrás. "Aí ele fica bem firme. A gente passa o cinto de segurança pra ver se ele vai firmando mais".

Na sétima semana de frequência, Marcela comenta que Túlio "já demonstra quando quer defender o colo. Ele chora". Marcela diz:

> Eu até gosto de ouvir ele chorar um pouco assim... por que ele era muito passivo demais. Então, às vezes, até espero um pouquinho. Ele tem reação mesmo. Ele chora, sim, quando ele já não quer ficar mais ali daquele jeito.

Dois meses após o ingresso, Zilda comenta que "parece que Túlio tem um problema qualquer, que vai passar por um neurologista e que aí vai dar o diagnóstico". Conta ainda que, na semana anterior, a mãe veio falando que tinha passado pela fisioterapeuta e ela

> disse que falta estímulo e que ele parece que não tem muito reflexo nos braços... Que ele movimenta, . . . mas pra apoio ele não tem. E, ela descreve: Você levanta assim... é como se ele fosse cair. Ele não vai com os bracinhos, como as outras crianças vão.

Então, de acordo com Zilda, há alguns exercícios para serem feitos com ele, como estímulo. "Então, nós mudamos a atitude com ele. . . . E, agora, nós tamos lá: levanta carrinho, põe almofada, põe no cadeirão (risos) . . ."

Na nona semana, Zilda comenta que

> parece que a semana passada ele começou a melhorar . . . virar de bruços, né, que até então ele não virava. Só que ele chora pra ficar sentado, ele chora pra ficar de bruços. Ele fica pouquíssimo tempo assim. Dois, três minutos, dali a pouquinho ele começa a chorar. . . . E ele chora mesmo. Cê põe, ele chora. Chora com lágrimas, mesmo. Cê vê que ele fica irritado, ele fica nervoso... (silêncio). Ele chorou dum tanto, que eu fiquei morrendo de dó. Que aí você não sabe se não é porque ele quer ou se é porque ele sente dor . . . Bebê não sabe falar, mostrar!

Marcela, por sua vez, diz que, "no princípio, ele chorava muito quando punha ele sentado. Agora, ele já tá aceitando mais. Não tem chorado muito não".

> . . . No meu modo de ver, eu acredito, que não tem problema. Porque cê vê, em tão pouco tempo, ele já... virou... Parece que, quando deslancha, vai assim, até rápido. . . . E a Zilda, também, diz que já viu outras crianças que eram assim e... de uma hora pra outra tomam um outro rumo.

Quatro meses após o ingresso, Zilda comenta que Túlio "teve uma melhora assim muito boa no desenvolvimento dele. Tá sentando bem melhor, tá conseguindo ficar de pé . . . Fica mesmo sentado". Apesar de que, às "vezes, quando ele cai, tomba . . . ele não se manifesta pra querer sentar ou pra querer engatinhar... ele continua brincando deitado".

Vale informar que, após consulta médica, nenhum problema orgânico foi detectado, e que, após esse período, o desenvolvimento de Túlio se deu sem contratempos.

No período total avaliado, o comportamento de Túlio em suas relações com as educadoras e com as demais crianças se modificou radicalmente. Durante as primeiras semanas, ele se mostrava completamente distante delas, parecendo haver mesmo uma falta de reconhecimento das educadoras. Ainda que, em situações em que outras crianças se agitavam perto dele, Túlio se mostrava alheio a elas e entretido com os objetos que manipulava.

Ao término desses quatro meses, Túlio reconhecia claramente as educadoras responsáveis pelos seus cuidados; ele as acompanhava com o olhar, quando passavam perto e até chorava requisitando por atenção delas. Se, inicialmente, sua atenção centrava-se exclusivamente no espaço de alcance das próprias mãos, no processo e, particularmente, ao adquirir a posição sentada, ele passou a ter não só uma ampliação do campo de visão, como a ter foco e preferências nos objetos de visão que acompanhava.

ESTUDO DE CASO 2 – A AQUISIÇÃO DA HABILIDADE DE ENGATINHAR DE LINDA

Com a meta de acompanhar a aquisição do engatinhar de Linda, isso implicou estudar o processo desde o primeiro momento de Linda na creche (quando ela chega a dobrar seu tronco sobre suas pernas e a se posicionar sobre seus joelhos, sem menção de deslocamento) até o momento em que engatinha com adequada coordenação. Dessa forma, o recorte inicial é o momento de ingresso na creche e o recorte final se refere a oito dias após o ingresso.

Linda ingressa na creche aos nove meses de idade. Ela é um bebê bastante sério, calmo, tranquilo. De acordo com a educadora Branca, ao ingresso, "... ela ainda não engatinha, só se arrasta. . . . Então, eu senti assim que ela tá um pouco... num sei se atrasada . . .".

Um dado obtido pelas entrevistas com a mãe e com as educadoras é que, desde os quatro meses de idade, Linda havia frequentado outra creche. Porém, o ambiente da outra creche era organizado fundamentalmente por berços. Além disso, a educadora Branca relata que "A vó passou [informou] que ela [em casa] fica no quadrado. . . . Então, ela num tem muita oportunidade de explorar o espaço".

No entanto, na creche pesquisada, as crianças ficam normalmente no chão (deitadas, sentadas ou engatinhando pelo ambiente), o que, no caso, representa um confronto com os ambientes anteriormente frequentados pela criança.

Nesse ambiente, logo nos primeiros minutos em que mãe e criança passaram a frequentá-lo, Linda (nove meses) e sua mãe permanecem sentadas no colchão no chão. Ao lado delas, encontra-se outra mãe e sua filha, Vitória (sete meses). Esta última, apesar de ser dois meses mais nova do que Linda, desloca-se com grande agilidade, engatinhando por todo o espaço. A desenvoltura da outra criança é tal, que a mãe de Linda faz várias perguntas à mãe de Vitória para saber desde quando ela engatinha, como foi que começou etc.

Quase imediatamente, a mãe passa a colocar Linda na posição de engatinhar, além de colocá-la em pé com apoio ou a apoiá-la para andar com apoio. Esse comportamento da mãe na relação com Linda também foi observado na relação da educadora com Linda.

Assim, quase imediatamente ao início dessa primeira semana de frequência de Linda à creche, será promovida uma série de atividades pelos adultos (mãe e educadora) em relação à criança e a seu engatinhar. Uma das atividades é a repetida colocação de Linda na posição de engatinhar. Nos momentos em que Linda se deita de bruços, no chão, a mãe coloca levemente sua mão sob a barriga da filha, de modo a estimulá-la a levantar o abdômen do chão. Como muitas vezes Linda não sai do lugar, sua mãe delicadamente dá uns tapinhas delicados nas nádegas da criança, para ver se ocorre o deslocamento. Não só há todo esse trabalho direto com o corpo da criança, como a mãe dela usa de recursos como ela própria se colocar na posição de engatinhar, de frente para a criança. A mãe também se coloca à frente da filha, chamando-a de forma bastante afetiva para ela se aproximar.

Outras atividades também são realizadas com a criança, as quais poderiam estar contribuindo para promover direta ou indiretamente o engatinhar. Assim, a mãe sustenta a criança em pé, Linda permanecendo apoiada sobre seus pés e pernas (o que fortalece a musculatura dos membros inferiores). Ainda, reiteradamente, Linda é estimulada a "andar" pela sala com apoio da mãe e da educadora.

Gradativamente, passa a ocorrer maior coordenação muscular de Linda para se manter com firmeza na posição de engatinhar; começa a haver maior coordenação entre pernas direita e esquerda; a criança passa a ajustar "passos" e o tamanho desses; a criança parece começar a construir significados sobre o pé – não como algo com o qual explora objetos (o que ela fazia, habitualmente), mas como veículo de deslocamento.

Esse processo se mostrou não linear. A criança ora mostrou-se capaz de fazer os movimentos que, em momentos posteriores, não era; ora mostrou-se coordenada, ora descoordenada; ora avançava para a frente, ora para trás e, mais tarde, para a frente. Porém, ao término de uma semana, a criança engatinhava com coordenação e firmeza.

Vale frisar, no entanto, que esse percurso não se fez exatamente como e quando os parceiros sociais (mãe e educadora) assim o desejavam. Apesar do intenso investimento da mãe em colocá-la na posição de engatinhar, a criança não o fazia imediatamente. Quando posta nessa posição, repetidamente ela se soltava e se deitava no chão, batendo alegremente seus pés contra o chão; em outros momentos, sentava-se, observava e sorria para a mãe; sorrindo, movimentava seu corpo para a frente e para trás sem sair do lugar; ou, deslocava-se por meio de posições esdrúxulas, totalmente não funcionais e não produtivas. Linda contrapõe-se, não aceita, se dispersa e não faz o movimento esperado. Linda o faz de modo desordenado e em momentos que, não necessariamente, coincidem com aqueles propostos pelos adultos.

Nesse percurso, foi possível observar que a relação da criança com os outros e o ambiente social se modificou. Inicialmente, quando Linda ainda não engatinha, verifica-se que a atenção da criança estava centrada fundamentalmente na região imediata em que ela se encontrava (em torno de 30-50 cm de distância de seu corpo). Com o engatinhar, ocorre uma ampliação da atenção da criança para objetos, pessoas e situações bem mais afastadas (distando até de alguns metros).

Não só sua atenção se amplia, como ela própria passa a se deslocar para lugares mais distantes de onde estava. Com isso, uma nova mudança ocorre: não só as coisas e as pessoas chegam até ela; ela também se desloca, aproxima-se e se afasta de objetos e pessoas.

Outro aspecto a ser ressaltado é que, nesse processo, são particularmente visíveis as transformações da relação entre a mãe e a criança. Linda, com a aquisição da ferramenta do engatinhar, passa a ter um papel mais ativo: afasta-se da mãe para explorar o ambiente, quando vê algo interessante; aproxima-se da mãe quando sente temor diante de situações desconhecidas; aproxima-se da mãe em situações de reencontro.

Ainda, em situações em que está entretida com outras crianças/objetos é possível, até mesmo, observar sua recusa a se aproximar da mãe, apesar de a mãe chamá-la e de ela ser capaz de deslocar-se em direção à mãe. Nesses casos, observa-se, inclusive, Linda reagindo com choramingo ao fato de a mãe pegá-la a contragosto. Dessa maneira, a relação com a mãe se transforma: a princípio, quando a mãe a chamava, havia todo um ímpeto de ir para junto a ela; depois, pode-se ver inclusive a criança permanecendo no lugar, sem se dirigir a ela, reagindo a ser pega.

DIALÉTICA DOS PROCESSOS DE APROXIMAÇÃO E DISTANCIAMENTO

Nos dois casos, tanto na análise como na busca documental das crianças, evidenciou-se que nenhuma das duas apresentava um quadro patológico de seu desenvolvimento. Seus ritmos de mudança e a aquisição das habilidades mostraram-se talvez não estando na média populacional, mas ambas as crianças acompanharam seus grupos de idade sem problemas. A escolha por esses dois casos mostrou-se interessante, portanto, não pelo desvio (pois não era esse o caso), mas pela visibilidade que a situação trazia ao pesquisador.

Por um lado, a situação era vista pelos adultos (mães, educadoras e, até mesmo, profissionais de saúde) como de crise – já que as crianças apresentavam, aos olhos deles, um atraso no desenvolvimento. Isso fazia que falassem, se posicionassem e atuassem de forma mais exacerbada. Com isso, as significações sobre bebê e desenvolvimento ganharam luz, saindo de práticas implícitas. Além disso, pela análise do vídeo dos casos, era como se, através dessas práticas, se pudesse acompanhar o desenvolvimento em câmera lenta, sendo possível apreender detalhes que, em situações regulares, poderiam passar despercebidos aos olhos do pesquisador.

Dito isso, passemos à discussão dos dados.

A partir dos pressupostos de base que nortearam a análise dos dois estudos de caso, as interpretações elaboradas levaram a apreender os processos de aquisição do sentar-se e do engatinhar através de um entrelaçado de elementos. Um elemento de destaque, que contribuiu para evidenciar as características dos casos, foi a mudança de contextos de cuidado da criança.

Nos dois casos, antes do ingresso na creche pesquisada, os contextos organizacionais dos ambientes que as crianças frequentavam geravam poucas possibilidades de deslocamento – as crianças permaneciam no colo, carrinho, berço ou cercadinho –, as crianças ficando totalmente na dependência do adulto. Portanto, com o ingresso na creche, as crianças passaram por uma mudança radical nas formas de cuidados, pois nessa creche elas permaneciam a maior parte do tempo no chão; deitadas, sentadas, engatinhando ou andando pelo ambiente. Tal organização circunscrevia diferentes possibilidades e limites ao comportamento, em relação aos ambientes anteriores, reorganizando os percursos mais imediatos de seu desenvolvimento; e, mesmo, refazendo a forma de elas serem significadas em seus desenvolvimentos. Familiares e crianças transitaram entre ambientes que resultam de propostas educacionais/pedagógicas que promovem de maneira diferenciada a participação da criança nos espaços e nas relações.

Particularmente na situação de Linda, o confronto fez-se rapidamente evidente, pelo fato de que mesmo crianças mais novas que ela já engatinhavam, com o consequente investimento da mãe a fim de promover o engatinhar da filha. Para estimular o engatinhar, a mãe usou tanto recursos afetivos, imitativos, como modelagem do corpo da criança, para que ela adquirisse não só a posição, mas também o movimento considerado próprio à locomoção e ao desenvolvimento humanos.

No caso de Túlio, em virtude do momento de adaptação (em que as crianças em seu conjunto reagiam negativamente a permanecer na creche, em contraponto com o bom comportamento do menino), além da idade da criança (Túlio era o segundo bebê mais novo da creche, havendo menos referenciais de comparação), a interpretação de atraso irá levar semanas para surgir. Assim, uma ação mais direcionada a ele se fez bem mais lentamente. Porém, quando a significação de atraso ou de dificuldades motoras foram colocadas em pauta pelas educadoras, isso gerou um conjunto de ações de modelagem do corpo de Túlio, que passou a ser colocado de bruços, sentado, com anteparo, na cadeira com apoio, reforçado com almofadas etc.

Nesse diálogo sem palavras com as duas crianças, diálogo mudo este atravessado por uma infinidade de palavras, com seus valores, concepções e práticas, as crianças passaram a experienciar diferentes posições corporais, diferentes sensações decorrentes das novas posições, tensões e movimentos.

Nos processos analisados, portanto e, especificamente, considerando-se a idade dos sujeitos, destaca-se a centralidade do corpo no aspecto relacional. Os corpos são vistos assim não só como estruturas físico-biológicas, mas também enquanto estruturas experienciais vividas. Isto é, o corpo é visto simultaneamente como biológico e fenomenológico; tanto como contexto ou *milieu* de mecanismos, como enquanto estrutura experiencial vivida, as duas formas não podendo ser pensadas em separado, a não ser teoricamente (Varela *et al.*, 1991).

Coloca-se aí em destaque o papel da percepção/ação, em que tanto os processos sensoriais como os motores são compreendidos como fundamentalmente inseparáveis, representando dois momentos de um mesmo processo. A percepção se dá por meio das múltiplas ligações entre os diferentes sistemas sensoriais e motores, em uma mútua especificação dos padrões sensório-motores que possibilitam a ação a ser perceptualmente guiada, percepção essa que depende do acoplamento estrutural com o ambiente. Percepção e ação, sensório e motor, estão ligados como padrões sucessivamente emergentes e mutuamente seletivos. Trata-se, portanto, de um arco, pois tanto a sensação como o movimento pertencem ao ato, todos em um contínuo processo de constituição, sendo que a resposta não se faz ao estímulo, mas dentro dele. O que ocorreria seria uma ininterrupta redistribuição de massa em movimento, com mudanças no sistema de tensões. A resposta é necessária para a constituição do estímulo e a continuidade deste último é necessária para a continuidade do controle da resposta. Eles são correlativos e contemporâneos, cada um deles se constituindo como distinções de funções flexíveis em exercício (Dewey, 1896).

Nesses processos, destaca-se o caráter simultaneamente público e privado da corporeidade[3], essa sendo estruturada em relação ao outro pelo fato de, na relação, a experiência ser simultaneamente ativa e passiva, dual, recíproca. Como Coelho Jr. (2003) menciona, a percepção não é pura recepção de um conteúdo particular. A percepção é uma cooperação de fato ou intercorporeidade, "com contato direto com o outro", havendo uma permanente reversibilidade entre as pessoas corporificadas. Há uma simultaneidade de ser sujeito e objeto de um ato sensível, que implica sentir/ser sentido, tocar/ser tocado etc. (Burkitt, 2003; Coelho Jr., 2003; Soffer, 2001). A percepção deve, portanto, ser considerada fundamentalmente *intercorpórea*, rompendo-se as noções de barreira/penetrabilidade do corpo aos aspectos do meio. Nessa ideia, o dobrar-se da percepção representa uma modulação que já acontece antes mesmo de reagirmos ao que experienciamos em nosso comportamento corporal ou em nosso diálogo com os outros.

No diálogo mudo, as (re)ações e as emoções da criança falam, aceitam, recusam e negociam com seus parceiros. Nessa relação dinâmica e dialética com o meio e com os outros, há um percurso em que diferentes habilidades vão sendo adquiridas/promovidas e relacionadas aos papéis e às posturas nas quais os outros sociais colocam o bebê. Aquelas habilidades são possíveis de ser adquiridas em decorrência do próprio aparato biológico da espécie; ainda, dos significados que vão sendo construídos; das relações que vão sendo disponibilizadas no ambiente, com seus outros sociais.

Como Wallon (1986, p. 161) afirma, o desenvolvimento biológico, graças à maturação, possibilita a função. Mas, sem o meio, não teria nenhum objetivo, já que acabaria virtual ou atrofiado. Diz ele, ainda,

> É-lhe indispensável uma assistência constante. O recém-nascido é um ser cuja totalidade de reações necessita ser completada, compensada, interpretada. Incapaz de efetuar algo por si próprio, ele é manipulado pelo "outro" e é nos movimentos deste outro, que suas primeiras atitudes tomarão forma.

---

[3] Uma revisão da literatura evidenciou que essa noção tem sido mais contemporaneamente utilizada, com seu uso se fazendo crescente sobretudo na última década, com pico nos último cinco anos. O termo tem sido apropriado por diferentes áreas com diferentes fundamentações e implicações. Aqui, empregamos o termo destacando que ele contempla uma perspectiva que evita os dualismos e as dicotomias, considerando a indissociabilidade entre pessoa/mente/meio, os elementos relacionais, situacionais e culturais devendo ser inexoravelmente considerados. O corpo, nessa perspectiva, é visto tanto como biológico quanto como fenomenológico.

Nesse sentido, entende-se que a maturação neurológica é constituída *na* e *por meio da* relação com o outro, em contextos situados. Para haver a própria maturação é preciso que a criança esteja em uma relação contextualizada, dentro de processos de significação, de práticas discursivas.

Mais do que isso, é na história relacional, em função das concepções sociais do grupo, das formas consideradas ideais, que as experiências adquirem significados. Esse caráter experiencial vivido se encontra incrustado em aspectos biológicos, psicológicos e do contexto cultural, tendo um caráter histórico e estando inextricavelmente ligado às histórias vividas (Soffer, 2001).

Como afirma Soffer (2001), a percepção-ação corporificada representa um nível mais fundamental do que o do enunciado linguístico, porque ela já está estruturada como uma alteridade em relação à comunidade, requerendo uma conceituação de social mais imediata, íntima e integral. Dessa forma, significado como percepção corporificada é mais radicalmente aberto à história e à cultura, já que a cultura está pronta para ser encontrada, moldada e remoldada, em cada momento desse processo transformativo, na contínua história da experiência.

Dessa maneira, ações consideradas tão básicas como a de sentar-se e de engatinhar se mostram carregadas de significados culturais. Elas estão atravessadas, são coconstituídas e são possibilitadas e transformadas pela cultura. A *significação* encontra-se, portanto, aquém das palavras (apesar de atravessada e constituída por elas), devendo ser considerada não só nas ferramentas baseadas na linguagem verbal, mas também em aspectos não verbais. A significação já está presente antes da representação. Sentar-se e engatinhar representam, assim, a corporificação de práticas culturais, a corporificação de significados sociais de ser humano. O corpo é significado e significa.

Porém, como Wertsch, Del Río e Alvarez (1998) pontuam, a introdução de uma ferramenta cultural (como a vista aqui, do sentar-se e do engatinhar) transformam o processo de desenvolvimento. Aprender a usar uma ferramenta não implica realizar um exercício para habilitá-la; não implica a estimulação de algo preexistente. Implica, sim, a criação de algo novo, de um novo recurso (possível por contar com bases biológicas), atravessado e exprimindo significações que levam a transformações importantes ou até mesmo a uma redefinição da própria ação e relação com o meio.

Nesse sentido, como Wertsch *et al.* (1998) frisam, a aquisição de meios mediacionais (que podem ser a linguagem verbal, uma ferramenta técnica, um gesto/uma ação) não apenas facilita as formas de ação, mas altera todo o fluxo e as estruturas do ser. Uma pessoa usando um novo meio mediacional deve mudar, uma vez que o meio exige dela novas técnicas e habilidades.

Teoricamente, portanto, essas questões levam a supor que a habilidade de sentar-se e de engatinhar modificam as possibilidades da criança de relação consigo, com o mundo e com os outros. E, quando se analisa o conjunto do comportamento das crianças antes, durante e após a aquisição, essa transformação pode ser vista.

No caso de Túlio, ele passa de uma situação de alguém fundido ao outro e, por causa disso, simultaneamente, indiferente às coisas ao redor, para uma situação de reconhecimento, demonstração afetiva e requisição de atenção. De um distanciamento, Túlio passa a ativamente buscar proximidade dos outros. Já no caso de Linda, ela passa a lidar de forma diferenciada com relação à distância/proximidade que mantém dos adultos e dos objetos, tendo agora novos recursos para lidar com isso, optando inclusive por manter o distanciamento.

As aquisições fizeram-se por meio de suas relações, experiências e percepções em contextos culturais específicos. Dialética e recursivamente, aquelas aquisições abriram possibilidades para experiências e relações sociais diversificadas. As novas funções, habilidades e significações circunscreveram novas possibilidades e novidades no experienciar a si próprio, ao outro e ao ambiente; possibilidades totalmente diferenciadas no sentido de explorar o espaço, de encontrar outros, de buscar apoio *em* e ajuda *de* outros; de obter objetos, levando a criança a assumir/desempenhar novos papéis sociais.

O sentido da própria identidade mostrou-se assim inexorável, mas, sutilmente, formado e reformado, ao mover-se *por* e *entre* uma miríade de modalidades de experiências. Mas, mais do que ter uma relação com a história de experiências prévias, a aquisição das ferramentas (sentar-se e engatinhar), com todas as significações que carregam, representam também partidas absoluta de sua própria história (Soffer, 2001). Para o sistema pessoa-meio, os passos são sempre circunscritos pelos passos anteriores que foram dados. Mas não há um ponto-final definitivo a prescrever os próximos passos a serem tomados (Varela *et al.*, 1991).

A análise dos desdobramentos dos processos indica a complexidade e a dialética do processo: há o necessário entrelaçamento da criança em relação ao outro social, o que lhe abre a possibilidade de apreender/expressar modos culturais de ser e desenvolver, incluindo-se aí a constituição de maior distanciamento com o outro. Revela-se, assim, que o desenvolvimento – inerentemente social, histórico e cultural, embasado em processos relacionais e ligados à espécie e à sua plasticidade –, dá-se por meio da dialética de processos inextricáveis e complementares de entrelaçamento e distanciamento.

Linda controla, assim, com maior autonomia e intencionalidade seu estar no mundo. A habilidade de engatinhar, intimamente coconstruída em sua inextricável relação com a mãe/educadora, naquele novo ambiente, construindo uma série de significações da/para/sobre a criança, levou a (re)significações das suas relações. E, em decorrência da maior autonomia e intencionalidade, a mesma ação da criança passou a estar atravessada por uma mescla de sentimentos de prazer e de desconforto. Se, até então, a mãe mostrava-se muito satisfeita com a capacidade recém-adquirida pela filha de engatinhar, o fato de a criança agora nem sempre engatinhar em direção a ela, como o fazia até então, deixa a mãe com sentimentos de inquietude e ambivalência. Mãe e criança passam a ter novos motivos e recursos de negociação.

INTERCORPOREIDADE E O JOGO INERENTE E INCLUSIVO DA PROXIMIDADE/DISTANCIAMENTO

Este trabalho de investigação derivou de um estudo empírico que verificou o fato de o bebê agir de forma culturalmente adequada, mesmo sem ter adquirido a linguagem e o pensamento verbais. Isso levou ao questionamento de como o bebê, nessas condições, apreende e expressa significações culturais de seu grupo. Com isso, um novo estudo empírico se desdobrou, procurando verificar as peculiaridades do ser do bebê e de seus processos de desenvolvimento que pudessem nos indicar a questão da linguagem e da significação no primeiro ano de vida.

Dessa maneira, a escolha dos casos não teve como meta a identificação de momentos-chave nas aquisições desenvolvimentais, de modo a generalizar, por exemplo, a idade de início do engatinhar; ou a indicação das transformações a partir do engatinhar ou do sentar-se. A meta era acompanhar processos, mudanças desenvolvimentais, resgatando a complexidade em que estão inseridos, complexidade essa que envolve inclusive um interligado conjunto de características da criança, como as motoras, as afetivas, as relacionais, as de localização espacial etc.

Partindo-se de pressupostos histórico-culturais e de uma compreensão de desenvolvimento que considera a inseparabilidade entre biológico e cultural, analisamos o processo de sentar e de engatinhar em dois bebês. Nesse processo, verificamos que a apreensão/expressão de significações está ligada a processos de percepção/ação. Os processos de significação no bebê estão aquém da representação, estando concretizados/materializados no corpo. A partir das percepções, experiências e significações, novas relações, recursos, papéis sociais e significações são construídos.

Nessa discussão, o corpo emergiu como um elemento central. Mas não em uma perspectiva biológica, tanto que tratamos dele enquanto corporeidade. O corpo não representa uma instância individualizante, já que ele não existe primeiro e, depois, interage com o mundo externo. O mundo não existe "lá fora", já que a pessoa é parte constitutiva do mundo. Ao contrário, a pessoa corporificada está intimamente conectada ao mundo, em um processo relacional, com o corpo representando a interligação eu-outro, a constituição da subjetividade sendo considerada de forma dependente do outro, da história e da cultura (Overton, 1997; Sinha, De López, 2000).

Pessoas e mundo, juntamente, constroem as pessoas e o mundo. Mundo e pessoas especificam-se mutuamente. O mundo percebido não está aqui, independentemente de nossas condições biológicas e do mundo cultural. Mundo e percebedor especificam um ao outro. Conhecedor e conhecido, pessoa e mundo estão um em relação ao outro por intermédio de coorigem dependente. O significado dessa ou daquela interação para um sistema vivo não é dado de fora, mas representa o resultado da organização e da história desse sistema.

Essa compreensão, que tem lastro na noção de dialogismo do pensamento bakhtiniano (1981, 1997, 1999), nos levou a nos aproximarmos de uma compreensão radical da alteridade, permitindo entender o outro de um modo original, o outro sendo referido não como alguém que está fora de mim, que é estranho a mim, mas como alguém que me constitui, que contribui para o processo de construção de um eu que não me pertence integralmente e que somente existe a partir do olhar do outro (Barros, 2002). Neste estudo, isso coloca em destaque que mesmo para a aquisição de funções motoras ditas humanas, é necessário o outro. Este é essencial ao ser e ao desenvolver-se humanos. O outro e suas significações culturais coconstroem tais processos. E a aquisição em si representa a aquisição de ferramentas culturais e significações sociais que vão alterar suas relações com os outros e com o mundo.

Vale dizer que esse processo é entendido como se dando a partir de um lugar muito específico – no caso, os corpos de Túlio e de Linda –, o que nos faz considerar, com Hermans e Kempen (1995), que, ao perceberem, as pessoas não percebem somente o ambiente, mas percebem, ao mesmo tempo, a elas próprias. Isto é, a pessoa perceptiva observa o campo do fluxo visual, em combinação com sua localização com respeito ao campo visual. Olhar ao redor de si implica ver suas próprias partes do corpo nesse espaço. Mover-se em relação ao campo de fluxo visual implica ter as próprias partes do corpo como pontos de referência e orientação, destacando a natureza situada e a perspectiva desta.

Destaca-se dessa forma que a relação dialógica, de alteridade, dá-se fundamentalmente por intermédio do corpo. O corpo é significado, ele significa, ele expressa por meio de suas posturas, gestos e ações as significações culturais. Como afirma Harré (1991), deve-se pensar o corpo como podendo desempenhar papéis diversos no uso de significação. O corpo pode ser a coisa significada; pode representar significadores; e também pode ser a superfície para a inscrição de outros significantes, com influência no modo como a inscrição se dá. O corpo nessa relação de codeterminação com o meio social é tanto feito significado pelo sistema semiótico como é um sistema semiótico em si.

Seria, assim, por meio de sua corporeidade que o bebê está em relação ao outro e com as significações culturais desse(s) outro(s). É por essa proximidade com o outro social, ou mais do que isso, da intercorporeidade, que o bebê é significado e significa. Simultânea e contraditoriamente, desse entrelaçamento e significações novas aquisições são possibilitadas, levando a (res)significações das relações, o que permite inclusive um (relativo) afastamento do outro.

REFERÊNCIAS BIBLIOGRÁFICAS

Amorim, K. S. (2002). *Concretizações de discursos e práticas histórico-sociais, em situações de frequência de bebês a creche*. Tese de doutorado, Faculdade de Medicina de Ribeirão Preto, Universidade de São Paulo, Ribeirão Preto.

Amorim, K. S., Eltink, C., Vitória, T., Almeida, L. S., & Rossetti-Ferreira, M.C. (2004). Processos de adaptação de bebês à creche. In M.C. Rossetti-Ferreira, K. S. Amorim, A. P. S. Silva & Carvalho, A. M. A. (Org.), *Rede de significações e o estudo do desenvolvimento humano* (pp. 137-156). Rio Grande do Sul: Artmed.

Anjos, A. M., Amorim, K. S., Vasconcelos, C. R. F. e, & Rossetti-Ferreira, M. C. (2004). Processos interativos de bebês em creche. *Estudos de Psicologia, 9* (3), 513-522.

Bakhtin, M. (1981). *The dialogical imagination. Four Essays*. Austin: University of Texas Press.

Bakhtin, M. (1997). *Estética da criação verbal*. São Paulo: Martins Fontes.

Bakhtin, M. (1999). *Marxismo e filosofia da linguagem*. São Paulo: Hucitec.

Barros, Z. (2002). *O olhar constituinte do outro: reflexões metodológicas à luz de Bakhtin*. Recuperado em fevereiro de 2005, em: http://www.cienciassociaisja.hpg.ig.com.br/ooutrodebakhtin.

Burkitt, I. (2003). Psychology in the field of being. Merleau-Ponty's ontology and social constructionism. *Theory & Psychology*, vol. 13 (3), pp. 319-338.

Carvalho, A. M. A. (1983). O desenvolvimento da criança. *Pediatria Moderna, 18* (5), 269-280.

Coelho Jr., N. E. (2003). Da intersubjetividade à intercorporeidade. Contribuições da filosofia fenomenológica ao estudo psicológico da alteridade. *Revista de Psicologia da USP, 14* (1), 185-209.

Dewey, J. (1896). The reflex arc concept in psychology. *Psychological Review, 3* (4), pp. 357-370.

Elmor, L. N. R. (2008). *Recursos linguísticos utilizados por bebês em interação com diferentes interlocutores em creche: um estudo de caso*. Dissertação de mestrado, Faculdade de Filosofia Ciências e Letras de Ribeirão Preto, Universidade de São Paulo, Ribeirão Preto.

Fogel, A. (1993). *Developing through relationships*: origins of communication, self and culture. New York: Harvester Wheatsheaf.

Góes, M. C. R. (2000). A abordagem microgenética na matriz histórico-cultural: uma perspectiva para o estudo da constituição da subjetividade. *Caderno CEDES, 20* (50), 9-25.

Harré, R. (1991). *Physical being*. Cornwall: Blackwell Publishers.

Hermans, H. J. M., & Kempen, H. J. G. (1995). Body, mind and culture: the dialogical nature of mediated action. *Culture & Psychology, 1* (1), 103-114.

Oliveira, Z. M. R., & Rossetti-Ferreira, M. C. (1996). Understanding the co-constructive nature of human development: Role coordination in early peer interaction. In J. Valsiner & H. G. Voss (Orgs.), The structure of learning processes (pp. 177-204). Norwood: Ablex.

Oliveira, Z. M. R., & Rossetti-Ferreira, M. C. (1993). O valor da interação criança-criança em creches no desenvolvimento infantil. *Cadernos de Pesquisa, 87*, 62-70.

Overton, W. F. (1997). Beyond dichotomy: an embodied active agent for cultural psychology. *Culture & Psychology, 3* (3), 315-334.

Pino, A. (2003). *As marcas do humano*. Tese de livre-docência, Faculdade de Educação, Universidade Estadual de Campinas, Campinas.

Ribeiro, F. J. L., & Bussab, V. S. R. (1998). Biologicamente cultural. In L. Souza, M. F. Q. Freitas & M. M. P. Rodrigues (Orgs.), *Psicologia: reflexões (im)pertinentes* (pp. 177-203). São Paulo: Casa do Psicólogo.

Ribeiro, F. J. L., & Otta, E. (2004). De colo em colo, de berço em berço. In M. L. Seidl de Moura (Org.). *O bebê do século XXI e a psicologia em desenvolvimento* (pp. 229-284). São Paulo: Casa do Psicólogo.

Rossetti-Ferreira, M. C., Amorim, K. S., Silva, A. P. S., & Carvalho, A. M. A. (2004). *Rede de significações e o estudo do desenvolvimento humano*. Porto Alegre: Artmed.

Rossetti-Ferreira, M. C., Amorim, K. S., & Vitória, T. (1994). A creche enquanto contexto possível de desenvolvimento da criança pequena. *Revista Brasileira de Crescimento e Desenvolvimento Humano*, *4* (2), 35-40.

Sinha, C., & De López, K. J. (2000). Language, culture and the embodiment of spatial cognition. *Cognitive Linguistics*, *11* (1-2), 17-41.

Soffer, J. (2001). Embodied perception. *Theory & Psychology*, *11* (5), 655-670.

Spink, M. J. (1999). *Práticas discursivas e produção de sentidos no cotidiano: aproximações teóricas e metodológicas*. São Paulo: Cortez.

Valsiner, J. (1987). *Culture and the development of children's actions. A cultural-historical theory of developmental psychology*. Chichester: John Wiley & Sons.

Valsiner, J. (2000). *Culture and human development*. Londres: Sage Publications.

Varela, F. J., Thompson, E., & Rosch, E. (1991). *The embodied mind. Cognitive science and human experience*. Cambridge: MIT Press.

Vygotsky, L. S. (1987). *Pensamento e linguagem*. São Paulo: Martins Fontes.

Vygotsky, L. S. (1991). *A formação social da mente*. São Paulo: Martins Fontes.

Wallon, H. (1986). O papel do outro na consciência do eu. In M. J. Werebe & J. Nadel-Brulfert (Orgs.), *Henri Wallon* (pp. 158-167). São Paulo: Ática.

Wertsch, J. V., Del Río, P., & Alvarez, A. (1998). *Estudos socioculturais da mente*. Porto Alegre: Artmed.

CAPÍTULO 4

Aproximações e distanciamentos eu-outro nos processos de desenvolvimento: a questão do tempo

Kátia de Souza Amorim
Lívia Mathias Simão
Maria Isabel Pedrosa

O processo aproximação-distanciamento na relação eu-outro, implicado no desenvolvimento humano, constitui-se como o foco principal dos três capítulos precedentes. Partindo de perspectivas teóricas não semelhantes, mas compatíveis, os três textos discutem, com o apoio de estudos empíricos, transformações que ocorrem instigadas por encontros e desencontros, cooperação, conflito ou negociação, circunscritos em interações e relações com parceiros adultos ou coetâneos, presentes ou ausentes, com repercussões inter e intrapsicológicas. A dimensão temporal está presente nesse processo e se revela como um fenômeno multifacetário: a) surge intrincada como "facetas" de um mesmo momento, inter e intrassubjetivos, ou seja, aproximações e distanciamentos complementam-se e opõem-se, uma não sendo possível sem a outra; b) desdobra-se em momentos sucessivos, em que aproximações cedem lugar a distanciamentos, ou vice-versa, ao longo da construção de uma história de relações; e c) implica, a um só tempo, perspectivas distintas, aproximação de um parceiro e distanciamento de outro, mas guardando com um e com outro a implicação dos opostos que o constituem enquanto fenômeno, e o desdobramento de uma construção em curso com referências atuais, passadas e prospectivas.

Buscaremos sintetizar os pontos acima, com a discussão de aspectos que consideramos principais no diálogo entre os três trabalhos, a partir dos resultados e interpretações propostos em cada um deles para o fenômeno aproximação e distanciamento nas relações eu-outro, oriundas das diferentes pesquisas relatadas. Com base nesse diálogo, e mantendo-nos no tema desta coletânea, explicitaremos mais especificamente a dimensão temporal ensejada pelos diferentes olhares e decisões tomadas em cada um dos estudos empíricos.

O estudo de Simão, Molina e Del Río[1] volta-se diretamente para as relações intersubjetivas no âmbito da prática clínica. Partem da lógica cogenética de David Herbst (1995) e de proposições de Heinz Werner e Bernard Kaplan (1978) sobre o desenvolvimento humano em situações simbólicas. Com base nesses pressupostos, as autoras trabalham com a questão da intersubjetividade humana, discutindo movimentos de aproximação e distanciamento entre eu-outro, ilustrando suas posições em relações psicoterapêuticas. A ideia que guia o trabalho das pesquisadoras é a de analisar o desenvolvimento de um processo que vai do compartilhamento, quase indiferenciado, para uma diferenciação, que se refere tanto às relações

---

[1] *vide* Parte II, Capítulo 1, deste livro.

psicoterapeuta-cliente no aqui e agora, como às relações interpessoais outras a que eles se referem nas sessões.

Nesse sentido, as autoras tratam da construção afetivo-cognitiva dos objetos e das relações a que paciente e terapeuta estão se referindo, passando a negociar simbolicamente condições de possibilidade dos referentes e dos veículos simbólicos que fazem parte de suas reflexões. Segundo elas, uma vez que as formas de construção das representações necessariamente divergem, em maior ou menor grau, lidar com essas diferenças exigirá, das partes, maior descentração e, ao mesmo tempo, menor idiossincrasia e contextualização nos processos construtivos de representação. Ou seja, exigirá maior distanciamento representacional (com a redução do egocentrismo e da idiossincrasia no simbolismo) em relação aos objetos e maior distanciamento em relação às suas representações prévias e pré-compreensões, permitindo maior possibilidade de compartilhamento.

Assim, discutem elas, é graças à natureza semiótica da experiência humana que se tornam possíveis a aproximação e o distanciamento psicológicos, uma vez que a mediação possibilita a capacidade do sujeito afastar-se simbolicamente do aqui e agora, apartando-se da imediaticidade da experiência e podendo, então, refletir sobre ela. Demandam uma forte ligação interpessoal, ao mesmo tempo que clara separação em suas subjetividades, para que possam estar efetivamente em relação, nos termos aqui propostos.

Portanto, para elas, a relação implica que os membros estejam temporária e contextualmente ligados, apesar de nunca se fundirem, de modo a preservarem sua subjetividade individual. Isso lhes garantiria a possibilidade, embora muitas vezes não realizada, dos movimentos de aproximação e afastamento de construções representacionais dos outros (âmbito interpessoal), bem como de suas próprias construções (âmbito intrapessoal).

Quanto ao último aspecto destacam, a partir do referencial teórico de Hermans (1996, 2002), que os movimentos de aproximação e afastamento não se dão somente em relação a um "outro", material e concreto, mas estão relacionados também aos vários outros internalizados ao longo da vida e das experiências. Com isso, as autoras compreendem o processo de aproximação e afastamento ocorrendo entre diversas posições do eu com relação a si mesmo. Nesse sentido, uma pessoa, enquanto ser relacional, pode tomar reconstrutivamente a perspectiva do outro, ou de um determinado problema, que lhe permitirá examiná-lo de uma perspectiva particular, abrindo-lhe possibilidade de tomar esta ou aquela posição em relação a si mesma e ao mundo.

Simão, Molina e Del Río[2] concluem que o processo de relação entre distanciamento e aproximação é de dialogia, uma vez que as possibilidades de compartilhamento intersubjetivo envolvem permitir que o objeto se distancie do eu para que o eu possa se aproximar do outro; concluem, ainda, que se manter em relação significa manter-se em uma relação dialógica na tensão entre distanciamento e aproximação. A dimensão tempo está aqui presente, implicada em um único momento, numa relação inter e intrassubjetiva, complementando-se e opondo-se, uma não sendo possível sem a outra.

O estudo de Pedrosa e Menelau[3] sobre construção de vínculos entre crianças, em situação provisória de abrigo, parte de uma perspectiva que considera o vínculo afetivo entre parceiros coetâneos como um fenômeno interacional, constituído em/e constituindo um campo de interação (Carvalho, Império-Hamburguer & Pedrosa, 1996). Ao considerarem o vínculo entre

---

[2] vide Parte II, Capítulo 1.
[3] vide Parte II, Capítulo 2.

parceiros, numa faixa etária entre 1 e 4 anos, as autoras ampliam o olhar sobre esse processo que, historicamente, é tratado, quase exclusivamente, na relação da criança com o adulto, em particular com a mãe. Mais ainda, elas buscam considerar a construção de vínculo entre pares de idade, em uma situação em que a figura materna não está presente e, inclusive, com quem houve ruptura, mesmo que temporária. Esse olhar é instigante: implica a necessidade de apreender o fenômeno vínculo e, para tanto, explicitar indícios que possam sugerir sua existência entre crianças. Para isso, recortam e perscrutam eventos interativos, de modo a circunscreverem compartilhamentos de significados, nas brincadeiras infantis.

Em um contexto que é considerado temporário, com o afastamento das crianças da família biológica, e antes de serem remanejadas a outros contextos, busca-se analisar a ocorrência de aproximações, ou seja, construções de vínculos entre as crianças. Pedrosa e Menelau[4] identificam que essa construção está presente, mas se mostra assimétrica, caracterizada pela busca explícita de proximidade de uma criança pela outra, sem que esta apresente um comportamento recíproco de busca ativa da primeira parceira, apesar de reagir de forma a constituírem, juntas, ações cooperativas coordenadas.

Movimentos como esses são dinâmicos; ocorrem em contextos em que diversas crianças e adultos estão presentes, com interrupções do fluxo de interações, com intervenções de outros parceiros no processo, com relações que se enredam, com negociações intensas conduzidas ora pelos adultos, ora pelas crianças pequenas, que se valem dos recursos disponíveis a seu alcance e a sua idade. Nesse contínuo, ocorrem aproximações, compartilhamentos, fortalecimento das relações afetivas; e, ocorrem também afastamentos, não disponibilidade afetiva ao vínculo ou aproximações de outros. A dimensão tempo é aqui considera em dois aspectos: primeiro, ao longo de uma história de relações interpessoais, em que o vínculo se constitui por compartilhamentos entre parceiros, logo, em desdobramentos que ocorrem ao longo de um período de interações; e, num segundo aspecto, em uma dimensão intrassubjetiva com distanciamento de figuras de apego, por ruptura (mesmo temporária) com a família, que instiga superação por proximidade de novo vínculo, uma dinâmica implicada na dissonância e na consonância de um estado afetivo.

Finalmente, Amorim[5], ancorada em pressupostos da etologia e da perspectiva histórico-cultural, destaca três pontos centrais na constituição da subjetividade: 1) o reconhecimento da indissociabilidade entre aspectos biológicos e culturais, levando a considerar o ser humano "biologicamente cultural"; 2) o destaque à noção de dialogismo (Bakhtin, 1981, 1997, 1999), entendendo-se que é pelo outro que o ser humano se constitui, a alteridade sendo fundante ao desenvolvimento; e 3) a natureza semiótica do desenvolvimento humano, a significação sendo considerada a mediadora do processo e o *outro* sendo o portador dessa significação.

Tais pressupostos embasam e encorajam análise de processos de desenvolvimento considerando sua qualidade relacional, situada e processual, a partir das dialéticas articulações entre vários elementos, em que pessoa e ambiente transformam-se como partes inseparáveis, em um processo de mútua constituição, portanto a um só tempo.

Os pressupostos permitem ainda a compreensão de que o bebê (como um ser humano) é um ser da linguagem. Nesse sentido, levanta-se a hipótese de que a criança se encontra na cultura e age de forma culturalmente apropriada, mesmo sem ter adquirido a fala intelectual e o pensamento verbal. Com isso, a autora realiza dois estudos de caso, de modo a estudar a

---

[4] *vide* Parte II, Capítulo 2.
[5] *vide* Parte II, Capítulo 3.

significação no primeiro ano de vida, particularmente, a partir do desenvolvimento do sentar-se e engatinhar, em dois bebês que frequentam uma instituição de educação coletiva, através de suas relações com suas mães e as educadoras da creche.

A partir dos estudos de caso, ações consideradas básicas a de sentar-se e de engatinhar são vistas como carregadas de significados culturais, a *significação* encontrando-se aquém das palavras (apesar de atravessada e constituída por elas). A significação é discutida como já estando presente antes mesmo da representação.

No processo, as crianças passam por uma série ininterrupta de experiências, em que o corpo tem centralidade e o qual possibilita uma estrutura experiencial vivida. Vendo o suporte na percepção/ação, é destacado o caráter simultaneamente público e privado da corporeidade, tratando-a como intercorporeidade, com permanente reversibilidade entre as pessoas, rompendo-se com as noções de barreira/penetrabilidade do corpo aos aspectos do meio. A autora discute, nesse sentido, que a percepção-ação corporificada representa um nível mais fundamental do que o do enunciado linguístico, porque ela já está estruturada como uma alteridade em relação à comunidade, requerendo uma conceituação de social mais imediata, íntima e integral. O significado como percepção corporificada é entendido, portanto, como estando mais radicalmente aberto à história e à cultura, portanto, numa dimensão de tempo presente, de tempo retrospectivo e de tempo prospectivo. Essas reflexões implicam que, ao se tratar das questões da aproximação e do distanciamento, na relação eu-outro, esta representa uma tarefa didática, já que um aspecto é indissociável do outro, já que a pessoa só se constitui com o outro, num tempo presente, mesmo que o considere retrospectiva ou prospectivamente.

A autora discute ainda, a partir de Wertsch, Del Río e Alvarez (1998), que a introdução de uma ferramenta cultural transforma o processo de desenvolvimento, alterando o fluxo e as estruturas do ser, havendo até mesmo uma redefinição da própria ação e relação com o meio e o outro. Nos estudos empíricos, ao considerar que o sentar-se e o engatinhar representam ferramentas culturais, as ações e as relações são revistas, a partir do material empírico. E verifica-se que o bebê de 5 meses passa de uma situação de alguém fundido (Wallon, 1986) – e, em função disso, simultaneamente, indiferente às coisas ao redor –, para uma situação de reconhecimento, demonstração afetiva e requisição de atenção. No processo, à análise do comportamento fenotípico, ele passa de uma posição de distanciamento, a ativamente buscar proximidade dos outros.

Já no caso do bebê de nove meses, ela passa a lidar de forma diferenciada com relação à distância/proximidade que mantém dos adultos e dos objetos, contando agora com novos recursos para lidar com isso, em alguns momentos optando inclusive por manter o distanciamento.

A análise dos desdobramentos dos processos indica assim a complexidade e a dialética destes: de um lado, há a inescapabilidade do outro, não se podendo pensar um sem o outro, o que leva a uma consideração das noções de aproximação e distanciamento apenas como didática. De outro, nesse necessário entrelaçamento da criança em relação ao outro social, se lhe é aberta a possibilidade de apreender/expressar modos culturais de ser e desenvolver, incluindo-se aí a constituição de um maior distanciamento com o outro.

Os três trabalhos esmiúçam, então, situações empíricas, cujas análises centram-se nos processos de vincular-se ou (re)pensar a vinculação eu-outro, de compartilhar ou divergir em termos dos significados apreendidos na comunicação mútua, de como esses significados compartilhados presentes no contexto sociocultural emergem e resultam em relações e renegociações, dentre outros. Os estudos acompanham o processo de transformar-se, cada qual se modificando dialeticamente.

Essas propostas, no entanto, partem de escopos teóricos diversos, mas neles se identificam pontos de intersecção, possibilitados pela consideração da indissociabilidade da relação eu-outro, para o processo de desenvolvimento.

Coerentemente com essas perspectivas teórico-metodológicas, cujo foco traz em seu bojo a própria noção de desenvolvimento, os três trabalhos voltam-se para os movimentos de aproximação e de distanciamento, buscando acompanhar os processos de transformação e de constituição dos sujeitos no curso do tempo, nas e a partir das relações dialógicas que as pessoas estabelecem, em cada contexto específico. Como, então, apreender, no nível teórico-metodológico, o aspecto temporal inerente aos acontecimentos vistos da óptica dos processos de desenvolvimento?

Para dar conta do acompanhamento do entrejogo temporal inerente aos processos de aproximação e afastamento, as autoras fazem a opção teórico-metodológica microgenética (Góes, 2000; Siegler & Crowley, 1991). A microgênese tem como pressuposto o fato de que, somente em movimento, um corpo mostra o que é (Vygotsky, 1984). Nesse sentido, a análise empírica centra-se no processo psicológico em seu curso de formação, analisando-se as sucessivas emergências de comportamentos. Em síntese, o olhar do pesquisador volta-se para o processo mesmo de o sujeito *tornar-se com o tempo*; ou seja, o olhar volta-se para os processos transformativos que modificam tanto o momento anterior como o momento subsequente, no curso *do vir a ser* do sujeito em desenvolvimento (Valsiner, 1987). Conforme discute Vygostsky (1984), dependendo do processo desenvolvimental em foco pelo pesquisador, o acompanhamento desse processo poderá se dar a um só tempo, ou em questão de segundos, dias ou mesmo semanas.

É justamente essa diversidade de tempos inerente a cada processo investigado que se discute os três trabalhos aqui em questão. Nesse caso, entretanto, trata-se de um aspecto que emerge da diversidade entre eles, a partir de uma epistemológica matriz comum, cujo foco está no desenvolvimento. Esses elementos colocam-se como opção teórico-metodológica comum aos três trabalhos, na busca pela apreensão das aproximações e dos distanciamentos nas relações interpessoais. Em cada caso, isso não lhes retira as especificidades, uma vez que o processo particular em jogo requereu, em cada um deles, diferentes temporalidades do próprio processo de pesquisa. No trabalho de Simão, Molina e Del Río, os processos de interesse transcorreram ambos em uma ou duas horas, isto é, o tempo de uma sessão de psicoterapia e de uma sessão de supervisão em psicoterapia. Tanto no trabalho de Pedrosa e Menelau, que analisou a construção do vínculo entre crianças, quanto no de Amorim, que acompanhou os processos de desenvolvimento motor e de constituição dos sujeitos, os processos foram examinados ao longo de três meses.

Além desses recortes temporais no devir das situações, para analisar aproximações e afastamentos, nas relações eu-outro, todos os estudos, ao considerarem os significados presentes que constituem as relações, lançaram luz a significados e sentidos que derivam de outros tempos e a eles se remetem (como o da história vivida, o histórico-social e o prospectivo, que engloba perspectivas futuras), os quais se atualizam no aqui-agora das situações (Rossetti-Ferreira, Amorim & Silva, 2004).

Nesse sentido, em alguns dos estudos, a relação eu-outro, poderia envolver diretamente poucas pessoas – até mesmo duas. Porém, através das falas e das práticas discursivas (Spink, 1999), os sujeitos resgataram direta ou indiretamente "os seus outros" das relações, que representaram e apresentaram marcas na sua constituição da subjetividade. A relação com o outro não foi, portanto, só considerada com base no recorte imediato pelas pessoas presentes concretamente na situação, mas também pelos múltiplos outros que mediaram diferentes aspectos do processo desenvolvimental. Dessa forma, os trabalhos trazem tempos, sujeitos, contextos e outros diversos (presentes ou ausentes, com relação a quem se tem ou não consciência da existência). Trata-se, portanto, de processos que se desenrolam no imbricamento de ações simbólicas dos atores para com o tema do diálogo e para com seus interlocutores (presentes, ausentes ou imaginários), e que podem se expressar de diversas maneiras quanto ao que se dá a ser conhecido, a cada momento (Simão, 2004).

Esses elementos temporais entrecruzados revelam a complexidade da análise do conjunto dos trabalhos, os autores tendo enfrentado a confusão (o jogo infinito das inter-retroações), a solidariedade dos fenômenos entre eles, a bruma, a incerteza. Os autores lidaram, simultaneamente, com a contradição e a complementaridade de movimentos opostos (Morin, 1990) dos processos de distanciamento e aproximação. Ou, de seu lado, como discutem Simão, Molina e Del Río, o processo de aproximação e afastamento foi considerado de uma relação de *separação inclusiva*. Porém, essas questões serão tratadas mais adiante.

Nos estudos empíricos conduzidos, não só o tempo como fator inerente ao curso dos processos interpessoais mostrou-se extensamente variável, mas também foram diversas as formas pelas quais cada um dos três estudos focou e explorou os processos de aproximação e distanciamento – uma outra face do tempo, que é sua relação íntima com a espacialidade. Além disso, participantes das pesquisas eram, por assim dizer, pessoas "temporalmente bastante diversas": o estudo de Simão, Molina e Del Río trata da relação entre adultos; ainda, de processos em uma relação que envolve adultos e uma adolescente (treze anos). No trabalho de Pedrosa e Menelau, as autoras focam a investigação em crianças de um a quatro anos de idade. O estudo de Amorim trata de processos relacionados a bebês de 5 e 9 meses de idade.

Atentar para a diferenciação, entre os trabalhos, quanto à idade dos sujeitos mostra-se bastante interessante, pois os processos de aproximação e distanciamento são apreendidos mediante os recursos específicos de cada um dos sujeitos considerados. Com isso, em um dos casos, o processo é analisado partindo-se de elementos simbólicos, que se elucidam, se encobrem e são interpretados principalmente através da fala, elemento central às próprias situações investigadas (psicoterapia e supervisão psicoterapêutica). Nos outros dois casos, os movimentos de aproximação e de distanciamento na relação com os outros sociais são buscados nas pistas em elementos verbais e não verbais, em práticas discursivas.

Essa busca por elementos não verbais para a análise dos processos deve-se, fundamentalmente, à idade dos sujeitos investigados. Porém, como apresenta Amorim, ela se fundamenta em pressupostos que entendem que, para essa faixa etária, há a necessidade de se afastar de propostas que tomam o adulto (oral, verbal) como padrão de medida do ser criança (Carvalho, 1983). Como diz Pino (2003), entre adultos e crianças não existem apenas semelhanças, mas também diferenças, e essas diferenças traduzem a peculiaridade da condição de ser criança e não algo negativo próprio dessa condição. E Pedrosa, Menelau e Amorim buscaram pistas nas peculiaridades das crianças bem pequenas para se apreender as significações e os processos relacionais que as envolvem, incluindo-se aí os processos de aproximação e de afastamento.

Considerando essas especificidades dos sujeitos, os processos foram registrados mediante instrumentos diversos, os quais incluem tanto a observação direta e registro escrito da situação quanto a videogravação de cenas e gravações em áudio. Os modos de apreender processos e as relações eu-outro mostram-se plurais, cada tipo de registro representando materialidades específicas, as quais destacam diferentes elementos ou facetas do processo.

Desta forma, em função das perguntas feitas, os movimentos de aproximação e de distanciamento dos sujeitos foram sendo apreendidos mediante registros vários, considerando tempos diversos, relacionados a sujeitos com características peculiares, em relações com outros sociais, em contextos específicos.

Os contextos investigados também se mostraram amplamente variados. O estudo de Simão, Molina e Del Río ocorreu em contexto de atendimento clínico psicoterapêutico familiar e de supervisão em psicoterapia. Já Pedrosa e Menelau estudaram as crianças em uma instituição de acolhimento e cuidado coletivo de crianças, as quais têm histórias de precariedade de condições de vida, ou de violência, abandono ou morte dos pais e que necessitam de amparo social. E o contexto analisado por Amorim é o de uma instituição de educação coletiva de crianças pequenas, do tipo creche, que compartilha com a família os cuidados e a educação das crianças.

Cada um desses contextos é constituído pelo ambiente físico e social, tendo uma estrutura organizacional específica, sendo guiado por funções, regras e rotinas. Cada um dos contextos define e é definido pelo número e pelas características das pessoas que os frequentam, sendo marcados pela articulação da história geral e local, entrelaçadas com os objetivos atuais, com os sistemas de valores, as concepções e as crenças prevalentes. Inseridas neles, as pessoas ocupam certos lugares e posições, contribuindo com a emergência de determinados aspectos pessoais, delimitando o modo como as interações podem se estabelecer naquele contexto. As características do meio evocam ações/emoções/concepções das pessoas em interação, através de um forte poder simbólico, simultaneamente delimitando e abrindo um conjunto de possibilidades aos comportamentos das pessoas. De outro lado, a própria presença da pessoa é parte constitutiva daquele meio (Rossetti-Ferreira, Amorim & Silva, 2004). Nessa perspectiva, os três estudos vão apontando para o fato de que, no interjogo das relações com os outros sociais, em razão das especificidades dos contextos, desdobram-se diferentes processos na dialética entre aproximação e afastamento.

E essa dialética foi sendo discutida a partir de diferentes enfoques ou perguntas. De forma curiosa, e ao acaso, nas três situações investigadas, um elemento temático comum se destaca e é colocado em discussão – os três estudos trazem de forma mais ou menos direta as relações, as aproximações e os distanciamentos que envolvem a família, a (re)construção de vínculo, o aspecto da maternidade e da paternidade. Mas, também, considerando-se os diferentes contextos analisados – que incluem ambientes que implicam maior ou menor afastamento do grupo familiar –, os trabalhos apontam para a relação e a construção de vínculos que vão além da família, tratando mesmo de pares de idade, mesmo que em uma fase bem precoce da vida.

Assim, Simão, Molina e Del Río tratam, na discussão da sessão de terapia familiar, de elementos ligados à maternidade e à paternidade, à presença e ao abandono, ao filho/pai/mãe biológico e adotivo. Esses elementos são mostrados para ilustrar o processo por que passam os sujeitos, ao buscarem (re)elaborar a ruptura e a construção dos vínculos com os outros, com a perda da relação direta com os pais biológicos e a re-construção da família através do processo de adoção. No diálogo com o outro, diálogo esse que dialeticamente transforma o próprio falante, observa-se que, nesse movimento, há um contínuo ir e vir no olhar ao outro e a si mesmo, implicando perspectivas diversas. Ocorrem, ainda, contraditória e simultaneamente, movimentos de empatia e aproximação, atravessados pelo de distanciamento, em função da possível dor que a proximidade *do* e *com o* outro pode fazer emergir.

Tratando também da questão da ruptura e da reconstituição familiar, mas agora sob outro enfoque, Pedrosa e Menelau lançam um olhar a esse processo, no contexto de uma instituição abrigo, que inclusive pode vir a buscar a inserção das crianças em novas famílias. Dessa forma, as crianças em foco estão em plena vivência de uma situação de distanciamento e, muitas vezes, de ruptura com a família biológica; simultaneamente, se dá a aproximação *de* e *com* outras pessoas e a construção de novos vínculos, os quais incluem tanto companheiros pares de idade como adultos cuidadores. Essa vivência se dá, ainda, enquanto as crianças aguardam para ser reinseridas na família de origem ou encaminhadas a outras famílias, o que irá refazer o processo de aproximação e de afastamento de novas e de antigas figuras de referência.

Amorim por seu lado investiga o desenvolvimento motor e a constituição de bebês que frequentam uma creche. Este ambiente tem como meta o compartilhamento, com as famílias, dos cuidados e da educação de crianças, mesmo das bem pequenas. A creche só mais recentemente tem sido reconhecida como podendo representar um ambiente adequado socialmente para o desenvolvimento de crianças pequenas, já que – pelo menos em termos de imaginário social – à mãe tem sido atribuído esse papel de cuidado, de quem a criança não deveria se afastar, devendo se manter próxima nos primeiros anos de vida (Bowlby, 1969; Belsky, 1990). Esse reconhecimento vem se impondo gradualmente como uma necessidade, em decorrência das transformações sócio-históricas e culturais, em que a mulher passa cada vez mais a fazer parte do mercado de trabalho.

Em virtude disso, a participação da criança na creche pressupõe que haja temporários, porém diários afastamentos e aproximações com as figuras familiares. Passa-se a ter também aproximações e afastamentos em relação às educadoras e aos coetâneos da creche. Mais do que isso, o estudo busca acompanhar o jogo de aproximações e afastamentos que envolve o entrelaçamento de diferentes contextos (casa, local de trabalho, instituições de saúde), cada qual com sua organização e estrutura, simultaneamente promovendo e delimitando diferentes possibilidades de desenvolvimento que são colocadas em diálogo no encontro/aproximação dos sujeitos.

Em síntese, em cada contexto estudado desdobram-se diferentes relações eu-mundo (outro; mim mesmo), que traduzem o caráter de potencial novidade inerente aos processos de desenvolvimento, em que o *vir a ser* (*o futuro*) dos participantes se atualiza em relações *presentes* com os *seus outros*, a partir de práticas, memórias e tradições, o *passado presentificado no horizonte do presente*. Novamente o tempo, inextricavelmente ligado aos processos de desenvolvimento.

Tais aspectos – como os processos temporais e contextuais analisados, além das particularidades dos sujeitos e das perguntas feitas – evidenciam a amplitude com que a questão da aproximação e do distanciamento pode ser considerada no campo do trabalho empírico ou prático.

REFERÊNCIAS BIBLIOGRÁFICAS

Bakhtin, M. (1981). Discourse in the novel. In *The dialogical imagination. Four Essays.* Austin: University of Texas Press.

Bakhtin, M. (1997). *Estética da criação verbal.* São Paulo: Martins Fontes.

Bakhtin, M. (1999). *Marxismo e filosofia da linguagem.* São Paulo: Hucitec.

Belsky, J. (1990). The effects infant daycare of reconsidered. In N. Fox & G. G. Fein, *Infant day care: the current debate* (pp. 3-40). New Jersey: Norwood.

Bowlby, J. (1969). *Attachment and loss.* New York: Basic Books.

Carvalho, A. M. A. (1983). O desenvolvimento da criança. *Pediatria Moderna, 18* (5), 269-280.

Carvalho, A. M. A., Império-Hamburguer, A., & Pedrosa, M. I. (1996). Interação, regulação e correlação no contexto de desenvolvimento humano: discussão conceitual e exemplos empíricos. *Publicações Ifusp, 1196,* 1-34.

Góes, M. C. R. (2000). A abordagem microgenética na matriz histórico-cultural: uma perspectiva para o estudo da constituição da subjetividade. *Cadernos CEDES, 20* (50), 9-25.

Herbst, D. P. (1995). What happens when we made a distinction: an elementary introduction to co-genetic logic. In T. A. Kindermann & J. Valsiner (Orgs.), *Development of person-context relations* (pp. 67-79). Hillsdale: Lawrence Erlbaum.

Hermans, H. (1996). Voicing the self: from processing to dialogical interchange. *Psychological Bulletin, 119* (1), 31-50.

Hermans, H. (2002). The Dialogical Self as a Society of Mind. *Theory and Psychology. 12* (2), 147-160.

Morin, E. (1990). *Introdução ao pensamento complexo.* Lisboa: Instituto Piaget.

Pino, A. (2003). *As marcas do humano.* Tese de livre-docência, Faculdade de Educação, Universiddade de Campinas, Campinas.

Rossetti-Ferreira, M. C., Amorim, K. S., & Silva, A. P. S. (2004). Rede de Significações: alguns conceitos básicos. In M. C. Rossetti-Ferreira, K. S. Amorim, A. P. S. Silva, & A. M. A. Carvalho, (Orgs.). *Rede de significações e o estudo do desenvolvimento humano* (pp. 23-34). Porto Alegre: Artmed.

Siegler, R. S., & Crowley, K. (1991). The microgenetic method – a direct means for studying cognitive development. *American Psychologist, 46* (6), 606-620.

Simão, L. M. (2004). Alteridade no diálogo e construção de conhecimento. In L. M. Simão & A. M. Martinez (Orgs.), *O outro no desenvolvimento humano – diálogos para a pesquisa e a prática profissional em psicologia* (pp. 29-39). São Paulo: Pioneira Thomson Learning.

Spink, M. J. (1999). *Práticas discursivas e produção de sentidos no cotidiano: aproximações teóricas e metodológicas.* São Paulo: Cortez.

Valsiner, J. (1987). *Culture and the development of children's actions.* Chichester: John Wiley & Sons.

Vygotsky, L. S. (1984). *A formação social da mente.* São Paulo: Martins Fontes.

Wallon, H. (1986). M. J. Werebe & J. Nadel-Brulfert (Orgs.), *Henri Wallon.* São Paulo: Ática.

Werner, H., & Kaplan, B. (1978). General nature of developmental changes in the symbolic process. In S. S. Barten & M. B. Franklin (Orgs.), *Developmental Processes – Heinz Werner's selected writings* (vol. 2, Cognition, language and symbolization, pp. 487-500). New York: International Univerisities Press.

Wertsch, J. V., Del Río, P., & Alvarez, A. (1998). *Estudos socioculturais da mente*. Porto Alegre: Artmed.

PARTE III

Proximidade e distanciamento – contribuições para o processo educativo

CAPÍTULO 1

Reduzindo distâncias: a resiliência como elemento para aproximação entre o indivíduo, a família e a escola

Alysson Massote Carvalho
Renata Schettino Canelas

> Viver e não ter a vergonha de ser feliz
> Cantar e cantar
> A beleza de ser um eterno aprendiz
> Eu sei que a vida podia ser bem melhor, e será
> Mas isto não impede que eu repita
> É bonita, é bonita e é bonita ...
>
> (Gonzaguinha, "O que é, o que é?")

No mundo contemporâneo, um número significativo de crianças e adolescentes vivem em condições adversas ou estão sujeitas a situações de grande vulnerabilidade que podem comprometer seu desenvolvimento integral. Trazem, em sua história de vida, a marca da exclusão proveniente de um processo histórico, culminando num quadro em que um vasto contingente tem precário acesso às suas legítimas oportunidades de desenvolvimento e direitos. Caracterizadas como crianças e adolescentes em situação de risco, estão expostas à violência, à pobreza extrema, ao abandono, aos maus-tratos e à desnutrição, entre outros denominados fatores de risco pessoal e social, e estão sujeitas a toda sorte de situações desfavoráveis a um pleno desenvolvimento físico, cognitivo e social.

Em tal contexto, família e escola, sistemas importantes para o desenvolvimento do ser humano, encontram-se diante o desafio de serem elementos de proteção para crianças e adolescentes. O curioso é que, para isso, precisam de aproximação entre si, numa perspectiva de redes de proteção como também, muitas vezes, precisam se aproximar dos indivíduos, crianças e adolescentes, que necessitam de seu suporte. Assim, há tanto uma postura de proatividade (evitar o afastamento) como também de resgate (reduzir a distância) em relação aos indivíduos.

Este capítulo pretende abordar a temática da aproximação e do afastamento tendo como referência crianças e adolescentes em situação de risco, suas famílias e suas escolas.

RISCO OU FATOR DE RISCO E VULNERABILIDADE

O conceito de *risco* (ou *fator de risco*), de início associado ao modelo biomédico, historicamente relacionava-se ao termo mortalidade (Grünspun, 2003; Haggerty, Sherrod, Gamezy & Rutter, 2000). A partir da década de 1980 nota-se a evolução do conceito de risco, proporcionando avanços para as pesquisas na área de desenvolvimento. Riscos ou adversidades passam a ser entendidos como variáveis ambientais ou contextuais que aumentam a probabilidade da ocorrência de algum efeito indesejável no desenvolvimento mental (Eisenstein & Souza, 1993; Masten & Coastworth, 1995). Envolvem, portanto, fatores políticos, socioeconômicos, ambientais (Eisenstein & Souza, 1993), culturais, familiares e genéticos (Carvalho, 2002; Melo, 1999). Estes autores apontam a importância do efeito do risco cumulativo, uma vez que as adversidades não costumam estar isoladas ou independentes, fazendo parte do contexto social. Na presença de situações de risco associados, o cumprimento da agenda desenvolvimental fica ameaçado, assim como a aquisição de habilidades e o desempenho de papéis sociais.

Nessa perspectiva é que se enfatiza que a importância em se prever fatores de risco não está tanto relacionada ao prognóstico ruim, mas principalmente na necessidade de demonstrar sua existência a fim de planejar e executar intervenções quando estas se fizerem necessárias.

O Ministério da Saúde, em sua publicação *Marco legal – Saúde, um direito dos adolescentes* (2005), considera vulnerabilidade a capacidade do indivíduo ou do grupo social de decidir sobre sua situação de risco, associando-o a fatores individuais, familiares, culturais, sociais, políticos, econômicos e biológicos. Tal definição aponta para um sujeito construído na sua diversidade a partir das suas diferenças, não cabendo mais a ideia de pensar as nossas ações e práticas educativas ou de saúde baseadas apenas numa perspectiva de universalidade do sujeito. Segundo esse referencial, essa perspectiva propõe novos questionamentos acerca de um sujeito multidimensionado, ou seja, que deve ser considerado nas dimensões social, político-institucional e pessoal.

Isso significa que o que identifica a vulnerabilidade são os processos sociais e situações que produzem fragilidade, discriminação, desvantagem e exclusão social, econômica e cultural. Diante de uma mesma situação objetiva de vulnerabilidade, os indivíduos correm maior ou menor risco em virtude de suas capacidades subjetivas de agir, o que também se aplica a grupos ou coletividades. Nesses casos, as capacidades seriam não apenas a soma de capacidades individuais. Incluem todos os recursos coletivos, como solidariedade e experiências em ações coletivas. Nessas condições, a população está sujeita à violação de direitos por negligência, violência, abandono e outras formas, o que exige ações de prevenção, proteção especial, promoção e inserção social.

Com base nesse conceito de sujeito multidmensionado é que se torna possível identificar questões que interferem diretamente no grau de vulnerabilidade de crianças e adolescentes frente aos riscos, como:

- questões de gênero associadas à raça/etnia e classe social;
- condições de vida; condições de saúde; acesso ou não à informação;
- insuficiência de políticas públicas em saúde e educação etc.

Ao adotar essa definição de vulnerabilidade, amplia-se significativamente o espectro de entendimento e de intervenções, uma vez que se refere não só à situação concreta dos sujeitos em questão (crianças e adolescentes) em contextos sociais que os expõem a problemas, mas também aos conceitos e às práticas de que dispomos para apreender e intervir sobre a situação, ou seja, quais as políticas e as possibilidades de enfrentamento destes.

Entre os fatores de vulnerabilidades das crianças e adolescentes Sierra e Mesquita (2006) destacam:

- os riscos inerentes à dinâmica familiar: os problemas relacionados ao alcoolismo, conflitos entre casais que fazem da criança a testemunha de ofensas e agressões; enfim, toda forma de violência doméstica, traumas, abusos sexuais, carências afetivas etc.;
- os riscos relacionados ao lugar de moradia: a precariedade da oferta de instituições e serviços públicos; a disponibilidade dos espaços destinados ao lazer; as relações de vizinhança; a proximidade dos pontos de venda controlados pelo tráfico de drogas;
- os riscos relacionados à forma de repressão policial às atividades do tráfico de drogas e à violência urbana;
- o risco do trabalho feito pelas instituições que os recebem: constituem os abusos praticados por profissionais, que são encobertos por uma estratégia de funcionamento que exclui a participação social;
- os riscos à saúde: compreende a ausência de um trabalho de prevenção e o acesso ao atendimento médico e hospitalar;
- os riscos do trabalho infantil: muitas são as crianças exploradas até pela própria família, trabalhando na informalidade;
- o risco da exploração da prostituição infantil: crianças provenientes de famílias pobres que se prostituem por dinheiro;
- os riscos inerentes à própria criança ou adolescente: sua personalidade e seu comportamento podem torná-los mais vulneráveis aos riscos do envolvimento com drogas, da gravidez precoce, da prática do roubo, furto etc.

A maioria das publicações em saúde da criança e do adolescente sobre promoção da saúde discorre sobre questões relevantes que tratam da vulnerabilidade de crianças e adolescentes no plano individual, social ou programático. Algumas temáticas como gravidez na adolescência, infecção de HIV/AIDS, uso e abuso de drogas, violência, entre outras, merecem destaque. O Ministério da Saúde, em estudo recente (marco legal), afirma que estudos feitos em diferentes países e grupos sociais demonstram aumento da taxa de fecundidade nas adolescentes, em confronto com a diminuição dessas taxas na população geral. No Brasil, essa realidade vem sendo constatada pelo crescente número de adolescentes nos serviços de pré-natal e maternidade, e afirmam que a maior incidência situa-se nas populações de baixa renda, onde encontramos associação entre alta fecundidade e baixa escolaridade. Já em relação ao aumento significativo na infecção pelo HIV/AIDS, segundo a Organização das Nações Unidas (ONU), das 30 milhões de pessoas infectadas pelo HIV no mundo, pelo menos um terço tem entre dez e 24 anos. Semelhante realidade pode ser encontrada no Brasil, onde pesquisas apontam que, apesar do bom conhecimento sobre a AIDS, os jovens têm dúvidas sobre questões básicas relacionadas à prevenção, implicando em mau uso de práticas preventivas, demonstrando que ainda não podemos falar em efetiva mudança no comportamento dessa população em especial. Atrelado a isso, encontramos o uso e abuso de álcool e drogas entre adolescentes e, cada vez mais entre crianças, podendo ser considerada uma das principais causas desencadeadoras de situações de vulnerabilidade na infância e na juventude, aparecendo sempre associada a eventos como acidentes, suicídios, violência, gravidez não planejada e a transmissão de doenças por via sexual e/ou endovenosa, nos casos das drogas injetáveis. Diante desse contexto desfavorável para o desenvolvimento, percebe-se que, embora muitas vezes privados de oportunidades e vivenciando dificuldades constantes, muitas destas crianças e adolescentes, por características pessoais e/ou vivências propiciadoras, conseguem desenvolver estratégias positivas para lidar com as crises e as adversidades da sua realidade. A essa capacidade chamamos de resiliência, assunto a ser abordado no próximo tópico deste capítulo.

RESILIÊNCIA E PROMOÇÃO DA SAÚDE

Consideramos o conceito de resiliência inovador no campo da saúde. Pesquisadores têm-se debruçado de várias maneiras sobre aspectos psicossociais que envolvem o tema, buscando elaborações teóricas a fim de responder a questões que envolvem o desenvolvimento humano diante de adversidades, já que assinala uma mudança de paradigma, onde o "enfoque de risco" citado por Grotberg (2001) dá lugar ao "enfoque de resiliência", numa clara tentativa de promoção da saúde.

Atualmente podemos considerar promoção da saúde, como aponta a OMS, como um processo que permite às pessoas aumentar o controle e melhorar sua saúde. Nesse sentido a promoção da saúde representa um processo social e político, não apenas incluindo ações direcionadas ao fortalecimento das capacidades e habilidades dos indivíduos, mas também ações direcionadas a mudanças das condições sociais, ambientais e econômicas para minimizar seu impacto na saúde individual e pública. Para tanto, a participação das pessoas envolvidas no processo é essencial para sustentar as ações de promoção da saúde (Health Promotion Agency For Northern Ireland [HPA], 2004).

Nesta perspectiva, o enfoque dado à resiliência parte da premissa de que crianças e adolescentes, num contexto de desenvolvimento repleto de adversidades, em condições de saúde física e mental consideradas de risco, podem alcançar um desenvolvimento positivo se modificarmos o foco para condições e possibilidades que visem a um desenvolvimento mais saudável, considerando-se o conceito de promoção de saúde como mais abrangente, que aponta para uma melhor qualidade de vida. O enfoque da resiliência é um olhar de potencialidades, em que a descoberta de novas possibilidades, de acordo com cada contexto, é que vai direcionando uma conduta em direção à superação das adversidades, uma vez que esta pode ser relacionada ao manejo, pelo indivíduo, de recursos pessoais e contextuais na medida em que o resiliente lança mão de seus recursos positivos para enfrentar as adversidades.

Assim, a resiliência, devido a seu caráter processual, é caracterizada por um conjunto de processos sociais e intrapsíquicos que permitem ao sujeito ter uma vida saudável mesmo em condições não saudáveis (Kotiareno, Cáceres & Fontecilla, 1997). Segundo Rutter e Rutter (1992), esses processos teriam lugar ao longo do tempo, com afortunadas combinações entre atributos da criança e adolescente e seu ambiente familiar, social e cultural. Assim, a resiliência deve ser considerada como um processo interativo, e não como um atributo com o qual a criança nasce ou sequer adquire ao longo do tempo. Trata-se de uma combinação de fatores processuais, indicando um direcionamento que vai além do binômio vulnerabilidade/proteção, pensando em mecanismos situacionais que apontam a maneira como esses processos operam. Os riscos inerentes à própria criança/adolescente estão, dessa forma, relacionados à disposição e à competência deles próprios para lidar com as mais diversas situações. A relação entre competência e fatores de risco expressa uma abertura à ação dos sujeitos. A criança/adolescente, na condição de ator social, tem uma forma particular de participar e de reagir aos diferentes contextos sociais, o que as torna mais ou menos vulneráveis. Uma competência não é um saber fazer, mas é uma capacidade estratégica indispensável em situações complexas. Não são regras, nem é uma habilidade, mas está relacionada a um aprendizado vinculado à disposição de fazer o que sabe. De acordo com Perrenoud (1999) as competências estão ligadas a contextos culturais, profissionais e às condições sociais. Portanto, cada situação exige o desempenho de um conjunto diferente de competências, e a promoção dessas competências pode resultar em crianças e adolescentes mais resilientes.

RESILIÊNCIA, E CONTEXTOS DE DESENVOLVIMENTO

Parte-se do pressuposto de que um contexto de desenvolvimento com adequado suporte social e afetivo podem alterar a trajetória de desenvolvimento de um indivíduo, promovendo características de resiliência, que deve ser entendida como a habilidade de superar as adversidades. Como definem Cowan, Cowan e Schulz (1996), "resiliência refere-se a processos que operam na presença de risco para produzir consequências boas ou melhores do que aquelas obtidas na ausência do risco".

Contexto, segundo Cohen e Siegel (1991), sugere interrelações entre os sistemas sociais, os ambientes físicos e as pessoas como participantes ativos e construtivos desses sistemas, em mútua interação e influência. O conceito de desenvolvimento assume, portanto, um caráter relacional, presente na definição de desenvolvimento humano apresentada por Bronfenbrenner (1996), que está profundamente ligado ao contexto em que ocorre. Esse contexto é múltiplo, dinâmico e interage com o sujeito. Segundo ele,

> uma mudança duradoura na maneira como uma pessoa percebe e lida com o seu ambiente", ressaltando a importância que o significado atribuído às atividades, papéis sociais e relações interpessoais, experienciados nas interações durante o desenvolvimento do sujeito, que é ativo nesse processo de trocas recíprocas. Seu modelo bioecológico enfoca o desenvolvimento humano numa relação estreita com o meio em que ele se processa: "o conjunto de processos através dos quais as particularidades da pessoa e do ambiente interagem para produzir constância e mudança nas características da pessoa no curso de sua vida. (Bronfenbrenner, 1989)

Bronfenbrenner (1979, 1995) definiu seu modelo sistêmico relacionando o contexto com os ambientes dos quais a pessoa em desenvolvimento participa ativamente e que constituem a dimensão mais imediata (microssistemas). A partir destes, a rede sistêmica formada pelos microssistemas que uma pessoa vivencia é chamada de mesossistema. Os contextos em que a pessoa em desenvolvimento não participa ativamente, mas aos quais esteja indiretamente relacionada, são chamados de exossistema. E, finalmente, a dimensão mais abrangente do modelo, que envolve todos os níveis de contextos caracterizados como micro- meso- e exossistemas, é denominado como macrossistema. A teoria bioecológica de Bronfenbrenner apresenta, portanto, possibilidades para a análise da pessoa em desenvolvimento, do contexto em que vive e dos processos interativos que influenciam o próprio desenvolvimento humano.

Antoni e Koller (2000) acrescentam que três sistemas têm sido destacados na análise do contexto ecológico familiar: o trabalho (enfoque social do trabalho/desemprego), a rede de apoio social – com quem a família pode contar e quem pode contar com ela (Brito & Koller, 1999) –, e a comunidade (grupos sociais, religiosos, culturais, legislativos).

Partindo do modelo apresentado, entendemos a família como um sistema integrado em constante interação com os demais sistemas, mas que, quando submetido a vivências consideradas situações de risco (separações, rompimentos, mortes, empobrecimento súbito, desemprego, violência comunitária e familiar etc.), pode entrar em desequilíbrio, chegando inclusive à caracterização de vulnerabilidade familiar. Algumas famílias buscam, diante de eventos estressores como os citados, encontrar recursos internos ou externos (rede de apoio) para retornar a um estado de equilíbrio.

Portanto, é necessário que se considere o entorno ecológico da criança/adolescente ao se proporem atividades e programas que envolvam a colaboração entre todos os atores que contribuem para o desenvolvimento. Dessa forma, não só o microssistema familiar é considerado agente socializador de grande importância, mas também as outras interações, localizadas em nível de mesossistema ecológico, ampliam a rede de relações sociais da criança, podendo contribuir para seu desenvolvimento (Bronfenbrenner, 1979, 1996; Zamberlan & Biasoli-Alves, 1997). Ainda segundo Brito e Koller (1999), alguns estudos mostram que as habilidades e as competências sociais de crianças e adolescentes estão diretamente associadas às práticas educativas e às especificidades das condições socioculturais em que vivem. Muitas dessas crianças, procedentes de camadas sociais de baixa renda mostram déficits nas áreas social e cognitiva em decorrência da falta de oportunidade para desenvolver tais tipos de habilidades. Podemos, então, considerar um microssistema, quando socialmente empobrecido, como um fator de risco.

Bronfenbrenner (1990) define cinco processos cruciais para o desenvolvimento positivo do ser humano, e aponta proposições para descrever tais processos que favoreçam o desenvolvimento da competência e do caráter. Nelas, o autor enfatiza as necessidades emocionais, físicas, intelectuais e sociais da criança, aliadas a uma interação positiva desta criança com adultos suportivos:

Proposição 1: Para desenvolver-se intelectual, emocional, social e moralmente, uma criança necessita participar de atividades progressivamente mais complexas e recíprocas, regularmente e por um longo período de sua vida, com uma ou mais pessoas com quem a criança desenvolve uma relação de apego forte, mútua e emocional. Tais pessoas comprometem-se com o bem-estar da criança, de preferência por toda a vida.

Proposição 2: O estabelecimento de padrões de progressivas interações interpessoais, sob condições de forte e mútuo apego, aumenta o repertório de respostas da criança a outras características do ambiente imediato físico, social e simbólico que a "convidam" à exploração, à manipulação, à elaboração e à imaginação. Tais atividades, em troca, aceleram, o crescimento psicológico da criança.

Proposição 3: O estabelecimento e a manutenção de padrões de interação progressivamente mais complexos além do apego emocional entre o cuidador e a criança dependem, em um grau considerável, da disponibilidade e do envolvimento de outro adulto, uma terceira parte que ajuda, encoraja, dá força, dá *status* e expressa admiração e afeto pela pessoa que cuida e se engaja na atividade conjunta com a criança.

Proposição 4: O funcionamento efetivo dos processos de "criação" da criança na família e nos outros ambientes da criança requer o estabelecimento de constantes padrões de troca de informações, comunicação em dupla via, ajuste e confiança mútua entre os principais ambientes nos quais as crianças e seus pais vivem suas vidas. Esses ambientes são: a casa, os programas de cuidado às crianças, a escola, os pais e os locais de trabalho dos pais.

Proposição 5: O funcionamento efetivo dos processos de "criação" da criança na família e nos outros ambientes requer políticas públicas e práticas que garantam lugar, tempo, estabilidade, *status*, reconhecimento, sistema de crenças, costumes e ações que apoiem as atividades de "criar" a criança, não só por parte dos pais, mas também dos cuidadores, professores e outros profissionais, bem como de parentes, amigos, vizinhos, aqueles que trabalham junto, da comunidade e das instituições econômicas, sociais e políticas, enfim, de toda a sociedade.

Bronfenbrenner destaca, portanto, o papel principal do contexto na vida de uma criança/adolescente, destacando como a cultura influencia todos os contextos sociais restantes e fornece uma estrutura desenvolvendo intervenções culturais sensíveis que possibilitam analisar as influências complexas que os fatores culturais têm.

DESENVOLVIMENTO E REDES DE APOIO

A rede de apoio social e afetivo constitui-se de sistemas e de pessoas significativas, com as quais a criança/adolescente, de acordo com sua experiência e sua percepção, mantém relações de reciprocidade, afeto, estabilidade e equilíbrio de poder (Brito & Koller, 1999). Segundo Bronfenbrenner (1979, 1996), a rede de apoio pode ser uma entidade real, que abrange as pessoas que convivem com a criança/adolescente ou que são seus conhecidos, ou uma entidade fenomenológica composta por pessoas que já morreram, mas que, ainda assim, são significativas para a criança. O desenvolvimento da criança/adolescente baseia-se na história de suas experiências, em seu momento atual e no das pessoas com as quais ela se vincula.

Para que consideremos a existência de uma rede de apoio social efetiva, a criança/adolescente deve contar com sistemas externos de apoio, ou pelo menos com uma relação de vínculo que seja de confiança para a criança e que ela perceba como estável. Garmezy (1996) considera que a avaliação do potencial de proteção dos sistemas de apoio deve levar em conta pelo menos três fatores: a constância e a permanência do cuidado recebido pela criança/adolescente; a empatia existente nos relacionamentos com amigos e adultos; e o grau de identificação com modelos adultos competentes.

Duarte (2000) define as redes sociais como a soma de todas as relações que um indivíduo percebe como significativas ou que julga como diferenciadas da massa anônima da sociedade. Para ele, as redes sociais podem ser registradas em forma de um mapa que inclui todos os indivíduos com os quais uma pessoa interage, ou seja, a família, os amigos, as relações de trabalho ou escolares, assim como as relações comunitárias, caracterizando um conjunto de inter-relações, no qual podemos identificar os mais diversos tipos de relações, das mais íntimas (familiares diretos e amigos próximos) às de menor grau de compromisso. Todas essas relações e vínculos formam o mapa das relações sociais de cada indivíduo.

O mesmo autor estabelece o conceito de rede como um sistema capaz de reunir e organizar pessoas e instituições de forma igualitária e democrática, a fim de construir novos compromissos em torno de interesses comuns e fortalecer os atores sociais na defesa de suas causas, na implementação de seus projetos e na promoção de suas comunidades.

Redes são, portanto, sistemas organizacionais capazes de reunir indivíduos e instituições, de forma democrática e participativa, em torno de objetivos e/ou temáticas comuns. A própria origem da palavra rede, proveniente do latim *retis*, significa o entrelaçamento de fios com aberturas regulares que formam uma espécie de tecido. A partir da noção de entrelaçamento, malha e estrutura reticulada, o conceito de rede foi ganhando novos significados ao longo dos tempos, passando a ser empregado em diferentes situações.

Consideradas estruturas flexíveis e cadenciadas, as redes se estabelecem por relações horizontais, interconexas e em dinâmicas que supõem o trabalho colaborativo e participativo. As redes sociais se sustentam pela vontade e pela afinidade de seus integrantes, caracterizando-se como um significativo recurso organizacional, tanto para as relações pessoais quanto para a estruturação social. Na prática, podemos afirmar que as redes são comparáveis a comunidades, virtual ou presencialmente constituídas.

Uma comunidade é uma estrutura social estabelecida de forma orgânica, ou seja, que se constitui a partir de dinâmicas coletivas e historicamente únicas. Sua própria história e sua cultura definem uma identidade comunitária.

Podemos destacar outras funções da rede, como observa Duarte (2000), como companhia social, apoio emocional e solidariedade, compartilhamento de valores, regulação social, ajuda material ou de serviço e o acesso a novos contatos.

CONTEXTOS DE DESENVOLVIMENTO: A CIDADE EDUCADORA COMO ELEMENTO DE APROXIMAÇÃO ENTRE O INDIVÍDUO, A FAMÍLIA E A ESCOLA

A cidade educadora é um sistema complexo em evolução constante, que dá prioridade absoluta ao investimento cultural e à formação permanente de sua população. O conceito surgiu no início da década de 1990, na Espanha, quando alguns profissionais da educação começaram a perceber que a escola sozinha não tem condições de transmitir todos os conhecimentos e informações do mundo contemporâneo aos seus alunos.

Além das várias instituições sociais, como escola e família, a educação também deve ser de competência da cidade. Com esse pensamento, foi lançada em 1990, em Barcelona, sede da AICE, a *Carta das Cidades Educadoras*, que enumera alguns princípios básicos para que uma cidade possa ser considerada *Cidade Educadora*. O primeiro parágrafo da *Carta* diz: "Todos os habitantes de uma cidade terão o direito de desfrutar, em condições de liberdade e igualdade, dos meios e oportunidade de transformação e entretenimento e desenvolvimento pessoal que a própria cidade oferece". Seguem-se a esse, princípios que norteiam as condições mínimas para que uma cidade se torne educadora. A partir desta *Carta*, as cidades que se pretendem educadoras tomam como diretrizes, três princípios básicos, que são trabalhados em três redes temáticas. São elas:

- Luta contra o fracasso escolar;
- Transição escola-trabalho;
- Educação em valores.

Os princípios que norteiam essas redes, refletindo a relação educação-cidade são:

- aprender na cidade;
- aprender da cidade;
- aprender a cidade.

Há cerca de 250 localidades de todo o mundo que integram o grupo de cidades compromissadas com a melhoria da educação de seus habitantes. Trata-se da Associação Internacional de Cidades Educadoras (AICE), cuja ideia máxima é que a educação não deve ser exclusividade de escolas. Não se trata de decretar o fim da escola, ou de diminuir sua importância, mas de pensar que existem outros espaços numa cidade que também podem ser educativos. A partir disso, as cidades buscam uma articulação entre os diversos espaços de aprendizagem (escola, ONGs, associações de bairro e espaços comunitários) na tentativa de oferecer uma formação integral nesses espaços de aprendizagem, como prevê o ECA (*Estatuto da Criança e do Adolescente*) e a LDB (*Lei de Diretrizes e Bases da Educação*), no caso brasileiro.

A cidade educadora é, portanto, uma rede de espaços pedagógicos, formais e informais, onde a educação é a chave para a convivência, pressupondo tanto a compreensão e o respeito às diferenças ideológicas, de raça, de gênero, de classe social, quanto da vida, e o enfrentamento coletivo e concreto dos problemas que a afligem (Moll, 2000, p. 22).

O compromisso com uma educação responsável e inclusiva deve ser de todos os habitantes e todos os recursos da cidade devem estar comprometidos com a ação educadora. Não apenas as escolas, as faculdades e as universidades educam, mas também os museus, os arquivos, as associações de bairro, os centros culturais, as bibliotecas, entre outros, também são agentes educadores.

É uma concepção inovadora de educação que enfatiza as ações conjuntas de todos os agentes educadores, de diferentes segmentos sociais ou áreas do conhecimento, numa perspectiva interdisciplinar.

As cidades que se propõem ao título de cidades educadoras devem definir agências educadoras que integrem todos os agentes sociais: a família, escola, centros de saúde, universidade, empresa, organizações sociais, meios de comunicação, poderes públicos, pois se trata de um projeto global que inclui todas as dimensões da vida, todas as áreas do conhecimento, todos os conhecimentos práticos que podem adquirir e todas as possibilidades de formação e desenvolvimentos pessoal e coletivo.

O grande desafio de uma cidade educadora é coordenar e integrar todos os agentes sociais e os mais diversos atores que estão inseridos num determinado contexto em um amplo plano estratégico, que incorpore a educação e a promoção de saúde e cidadania como linhas centrais.

A cidade educadora pressupõe que suas ruas, praças, construções, vilas e comunidades são, por princípio, espaços e contextos educativos que podem e devem ser aproveitados para uma aprendizagem mais significativa das crianças e adolescentes nela inseridos, funcionando como um recurso pedagógico que visa fortalecer os vínculos pró-sociais.

Assim, a cidade educadora, imagem e semelhança de um livro vivo, converte o seu espaço urbano em uma escola, ampliando seus espaços de aprendizagem para além de uma sala de aula.

Reiteramos que isso não significa, em absoluto, que não pressuponha espaços para a educação formal, em que se aplicam conhecimentos sistematizados, mas integra-os a uma construção de um saber a informal, em que cabe todo tipo de conhecimento, desde que sejam trabalhados valores positivos, como o respeito, a preservação, a amizade e também a solidariedade.

Aponta, como objetivos a serem trabalhados, implementar projetos educativos que realmente reconheçam a educação um dos direitos fundamentais e inadiáveis, além de identificar e tornar os aspectos educativos presentes nas distintas políticas locais através do trabalho realizado pelas redes territoriais e temáticas. A cidade educadora, com a lógica da integração, elege diretrizes fundamentais que incluem a educação como prioridade nas suas políticas, uma vez que entende a educação como "espinha dorsal" das demais ações. As cidades educadoras impulsionam a educação ao longo da vida, desenvolvem os aspectos educacionais de diferentes políticas locais, promovem a associação, a participação cidadã, a coordenação entre administração e sociedade civil e fomentam a consciência do público como um bem comum e uma responsabilidade compartilhada. Além disso, visam a garantir a igualdade de oportunidades, a coesão e a justiça sociais uma vez que promovem a educação com valores democráticos, a paz e a cooperação.

A Cidade Educadora encoraja-nos a indagar, por exemplo, como os profissionais e agentes da saúde, médicos e enfermeiros podem incorporar uma intencionalidade educativa que evite – a partir da transmissão clara e efetiva da informação –, que uma mãe tenha que levar o seu filho ao hospital interminavelmente porque não sabe como agir para que o filho não adoeça. Como profissionais da comunicação, publicitários, jornalistas, podem usar seus conhecimentos e canais para transmitir informações sobre a cidade e sobre o mundo com qualidade, buscando contribuir para a mobilização e formação cidadã dos cidadãos. Como um policial pode assumir uma atitude de orientação e apoio à população, contribuindo para relações mais horizontais e humanas, ao invés de ter uma ação reduzida à repressão calcada no valor do poder, da verticalidade e da violência. Como as mães, pais, filhos e avós podem se envolver com ações nas suas comunidades seja promovendo encontros, discussões sobre os desafios locais ou simplesmente respeitando os espaços públicos e seus concidadãos, preservando as condições de liberdade e igualdade de todos. Os três princípios descritos nas *Cartas* – "o Direito a uma cidade educadora", "o Compromisso da Cidade" e o "Serviço Integral das Pessoas" – demonstram que se trata de um projeto de *cidade*, do qual a escola é parte. Como coloca Pilar Figueras, secretária-geral da Associação Internacional de Cidades Educadoras, a questão da relação escola-cidade "faz parte da constelação temática que reflete o conceito de cidade educadora. Abre uma nova janela. e é no viés dessa nova janela que nos deparamos com a escola Integrada. A concepção do programa Escola Integrada está plenamente afinada com tais diretrizes, entendendo que a educação é o componente essencial do bem estar e da cidade, como espaço complexo e multidimensional de convivência, é o lugar privilegiado da educação.

Projetos educativos que considerem a aprendizagem como foco prioritário do trabalho desenvolvido e os sujeitos criança/adolescente como atores principais da ação pedagógica, incluindo os diversos espaços de aprendizagem da comunidade, podem ser realizados a partir da cartografia dos relacionamentos estabelecidos pelas crianças e jovens em seus territórios. Esta ferramenta pedagógica permite que os educadores desenvolvam projetos educativos que considerem os universos de interesses, desejos e relacionamentos das crianças e jovens.

O termo cartografia remete a um território espacial e às rotas de navegação, ao lançar-se para o desconhecido, seguindo um sonho, um interesse, um desafio. Ao ser apropriado pela psicologia, o conceito cartografia incorpora uma dimensão subjetiva: vai mapear o existencial, também um espaço instigante, ao mesmo tempo único e multifacetado, povoado por sonhos, desejos, percepções, constantemente atravessado pela vida, pelos acontecimentos que ela gera. Esses acontecimentos atravessam a vida das pessoas e as afetam em diferentes graus de intensidade, produzindo mudanças no nosso modo de ver e de viver, gerando sensações de diferentes tipos: encorajamento, conforto, medo, abalo, frustração, potência.

A investigação cartográfica quer captar a vida onde ela está acontecendo, nas pessoas e nos grupos com os quais trabalhamos, nos seus territórios, onde elas e eles circulam, vivem, aprendem, vibram, se relacionam, produzem.

Aplicada à pedagogia social, torna-se um poderoso instrumento para investigação do universo das crianças e adolescentes: seus interesses, sentimentos, relacionamentos, para localizar o que pode ser vitalizador, aumentar ou diminuir a possibilidade de mudanças significativas nesse universo. A cartografia dos diversos territórios por onde a criança circula – ONG, escola, família, igreja e demais espaços da comunidade – permite identificar, reconhecer e ampliar a percepção do educador de onde a criança aprende, o que aprende e com quem aprende: a aprendizagem acontece na relação da pessoa consigo mesma, com as outras pessoas, com a cultura, com objetos e espaços. A aprendizagem tem, portanto, uma dimensão pessoal e coletiva, tem como foco a ampliação de significados em que a pluralidade e a diversidade são vistas como riquezas.

Como efeito dessa mudança de paradigma, ocorre uma alteração do uso dos espaços na área de circulação onde toda a comunidade estabelece uma relação de saber e vinculação afetiva. Podemos afirmar que dessa forma a mudança de paradigma está no centro de todo o projeto político-pedagógico da Escola Integrada, uma vez que passa a considerar interesses, sentimentos e relacionamentos das crianças e adolescentes como fonte para o planejamento das atividades e utiliza-se do incremento dos recursos materiais, humanos e ambientais a disposição do aprendizado.

CONTEXTOS DE DESENVOLVIMENTO: A ESCOLA INTEGRADA COMO COMPONENTE DA CIDADE EDUCADORA

A cidade educadora é uma proposta que pressupõe a intencionalidade educativa das políticas públicas em geral, entendidas de forma ampla e não apenas por parte das secretarias municipais de educação.

As cidades brasileiras só poderão efetivamente ser Cidades Educadoras quando seus governos locais garantirem um caráter educativo, integrador e plural às suas ações como um todo. Delegar, única e exclusivamente ou predominantemente, à escola a função da promoção de uma cidade educadora, além de conceitualmente equivocado caracteriza um desafio injusto e intransponível para a mesma.

Discutir a relação da educação com a cidade e integrar o trabalho com outras políticas é parte importante da proposta de cidade educadora.

Assim, o Programa Escola Integrada pode ser considerado elemento efetivo de implantação da proposta de cidades educadoras, uma vez que amplia as possibilidades de aprendizagem das crianças e adolescentes através de oficinas na comunidade, e explora, de forma bastante inovadora, todos os potenciais da territorialidade de cada escola. Podemos pensar que o programa se insere nos objetivos descritos de uma cidade educadora, principalmente porque propõe, além da ampliação e acessibilidade aos espaços da cidade, ações monitoradas por estudantes universitários e por monitores da própria comunidade. Valoriza o fazer local, destacando os saberes que já existiam em seus contextos, o que de fato fortalece os vínculos entre a comunidade, as famílias, as crianças e adolescentes e a escola. Esta valorização de um saber local torna-se importante aliado na construção da autoestima daqueles que estão inseridos em contextos empobrecidos e desvalorizados, uma vez que esses passam a perceber construções positivas possíveis oriundas desta mesma realidade compartilhada.

Esse programa tem a perspectiva de transformar diferentes espaços da cidade em centros educativos, ampliando sua jornada educativa diária, com a utilização de espaços das próprias escolas e das comunidades, além de outros espaços físicos e culturais da cidade. Os relacionamentos entre crianças/adolescentes e seus educadores ou agentes que desempenham o papel de orientação em ambientes institucionais ou familiares devem incentivar ligações mais próximas, em que a criança ou adolescente e o adulto em questão sejam exemplos de promoção de relacionamentos protetores e suportivos. Dar a crianças oportunidades de aprender sobre seus talentos e habilidades e a possibilidade de experimentar o sentido e o prazer de tal aprendizagem aciona os sistemas da autoeficácia e autoestima que motivam a adaptação humana. As parcerias efetivadas com saúde, abastecimento, assistência social, esportes, aliado às oficinas propostas pelas universidades parceiras, coadunam com esta finalidade, e as diversas parcerias com ONGs, secretarias municipais, instituições de atendimento a crianças e adolescentes e comunidade em geral devem funcionar como facilitadores dos vínculos suportivos, orientando as famílias e comunidade na promoção da resiliência.

A questão inovadora na Escola Integrada baseia-se não só na mudança do tempo escolar, mas no abranger dessas políticas complementares que, em seu contexto, funcionam como ancoragem ao pleno acesso aos bens, serviços e possibilidades para um segmento da população vulnerabilizado pelo abandono, pela pobreza, pela exclusão. A união das ações entre diversos parceiros num só projeto educacional justifica-se, a meu ver, pelas oportunidades de integração que tais políticas públicas oferecem, onde a prevenção à marginalidade torna-se uma consequência e a promoção do desenvolvimento integral é o objetivo.

Criar novos valores pedagógicos, difundindo a ideia de que a sala de aula não se resume a quatro paredes, carteiras e quadro-negro, mas sim em um laboratório complexo, onde as ruas, parques, quadras esportivas e monumentos históricos da cidade se transformam em centros educacionais constituem desafios apontados pela Escola Integrada.

VIVER É NÃO É FÁCIL... VIVER BEM É POSSÍVEL!!??

Podemos levantar alguns fatores cuja combinação contribui para a resiliência. Vários estudos nos mostram que o fator primário em resiliência é ter relações tutoriais e suportivas dentro ou fora do âmbito familiar. Relações que geram amor e confiança, que propiciem modelos de papéis sociais, ofereçam ajuda encorajadora e sustentação e, definitivamente, contribuem como suporte da resiliência de uma pessoa. Além desses, inúmeros fatores adicionais são associados com a resiliência, e entre eles a capacidade de fazer planos realistas e dar os passos necessários para executá-los, a autoimagem positiva e confiança em sua própria força e habilidade, competência em comunicação e solução de problemas, capacidade de gerenciar sentimentos e impulsos fortes.

Embora não possa ser considerada como um atributo intrínseco ao sujeito, o desenvolvimento da resiliência é singular. As pessoas não reagem a eventos da vida estressantes e traumáticos da mesma forma. Uma abordagem para fomentar resiliência pode diferir individualmente, ou seja, o que funciona para uma pessoa pode não funcionar para outra, o que requer estratégias variadas, que refletem diferenças culturais. A cultura de uma pessoa pode ter impacto no modo como ele ou ela exterioriza seus sentimentos e lida com adversidades – por exemplo, se e como a pessoa se conecta a outras pessoas que significam muito para ela, inclusive membros exteriores à família e a recursos comunitários.

No que se refere ao desenvolvimento de crianças e adolescentes em situação de risco, muitos autores falam em diferentes tipos de resiliência: acadêmica, social e emocional. A resiliência acadêmica, relacionada à permanência na escola, promove oportunidades que aumentam a autoestima e a autoeficácia, fortalecendo habilidades de resolução de problemas e a aprendizagem de novas estratégias. A resiliência social envolve vários aspectos, como o não envolvimento em delinquência, ter um grupo de amigos, vínculo com a escola, supervisão parental e observação de modelos pró-sociais como mecanismos protetivos. Adolescentes resilientes mantêm uma rede de relacionamentos com amigos, com membros de organizações ou de igrejas e professores, além da família. A resiliência emocional também está ligada à autonomia, sentimentos de autoeficácia, capacidade para lidar com mudanças e adaptações, assim como altos níveis de empatia, *locus* de controle interno e desenvolvimento do ego (Hutz, Koller & Bandeira, 1996). Conclui-se que, para que a resiliência seja promovida, é preciso determinar os processos ou mecanismos de proteção que reduzem o risco em cada caso. Por meio da análise dos fatores de risco, conhecendo as reações mais frequentes a cada fator, é que tentamos desenvolver fatores de proteção durante todo o crescimento do ser humano. As condições encontradas e que podem ser fomentadas são, entre outras, presença de pessoas adultas nas suas relações que sejam suportivas e encorajadoras, ser amada e respeitada nessa rede de apoio, apresentar autoestima positiva e obter reconhecimento social por meio de competências sociais adquiridas, responsabilizar-se por seus atos e procurar soluções positivas para os conflitos.

Em estudos e pesquisas mais recentes, os profissionais que lidam com a resiliência são atualmente chamados "promotores de resiliência" na maioria das publicações. Em outras, são agentes de saúde que fomentam resiliência ou ainda educadores. Constatamos que uma característica das pesquisas publicadas sobre a resiliência foi a identificação de recursos internos e externos que ocorrem dentro do contexto social dos indivíduos, surgindo como fatores protetores interno/externo (Masten & Garmezy, 1985; Garmezy & Masten, 1994; Rutter, 1987) ou mecanismos protetores (Rutter, 1987). Os relatos trazem conclusões que indicam que, assim como os riscos foram identificados como cumulativos, os fatores protetores parecem ter o mesmo efeito cumulativo nos indivíduos. Enquanto um acúmulo de fatores de risco está associado a resultados negativos, aparentemente a combinação correta de influências protetoras pode minimizar o impacto negativo da exposição a múltiplos fatores de risco, levando a resultados positivos (Werner & Smith, 1992b). Ter pais que são cuidadores talentosos, ter habilidades especiais e frequentar uma escola com recursos adequados e flexibilidade são fatores que podem minimizar o risco associado com as dificuldades de aprendizagem de uma criança (Katz, 1997). Aparentemente, se uma boa quantidade de recursos está presente, os resultados são, em geral, bons, mesmo em um contexto de estressores severos. Uma influência reconhecidamente protetora, tal como um cuidador que apoia ou motiva, pode engendrar otimismo, o qual, por seu turno, pode funcionar mais ainda como proteção ao predispor o indivíduo a afirmativas otimistas e comportamentos construtivos. Uma competência crescente pode gerar crescimento no otimismo, confiança, autoeficácia e assim por diante.

Concluindo, resiliência pode ser considerada uma adaptação positiva em resposta à adversidade. Adversidade, por sua vez, é tipicamente associada aos fatores de risco, que podem ser considerados como um desafio às circunstâncias de vida (como racismo, uso de drogas pelos pais etc.) como também traumas (experiências de violência comunitária ou familiar, morte de um familiar etc.). Entretanto, fica claro que resiliência não pode, de forma alguma, ser confundida com a ausência de vulnerabilidade. Além disso, resiliência não é uma característica inerente a uma personalidade individual. Dado o bidirecionamento da relação entre uma pessoa e o seu meio ambiente, indivíduos influenciam situações de vida adversas tanto quanto são influenciados por elas (Bronfenbrenner, 1979). Outro aspecto importante já considerado é que a resiliência não é, em hipótese alguma, estática, e sim processual. Em diferentes momentos da vida, o mesmo indivíduo pode responder de maneira diferente aos mesmos estressores. Da mesma forma, um indivíduo pode ser resiliente em resposta a um evento de vida adverso, mas mesmo assim vulnerável a outro. A adaptação aos estressores distintos é uma trajetória original para cada indivíduo, situação em que a resiliência poderia também ser vista como um processo dinâmico desde que possa ser específico da situação ou uma extensão desta (Carson et al., 1992). Os relacionamentos com pessoas fora da família, incluindo amigos, professores e participação na comunidade podem também agir como atenuantes e ajudar uma criança a lidar com os estressores.

Assim, propostas como as de Cidade Educadora e de Escola Integrada trazem à tona o debate sobre a possibilidade desses projetos funcionarem como mecanismo de proteção e desenvolvimento da resiliência, uma vez que proporcionam vivências educativas que visam ao desenvolvimento integral de crianças e adolescentes. Na medida em que tem, entre os seus pressupostos, o trabalho em rede que amplie o olhar antes focado no aluno para um de màior abrangência, implicado um território de vulnerabilidade social, a Escola Integrada pretende privilegiar áreas mais vulneráveis e associa políticas sociais, educacionais, de saúde e urbanas.

Considerando que, na perspectiva bioecológica, a família, a escola e a comunidade influenciam o desenvolvimento da criança e do adolescente, pode-se pensar que, mesmo na presença dos fatores de risco descritos anteriormente, o indivíduo possa ter uma adaptação positiva, ou seja, aquela que cumpre com as expectativas sociais associadas a uma determinada etapa de desenvolvimento humano, sem sinais de desajuste (Infante, 2005). Esse tipo de adaptação, também chamada de resiliente, possibilita que os indivíduos respondam de forma satisfatória na superação das adversidades.

Portanto, família, escola e comunidade são elementos fundamentais para esse tipo de adaptação à medida que podem prover fatores de proteção que contrabalancem com aqueles de risco que ameaçam crianças e adolescentes. O cuidado e a sustentação na família, na escola e na comunidade são fundamentais não somente para estabelecer a base de confiança nos relacionamentos durante toda a vida (Erikson, 1963), como também as interações que ocorrem nestes três sistemas ambientais. Muitos investigadores discutem que o cuidado e a sustentação por meio de todos estes três sistemas são as variáveis mais críticas durante toda a infância e a adolescência (Rutter, 1984; Garmezy, 1991).

Como, muitas vezes as próprias famílias e comunidades também se encontram em situação de vulnerabilidade, uma alternativa apresentada neste capítulo é a da articulação em rede, da qual Cidade Educadora e Escola Integrada constituem exemplos de que viver não é fácil, requer enfrentamento dia a dia. Contudo, viver bem é possível!

REFERÊNCIAS BIBLIOGRÁFICAS

Antoni. C., & Koller, S. H. (2000). A visão de família entre as adolescentes que sofreram violência intrafamiliar. *Estudos de Psicologia, 5*, 347-81.

Ayres, J. R. C. M., França Jr., I., Calazans, G. J., & Saletti Filho, H. C. (2003). O conceito de vulnerabilidade e as práticas de saúde: novas perspectivas e desafios. In D. Czeresnia & C. M. Freitas (Orgs.), *Promoção da saúde: conceitos, reflexões, tendências* (pp. 117-139). Rio de Janeiro: Fiocruz.

Bellot, P. F. (2006). Prólogo. In S. Alderoqui & P. Penchansky (Orgs.). *Ciudad y ciudadanos: aportes para la enseñanza del mundo urbano* (pp. 17-22). Buenos Aires: Paidós.

Bernet, J. T. (1997). Ciudades Educadoras: bases conceptuales. In M. A. S. Zainko (Org.), *Cidades Educadoras* (pp. 13-34). Curitiba: Editora da Universidade Federal do Paraná.

Brito, R., & Koller, S.H. (1999). Redes de apoio social e afetivo e desenvolvimento. In A. M. Carvalho (Ed.), *O mundo social da criança: natureza e cultura em ação* (pp. 115-130). São Paulo: Casa do Psicólogo.

Bronfenbrenner, U. (1979). Context of child rearing: problems and prospects. *American psychologist, 34*, 844-850.

Bronfenbrenner, U. (1989). Ecology of family as a context for human development. *Developmental psychology, 22* (6), 732-742.

Bronfenbrenner, U. (1990). Discovering what families do. In: D. Blankenhorn, S. Bayme & J. Elshtain (Eds.), *Rebuilding the nest* (pp.27-39). Wisconsin: Family Service America.

Bronfenbrenner, U. (1995). Developmental ecology through space and time: A future perspective. In P. Moen, G. H. Elder, Jr., & K. Lüscher (Eds.), *Examining lives in context: Perspectives on the ecology of human development* (pp. 619-647). Washington, DC: American Psychological Association.

Bronfenbrenner, U. (1996). *A ecologia do desenvolvimento humano: experimentos naturais e planejados*. Porto Alegre: Artes Médicas.

Buss, P. M. (2000). Promoção da saúde e qualidade de vida. *Ciência & Saúde Coletiva, 5* (1), 163–177.

Carvalho, A. M. (2002). Crianças institucionalizadas e desenvolvimento: possibilidades e desafios. In E. da R. Lordelo, A. M. A. Carvalho & S. H. Koller (Orgs.), *Infância brasileira e contextos de desenvolvimento* (pp. 19-44). São Paulo/Salvador: Casa do Psicólogo/Universidade Federal da Bahia.

Carvalho, S. R. (2004). As contradições da promoção à saúde em relação à produção de sujeitos e a mudança social. *Ciência e Saúde Coletiva, 3* (9), 669-678.

Cohen, R., & Siegel, A. W. (1991). *Context and development*. Hillsdale: LEA.

Cowan, P. A., Cowan, C. P., & Schulz, M. S. (1996). Thinking about risk and resilience in families. In E. M. Hetherington & E. A. Blechman (Eds.), *Stress, coping, and resiliency in children and families* (pp. 1-35). Mahwah: Lawrence Erlbaum Associates.

Czeresnia, D. O. (2003). Conceito de saúde e a diferença entre prevenção e promoção. In D. Czeresnia & C. M. Freitas (Orgs.), *Promoção da saúde: conceitos, reflexões, tendências* (pp. 39-53). Rio de Janeiro: Editora Fiocruz.

Duarte, J. C. S. (2000). *Redes sociais: uma estratégia de ação local para o desenvolvimento.* São Paulo: Editora SENAC.

Eisenstein, E., & Souza, R. P. (1993). *Situações de risco à saúde de crianças e adolescentes.* Petrópolis: Vozes.

Erikson, E. (1963). *Identity: Youth and crisis.* New York: Norton.

Freire, P. (1997). *Pedagogia da autonomia – saberes necessários à prática educativa.* Rio de Janeiro: Paz e Terra.

Freitas, C. M. A (2003). Vigilância da Saúde para a Promoção da Saúde. In D. Czeresnia & C. M. Freitas (Orgs.), *Promoção da saúde: conceitos, reflexões, tendências* (pp. 141-159). Rio de Janeiro: Editora Fiocruz.

Garmezy, N. (1991). Resiliency and vulnerability to adverse developmental outcomes associated with poverty. *American Behavioral Scientist, 34*, 416-430.

Garmezy, N. (1996). Reflections and commentary on risk, resilience, and development. In R. J. Haggerty, L. R. Sherrod, N. Garmezy & M. Rutter (Orgs.), *Stress, risk, and resilience in children and adolescents: processes, mechanisms, and interventions* (pp. 1-18). Cambridge: Cambridge University Press.

Garmezy, N., & Masten, A. S. (1994). Chronic adversities. In M. Rutter, L. Hersov & E. Taylor (Eds.), *Child and adolescent psychiatry* (pp. 191-208). New York: McGraw-Hill.

Gorman-Smith, D., & Tolan, P. (2003). Positive Adaptation among youth exposed to community violence. In S. Luthar (Org.), *Resilience and vulnerability: adaptation in the context of childhood adversities* (pp. 392-413). New York: Cambridge University Press.

Grotberg, E. (1995) *The Internacional Resilience Proyect: Promoting Resilience in Children.* Birmingham: Alabama University. Recuperado em 20 nov. 2004, disponível em http://www.eric.ed.gov/pdfs/ED383424.pdf.

Grotberg, E. H. (1996). *Guía de promoción de la resiliencia en los niños para fortalecer el espíritu humano.* La Haya: Fundación Bernard van Leer.

Grotberg, E. (2005). Novas Tendências em Resiliência. In A. Melillo & N. S. E. Ojeda (Orgs.), *Resiliência: descobrindo as próprias fortalezas* (pp. 15-22). Porto Alegre: Artes Médicas.

Grünspun, H. (2003). *Conceitos sobre resiliência.* Recuperado em 28 de agosto de 2003, em http://www.cfm.org.br/revista/bio10v1/seccao4.1.htm.

Haggerty, R. J., Sherrod, L. R., Gamezy, N., & Rutter, M. (2000). *Stress, risk and resilience in children and adolescents: process, mechanisms and interventions.* New York: Cambridge University Press.

Health Promotion Agency For Northern Ireland. (2004). *What is Health* Promotion. Recuperado em 20 nov. 2004, disponível em http://www.healthpromotionagency.org.uk.

Henderson, N., & Milstein, M. (2003). *Resiliencia en la escuela.* Buenos Aires: Editora Paidós.

Hope, M., & Koller, S. (1997). Redes de apoio social e afetivo em crianças de baixo nível socioeconômico. In *Anais do XXVI Congresso Interamericano de Psicologia* (p. 326). São Paulo.

Hutz, C., Koller, S. H., & Bandeira, D. R. (1996). Resiliência e vulnerabilidade em crianças em situação de risco. *Coletâneas da ANPEPP: Aplicações da Psicologia na Melhoria da Qualidade de Vida, 1* (12), 79-86.

Infante, F. A. (2005). A resiliência como processo: uma revisão da literatura recente. In A. Melillo & Elbio Nestor Suárez Ojeda (Orgs.), *Resiliência: descobrindo as próprias fortalezas*. Porto Alegre: Editora Artmed.

Katz, M. (1997). *On playing a poor hand well*. New York: Norton.

Koller, S. H. (1999). Resiliência e vulnerabilidade em crianças que trabalham e vivem na rua. *Educar em Revista, 15*, 67-71.

Kotliarenco, M. A., Cáceres, I., & Fontecilla, M. (1997). *Estados de Arte en Resiliencia*. Washington: Organización Panamericana de la Salud, Organización Mundial de la Salud.

Leavell, H. R., & Clark, E. G. (1976). *Medicina preventiva*. São Paulo: McGraw-Hill do Brasil.

Lei nº 9.394/96. (23 de dezembro de 1996). Lei de Diretrizes e Bases da Educação Nacional. *Diário Oficial da União*.

Luthar, S. S., Cicchetti, D., & Becker, B. (2000). The construct of resilience: a critical evaluation and guidelines for future work. *Child Development, 71* (3), 543-562.

Luthar, S. S., & Zelazo, L. B. (2003). Research on resilience: an integrative review. In S. S. Luthar (Ed.), *Resilience and vulnerability: adaptation in the context of childhood adversities* (pp. 130-155). Cambridge: Cambridge University Press.

Masten, A. S., & Coastworth, J. D. (1995). Competence, resilience, and psychopathology. In D. Ciccetti & D.J. Cohen (Orgs.), *Developmental psychopatology – risk, disorder, and adaptation* (pp. 98-124). New York: John Wiley & Sons.

Masten, A. S., & Garmezy, N. (1985). Risk, vulnerability and protective factors in developmental psychopathology. In Lahey, B. B., & Kazdin, A. E. (Eds.), *Advances in clinical child psychology 8* (pp. 1-52). New York: Plenum Press.

Melo, M. H. da S. (1999). *Um atendimento psicológico preventivo numa clínica-escola de São Paulo*. Dissertação de mestrado, Instituto de Psicologia, Universidade de São Paulo, São Paulo.

Minayo, M. C. S. (2003). (Org.). *Pesquisa social: teoria, método e criatividade*. Rio de Janeiro: Vozes.

Ministério da Saúde. (2005). *Marco legal – Saúde, um direito dos adolescentes*. Brasília: Autor. Recuperado em 30 mar. 2006, disponível em www.portal.saude.gov.br.

Ministério da Saúde & Fundação Oswaldo Cruz. (1996). *Promoção da saúde: Cartas de Ottawa, Adelaide, Sundsvall e Santa Fé de Bogotá*. Brasília: Ministério da Saúde/IEC.

Moll, J. (2000). *Histórias de Vida, histórias de escola: elementos para uma pedagogia da cidade*. Petrópolis: Vozes.

Pesce, R., Assis, S., Santos, N., & Oliveira, R. (2004). Risco e proteção: em busca de um equilíbrio promotor de resiliência. *Psicologia: Teoria e Pesquisa, 20* (2), 135-143.

Rizzini, I., Thapliyal, N., & Pereira, L. (2007). Percepções e experiências de participação cidadã de crianças e adolescentes no Rio de Janeiro. *Katálysis, 10* (2), 164-177.

Rutter, M. (1979). *Changing youth in a changing society: patterns of adolescent development and disorder*. Londres: Nulfield Provincial Hospitals Trust.

Rutter, M. (mar. 1984). Resilient children. Why some disadvantaged children overcome their environments and how we can help. *Psychology Today*, 57-65.

Rutter, M. (1985). Resilience in the face of adversity: protective factors and resistance to psychiatric disorder. *British Journal of Psychiatry, 147*, 598-611.

Rutter, M. (1987). Psycosocial resilience and protective mechanisms. *Americam Journal of Orthopsychiatry,* 57, 316-331.

Rutter, M. (1989). Pathways from Childhood to Adult Life. *Journal of Child Pscychology and Psychiatry, 30,* 23-51.

Rutter, M. (2003). Genetic Influences on Risk and Protection. Implications for Understanding Resilience. In S. Luthar (Org.), *Resilience and vulnerability: adaptation in the context of childhood adversities* (pp. 489-509). New York: Cambridge University Press.

Rutter, M., Mortimore, P., Ouston, J., & Maughan, B. (1979). *Fifteen thousand hours.* Londres: Open Books.

Rutter, M., & Rutter, M. (1992) Developing minds. New York: Penguin Books.

Sameroff, A., Gutmann, L., & Peck, S. (2003). Adaptation among youth facing multiple risks. Prospective research findings. In S. Luthar (Org.), *Resilience and vulnerability: adaptation in the context of childhood adversities* (pp. 364-391). New York: Cambridge University Press.

Sierra, V. M., & Mesquita, W. A. (jan.-mar. 2006). Vulnerabilidades e fatores de risco na vida de crianças e adolescentes. *São Paulo em Perspectiva, 20* (1), 148-155.

Souza, E. M., & Grundy, E. (setembro-outubro de 2004). Promoção da saúde, epidemiologia social e capital social: inter-relações e perspectivas para a saúde pública. *Cadernos de Saúde Pública, 20* (5), 1354-1360.

Suárez Ojeda, E. M. (1993). Resiliencia o capacidad para sobreponerse a la adversidad. *Medicina Y Sociedad, 16,* 31-34.

Trombeta, L., & Guzzo, R. (2002). *Enfrentando o cotidiano adverso: estudo sobre resiliência em adolescentes.* Campinas: Alínea.

Walsh, F. (1998). *Strengthening family resilience.* New York: The Guilford Press.

Werner, E. E., & Smith, R. S. (1992a). *Overcoming the odds: high risk children from birth to adulthood* (pp. 55-81). New York: Cornell University Press.

Werner, E. E., & Smith, R. S. (1992b). *Vulnerable but invincible: a study of resilient children.* New York: MacGraw-Hill.

Yin, R. K. (2001). *Estudo de caso: planejamento e métodos.* Porto Alegre: Bookman.

Zamberlan, M., & Biasoli-Alves, M. (1997). *Interações familiares: teoria pesquisa e subsídios à intervenção.* Londrina: Editora da Universidade Estadual de Londrina.

CAPÍTULO 2

Aproximação e afastamento na relação entre crianças e as práticas de leitura: o papel da mediação pedagógica do professor

Sérgio Antonio da Silva Leite
Sue Ellen Lorenti Higa

Este capítulo discute a questão da constituição do sujeito leitor, a partir de diferentes histórias de mediação pedagógica. Buscou-se entender o papel que duas professoras desempenharam durante o processo de ensino, com um mesmo grupo de alunos de uma escola pública, durante dois anos consecutivos, através de práticas pedagógicas bastante diferenciadas – uma professora propiciando um processo de aproximação entre as crianças e a leitura, e a outra provocando um efeito oposto, de afastamento.

Ancorando-se, especificamente, nas ideias de Wallon (1968, 1978) e Vygotsky (1993, 1998), assume-se uma concepção monista sobre o homem, em que afeto e cognição são vistos como processos indissociáveis, evidenciando-se a importância da qualidade da mediação para o desenvolvimento psicológico dos seres humanos.

Nesse sentido, recentes estudos desenvolvidos pelos membros do Grupo do Afeto[1] (Grotta, 2000; Tassoni, 2000; Leite & Tassoni, 2002; Falcin, 2003; Tagliaferro, 2003; Barros, 2004; Silva, 2005; Souza, 2005; Leite, 2006a) defendem que a qualidade da mediação dos diversos agentes culturais é decisiva para o sucesso na relação do sujeito com determinado objeto de conhecimento, ressaltando-se a indissociabilidade das dimensões cognitiva e afetiva da mediação. No âmbito escolar, destaca-se o papel da mediação pedagógica desenvolvida pelo professor, objeto de estudo do referido grupo.

BREVES IDEIAS SOBRE AFETIVIDADE E MEDIAÇÃO PEDAGÓGICA

Recentemente, vários estudos voltados para as práticas pedagógicas passaram a enfocar uma faceta que até pouco tempo não era devidamente valorizada: a afetividade. Durante séculos, predominou em nosso meio a concepção dualista segundo a qual o homem caracteriza-se

---

[1] O Grupo do Afeto é um subgrupo integrante do Grupo de Pesquisa ALLE – Alfabetização Leitura Escrita, da Faculdade de Educação da Unicamp, sob a orientação do autor principal deste capítulo. É constituído por alunos da Graduação e da Pós-graduação que estudam a questão da afetividade na mediação pedagógica.

como um ser cindido entre razão e emoção, atribuindo-se diferentes valores às duas dimensões. Segundo Leite (2006a), tradicionalmente, a razão caracterizou-se

> como a dimensão mais importante, sendo a emoção, em vários momentos históricos, considerada o elemento desagregador da racionalidade, responsável pelas reações inadequadas do ser humano. É possível reconhecer que, até o século XX, predominou a interpretação de que a razão deve dominar e controlar a emoção (p. 16-17)

Consequentemente, os currículos e programas educacionais, além da maioria das pesquisas realizadas no campo da educação, valorizavam prioritariamente a dimensão cognitiva do trabalho pedagógico, desconsiderando a influência dos aspectos afetivos, reforçando a tradicional separação cartesiana.

Todavia, ainda de acordo com Leite (2006a),

> com o surgimento de novas concepções teóricas centradas nos determinantes culturais, históricos e sociais da condição humana, em especial durante o século XX, criaram-se as condições para uma nova compreensão sobre o papel da dimensão afetiva no desenvolvimento humano, bem como das relações entre razão e emoção. (p. 17)

Entre elas, a Teoria Histórico-Cultural, postulando que o desenvolvimento humano é sempre mediado por agentes culturais e ressaltando a importância das relações interpessoais.

Nessa abordagem, evidencia-se que toda mediação cultural pressupõe aspectos cognitivos e afetivos. Assim, quando se pensa que o processo educativo constitui-se de mediações e relações interpessoais, compreende-se que o reconhecimento da dimensão afetiva nas práticas pedagógicas é de grande relevância.

Para Vygotsky, a emoção parte de uma base biológica. O autor defende a tese de que as emoções, manifestadas inicialmente como parte da herança biológica, aos poucos perdem seu caráter instintivo, dando lugar a um nível mais complexo – a afetividade. Esse desenvolvimento ocorre devido às interações sócio-históricas, com intensa participação da mediação dos agentes culturais (Van der Veer & Valsiner, 1996). O autor postula que a afetividade tem um processo de desenvolvimento mediado pelos significados construídos sócio-historicamente, descartando hipóteses inatistas para explicar as características emocionais dos sujeitos.

Wallon foi outro teórico que deu grandes contribuições para a questão da afetividade. O autor buscou estudar o homem de forma holística, tentando compreender o desenvolvimento como consequência da contínua interação entre as funções motora, cognitiva e afetiva, a partir das relações que o indivíduo estabelece com o meio. O referido autor distingue os conceitos de afetividade e de emoção: para ele, a emoção tem caráter biológico e se origina nas funções tônicas; entretanto, a afetividade, mais complexa, envolve, além da emoção, os sentimentos, de origem psicológica, e a paixão(1968).

Para Wallon, é através da afetividade que o indivíduo acessa o mundo simbólico e origina a atividade cognitiva. O conhecimento do mundo não é feito, senão, de modo sensível, reflexivo, em que o pensar, o agir e o sentir estão entrelaçados. O autor busca articular o biológico e o social, atribuindo grande importância às emoções na formação da vida psíquica que, segundo ele, desempenha o papel de uma amálgama entre o social e o orgânico. De acordo com Galvão (2003), paralelamente aos impactos de conquistas cognitivas no plano afetivo, a dinâmica emocional traz repercussões para a vida intelectual, ressaltando-se a indissociabilidade desses dois campos.

Nota-se, desse modo, que tanto para Wallon quanto para Vygotsky, o indivíduo não nasce psicologicamente determinado, necessitando de um processo de desenvolvimento em que são cruciais as histórias de mediação vivenciadas na/pela cultura. Portanto, os autores apresentam pontos em comum, ao assumirem o caráter social da afetividade. Soma-se o fato de os dois autores postularem que os processos cognitivo e afetivo relacionam-se e influenciam-se mutuamente.

Ao reconhecer a presença contínua da afetividade nas interações sociais e suas possíveis influências no desenvolvimento cognitivo, pesquisas recentes têm buscado delimitar o possível papel da afetividade no processo de mediação do professor (Leite, 2006a).

Leite e Tassoni (2002) defendem que há evidências de que a afetividade está envolvida em todas as principais decisões de planejamento de ensino assumidas pelo professor que, em geral, é o principal mediador na sala de aula, apesar de se reconhecer a presença de outros mediadores, como livros, textos, demais materiais didáticos e os próprios colegas. Enfatiza-se a importância da qualidade da mediação desenvolvida pelo professor, visto que é um dos principais mediadores entre o aluno e os objetos do conhecimento, podendo possibilitar relações positivamente afetivas ou aversivas com relação aos objetos em questão.

SOBRE A LEITURA E A CONSTITUIÇÃO DO SUJEITO LEITOR

De acordo com as concepções tradicionais, a leitura era entendida como um ato mecânico, que passava apenas pelo mérito da decodificação. Como a escrita era compreendida como código de representação da linguagem oral, ler confundia-se com o processo de decodificação. Portanto, valorizava-se a memorização sendo que as práticas de leitura resumiam-se no fato de o aluno ler um texto em voz alta, relendo-o quantas vezes necessárias, até que pudesse reproduzi-lo imediatamente com perfeição (Chartier & Hébrard, 1995).

Atualmente, a leitura é reconhecida não mais como a arte de decodificar as letras em sons, sendo-lhe atribuído um novo estatuto. Para Certeau (1994), o ato de ler não se restringe à reunião de letras em sílabas e destas em palavras, tampouco à tomada do significado do texto em sua totalidade. Ao contrário, para o autor, a leitura é prática criativa, produtora de sentidos singulares. Nessa mesma direção, Chartier (1996) defende a especificidade criadora do ato de ler, postulando a pluralidade das leituras e de seus sentidos.

No Brasil, Paulo Freire trouxe grandes contribuições para novos modos de se pensar a leitura e a escrita. Para o autor, a leitura não pode ser compreendida como um processo passivo. Freire (1996) defendeu que "o ato de ler não se esgota na decodificação pura da palavra escrita ou linguagem escrita, mas se antecipa e se alonga na inteligência do mundo" (p. 11).

Portanto, compreende-se que, ao longo da história, vem se modificando a concepção de leitura, que passou a ser compreendida como um processo ativo de construção de sentidos e significados pelo sujeito, podendo-se constituir como um instrumento de libertação com relação à alienação.

Nesse panorama, não se alterou apenas a concepção de leitura, mas também a compreensão sobre o processo de formação do sujeito leitor. A Teoria Histórico-Cultural refuta a tese de que o indivíduo nasce geneticamente predisposto para ser um sujeito-leitor. Coerente com seus pressupostos teóricos, assume-se que os indivíduos constituem-se como leitores a partir de uma história favorável de interação com a leitura e suas práticas sociais, por intermédio de diversos agentes mediadores; entre os quais, destaca-se, sem dúvida, o professor no seu trabalho pedagógico desenvolvido na escola.

Nesse sentido, a pesquisa pode revelar aspectos do processo de mediação pedagógica, desenvolvido nas escolas, que podem ser considerados facilitadores ou não da constituição dos alunos como leitores. Recentes estudos foram desenvolvidos nessa direção: Grotta (2000) analisou quatro histórias de sujeitos leitores, buscando compreender como se constituíram leitores e quais experiências de mediação foram significativas nesse processo; Silva (2005) investigou os significados construídos pelos alunos do Ensino Médio a partir das práticas de leitura escolar e suas marcas no processo de constituição desses jovens como leitores; Souza (2005) trabalhou com jovens que se caracterizavam como leitores de sucesso, procurando identificar o importante papel da mediação vivenciada por esses sujeitos no ambiente familiar. Essas pesquisas estão sintetizadas em Leite (2006a).

A partir da perspectiva teórica assumida, compreende-se como relevante o estudo da formação do sujeito leitor considerando a qualidade da mediação pedagógica – ou seja, assume-se que a qualidade da relação que se estabelece entre o sujeito (no caso, alunos) e o objeto (a leitura) depende, em grande parte, da qualidade da mediação desenvolvida pelos agentes mediadores (no caso, o professor). Reitera-se que tais relações também são marcadas pela dimensão afetiva.

Segue-se, neste texto, a história de mediação vivenciada por um grupo de alunos de uma 1ª série de uma escola pública, que inicialmente promoveu um movimento de intensa aproximação com a leitura; no entanto, na série imediatamente seguinte, essas crianças vivenciaram outro processo cuja repercussão foi um movimento oposto – de afastamento com relação à leitura. Os dados descrevem como isto ocorreu[2].

SOBRE A PESQUISA DESENVOLVIDA

A pesquisa tinha como objetivo inicial investigar a mediação afetiva da professora e sua possível relação com o sucesso escolar dos alunos. Para tanto, buscou-se uma professora considerada bem-sucedida em seu trabalho pedagógico, pelos seus pares. Os dados foram coletados durante o segundo semestre de 2006. No entanto, sabendo que, no semestre seguinte, a mesma classe foi assumida por outra professora com características pedagógicas muito diferentes da primeira, os pesquisadores decidiram continuar o processo de coleta de dados durante o primeiro semestre de 2007, o que levou a ampliar os objetivos do estudo: comparar as possíveis repercussões das práticas pedagógicas das duas professoras – neste texto, consideradas como processos de aproximação e afastamento na relação crianças – práticas de leitura.

---

[2] Os dados relatados foram extraídos da pesquisa feita por Sue Ellen Lorenti Higa, denominada "A construção do sujeito leitor – duas histórias de mediação", sob a orientação do autor principal deste capítulo e desenvolvida como parte das atividades de pesquisa do Grupo do Afeto.

Assim, os principais participantes foram as duas professoras. Inicialmente, Helena[3], de 44 anos, há onze anos na educação infantil e há três no Ensino Fundamental como efetiva, cursando, na época, uma faculdade de Pedagogia; julgava fundamental o incentivo à leitura junto às crianças e considerava-se uma boa leitora. A segunda professora era Carmen, de 45 anos, formada em Pedagogia, há vinte anos no Ensino Fundamental; participava eventualmente de cursos de capacitação, mas declarava-se não apresentar o hábito de ler; sua maior preocupação era manter a disciplina da classe.

Os alunos moravam nas proximidades da escola e suas famílias podiam ser consideradas pertencentes às classes média-baixa e baixa; não eram repetentes, tendo entre oito e nove anos de idade. As mães tinham entre 25 e 54 anos de idade e apenas duas trabalhavam. Formavam, na fase inicial da pesquisa, uma classe de 1ª série do Ensino Fundamental, em uma escola municipal de um bairro periférico de um município do interior do estado de São Paulo.

Os dados foram coletados pelos seguintes procedimentos: a) observação em sala de aula, com registro no diário de campo: eram realizadas três sessões por semana, com duração de três horas cada uma, quando se registravam as atividades desenvolvidas, o desempenho dos alunos, relações professor-aluno e aluno-aluno; b) entrevistas com alunos, quando se coletavam depoimentos gravados sobre as atividades desenvolvidas, com ênfase nos sentimentos e impressões das crianças; c) entrevistas com as mães, quando se coletavam informações sobre as práticas de leitura das crianças no ambiente familiar; d) entrevistas com as professoras, sobre suas concepções teóricas e suas práticas desenvolvidas em sala de aula.

A análise de dados foi realizada segundo Ludke e André (1986): organizar todo o material coletado, pressupondo uma divisão dos dados em partes, nas quais se busca relacionar e identificar tendências e padrões relevantes, os quais serão as bases para a busca de relações e inferências. Com relação às entrevistas, optou-se pela Análise de Conteúdo, que aparece como um conjunto de técnicas de análise das verbalizações, através de procedimentos sistemáticos e objetivos de descrição do conteúdo das mensagens, com a intenção de fazer inferências sobre o investigado, recorrendo a indicadores (Bardin, 2004).

O resultado dessa análise foi a criação de catorze núcleos temáticos envolvendo todos os dados coletados. No entanto, neste capítulo, serão apresentadas apenas as sínteses dos dados que permitam uma caracterização das práticas de mediação pedagógica das duas professoras, com observações das falas dos alunos e das mães. Essas referências são julgadas suficientes para que se identifiquem os dois movimentos a serem apresentados e discutidos: o de aproximação e o de afastamento na relação entre as crianças e as práticas de leitura.

O MOVIMENTO DE APROXIMAÇÃO – AS ATIVIDADES PEDAGÓGICAS DA PROFESSORA HELENA

Vários aspectos da mediação pedagógica, desenvolvida pela professora Helena, possibilitaram o movimento de aproximação entre as crianças e as práticas de leitura. Ao longo das entrevistas, os sujeitos afirmam que a professora lia frequentemente em sala de aula e incentivava a prática da leitura pelos alunos.

---

[3] Todos os nomes são fictícios.

Às vezes ela lia depois do recreio pra acalmar um pouquinho. Às vezes ela lia no começo, às vezes no final da aula. Todo dia tinha história. Sempre . . . (Talita)

Nesses relatos, os alunos afirmam que a professora lia diariamente, modificando apenas o horário da leitura. Na maior parte das vezes, a leitura era feita pela professora logo no início da aula; no entanto, muitas vezes ela aguardava um momento propício para a realização da leitura, prática que era diária.

Além do hábito, é possível perceber, nesses relatos, que a leitura da professora Helena agradava os alunos. Paulo lembra que a classe pedia para a professora contar histórias, mesmo quando não havia tempo suficiente e que, cada vez que ela lia, gerava-se o desejo de uma nova leitura, indicando que essa prática realizada pela professora Helena era prazerosa. Talita, em seu relato – "Ela (professora) gostava muito de contar livros, daí eu gostei também dela" – descreve que a professora não apenas contava as histórias, mas que demonstrava grande prazer na leitura, o que facilitou que ela gostasse da professora. Fica evidente que o hábito da leitura não era seguido pela professora apenas como um ato mecânico e obrigatório. O relato abaixo reforça essa interpretação:

A professora Helena gostava de ler. Ela era mais apegada a ler. Porque todo dia no início da aula ela lia um livro diferente, ela lia. As vezes ela não lia livro, mas lia gibi ou uma revista, ou uma coisa do jornal que tava acontecendo, que tava passando na TV. (Victor)

O uso de materiais de apoio, para garantir um ambiente lúdico, bem como o tom de voz da leitura, são relatados pelos sujeitos.

Ela lia legal. Ela imita a voz dos personagem. Quando ela lia o livro da "Chapeuzinho Vermelho" ela imitava a voz. Eu gostava mais que a professora lia do que a minha família . . . (Débora)

No relato acima, a aluna refere-se ao modo como a professora lia, enfatizando a entoação dada por ela, que lia interpretando diferentes vozes para cada personagem, garantido vivacidade à leitura e levando os alunos a se sentirem no enredo. Nota-se que a leitura não era estática. A aluna Débora não hesita em dizer que prefere a leitura da professora à leitura de seus familiares, visto que a professora é mais divertida. Outros modos de ler da professora garantiam, também, a apreciação dos alunos, como exposto a seguir.

Uma vez ela contou história só com boneco! Sabe como é que é? Tinha o Lobo Mau, Os três porquinhos. É fantoche. Foi legal . . . (Thais)

E teve um dia que ela foi contar uma história de terror... Ela pegou e colocou um assim um lençol meio preto e acendeu uma vela pra fazer que a gente tava na história. A gente sentou tudo naquele pano preto... Foi diferente! Eu acho legal. (Talita)

Em diversas entrevistas os alunos relembram as atividades diferenciadas de leitura proporcionadas pela professora. Identifica-se que a mudança do espaço físico das carteiras, a incorporação das personagens por meio de fantoches ou bonecos e a confecção de materiais relacionados aos livros eram práticas da professora que aumentavam a motivação do aluno para a realização da atividade.

Outra estratégia adotada pela professora era a escolha de livros com histórias mais longas, com enredo mais elaborado. No entanto, ela o dividia em capítulos para a leitura diária, garantindo que a história pudesse ser apreendida pelos alunos, que ficavam curiosos e ansiosos com o desfecho da trama.

> E quando o livro era longo, a professora dividia e lia um pedacinho cada dia, daí a gente fica assim curioso pra saber o que que vai acontecer. Depois a gente descobre. (Talita)

No seu trabalho pedagógico, a professora Helena buscava formas para que os alunos tivessem acesso aos livros no contexto escolar e a possibilidade de seus empréstimos. Vale ressaltar que a escola pesquisada não tinha biblioteca; no entanto, a professora solucionou o problema do acesso aos livros com a adoção de três baús de livros e um baú de gibis. Todo o material ficava disposto no fundo da sala, ao alcance das crianças, como relatam os alunos a seguir.

> Quando não tinha nada pra fazer ela deixava pegar um livro e lia. Era hora da leitura. Eu gostava, porque todo mundo pegava e ficava quietinho cada um lendo seu livro, aí quando acabava um livro você pegava outro... Ela sempre deixava levar livro pra casa. (Rafael)

A opção da professora era deixar os livros dispostos ao alcance dos alunos, sendo permitido que buscassem um livro sempre que estivessem livres das atividades. Proporcionava-se a liberdade para a realização de leituras não obrigatórias, uma vez que os alunos escolhiam com autonomia o que ler.

> A professora lia todo dia, mas quando não dava tempo de ler eu não achava tão ruim porque tinha o baú de livro e eu ia lá e catava um monte de livro quando terminava [a atividade]. A professora deixava pegar o livro que quisesse. Escolhia qual que quisesse. (Tatiana)

Todavia, os livros e gibis eram obrigatoriamente levados pelos alunos todas as sextas-feiras. No entanto, alguns deles solicitavam o empréstimo dos livros ao longo da semana, obtendo a permissão da professora, que valorizava a prática.

> Eu já levei mais de doze livros pra casa. A prô deixava. . . . Cada criança levava dois! . . . Ah, eu gosto de ler no meu quarto, na sala, no quintal... Lá eu já fico criando uma música, uma dança. (Alline)

Observou-se que os alunos não emprestavam os livros apenas pela obrigação da atividade semanal, proposta pela professora, que pedia o preenchimento de uma ficha de leitura. Ao contrário, as crianças buscavam variados livros para leitura em casa. No seu relato, a aluna Camila ilustra uma prática comum no contexto da classe: os livros lidos pela professora em sala de aula eram os mais procurados para o empréstimo. Assim, a leitura da professora, juntamente com o acesso irrestrito e direto aos livros foram fatores decisivos para a promoção da aproximação entre os alunos e as práticas de leitura.

Os alunos ressaltam o sentimento de confiança da professora em todos eles, quanto ao empréstimo dos livros e gibis, pois ela emprestava inclusive os seus.

A professora deixava [levar livros emprestados] porque ela sabia que nós ia trazer. Ela confiava em nós. (Paulo)

A mãe Flávia, ao dizer que não tinha condições financeiras para comprar livros, relata que a professora dava alguns livros a seu filho, para incentivá-lo a ler.

A Helena dava bastante livro pra ela, vinha na capa, escrito! A Helena incentivava a leitura sim. . . . Levando livro pra casa, ela lia livro na classe. Acho que isso era um incentivo pra eles. (mãe de Flávia)

Os relatos evidenciam que a professora Helena proporcionava e facilitava o acesso aos livros, além de promover os empréstimos dos materiais de leitura. Essa prática parece ter sido fundamental para a constituição do sujeito-leitor, visto que muitos alunos só tinham contato com os livros no contexto escolar.

O cuidado da professora Helena, na disposição dos materiais de leitura, era parte de um conjunto de práticas pedagógicas assumidas por ela, que teve repercussões afetivas na relação dos alunos com a leitura, como se vê a seguir.

. . . Eu comecei a gostar de ler, quando ela [professora] mandou eu ler lá na frente. Ela falou assim: A partir de hoje cada um vai pegar um livro e ler lá na frente. Foi muito legal! Eu gostei . . . (Guilherme)

A professora sentava lá no fundo para escutar a nossa voz. Ela sentava lá no fundo. Daí [quando terminava] ela falava muito bem ou parabéns e aplaudia quem tava lendo. Eu gostava. (Alline)

Nos trechos acima, evidencia-se que o incentivo da professora para que os alunos fizessem uma leitura coletiva para a classe foi importante para promover a aproximação com a leitura. Cada dia, um aluno lia para a classe, podendo escolher o livro da leitura dias antes, de modo que pudesse se preparar para a atividade. Ao possibilitar a escolha dos livros da leitura, a professora procurava garantir que a leitura fosse prazerosa ao aluno; ao permitir que ele levasse o livro para casa, para se preparar para a leitura, ela tentava garantir que o aluno obtivesse sucesso durante sua apresentação, o que gerava um sentimento positivo neles.

O próximo relato evidencia a relação afetiva positiva de Thaís com a leitura e a importância que a professora teve para o estabelecimento dessa relação.

E cada vez que a gente lê, a gente pensa que tá dentro do livro. Não só que a gente tá lendo a história, mas que a gente tá dentro da história. . . . A minha professora me ensinou isso. [sorrindo]. . . . E eu gostava de levar livro pra casa. Eu não parava de ler. Quando era pra assistir DVD eu ficava mais no livro do que assisti o DVD. Quando a professora deixou eu ler no dia seguinte pra classe, ai nossa! Eu não parei de ler! (Thaís)

É surpreendente o relato da aluna que diz preferir os livros ao DVD, numa era em que a televisão é predominante. É interessante também o tratamento que a aluna dá à leitura, demonstrando que, quando começava a ler, não queria mais parar. Infere-se que ela desenvolveu uma relação afetiva positiva com a leitura e que essa relação foi mediada, em grande parte, pela professora.

Além do incentivo para a leitura, proporcionado pelas suas próprias leituras e pelo empréstimo, a professora desenvolvia projetos com os livros lidos em sala de aula e organizava gincanas que valorizavam os materiais de leitura. Na caça ao tesouro, ao colocar livros com as balas e os bombons, ela tentava valorizar a figura do livro, atribuindo-lhe o *status* de tesouro. Os relatos a seguir ilustram a repercussão dessas práticas pedagógicas na relação dos alunos com a leitura.

> Um dia ela fez uma caça ao tesouro; . . . tinha um mapa que a gente procurava [o tesouro], daí tava escondido pela escola toda. Daí foi assim: a gente achou e tinha livro, pipoca doce, bala. A gente leu [o livro que estava na caixa do tesouro] pra classe. Cada um leu uma parte e os que não sabia ler mostrava as ilustrações. Ah, foi muito legal, divertido. (Douglas)

> A gente leu bastante livro. Acho que o livro que eu mais gostei acho que foi "A colcha de retalhos", porque assim, a gente fez aquela atividade na classe e faz de conta que a gente ta dentro do livro, a imaginação. Eu gostei muito daquele livro. (Talita)

Nos relatos, elucidou-se que os projetos criados a partir dos livros foram marcantes para os alunos, assim como o relato de Talita, que falou de sua preferência pelo livro "*A colcha de retalhos*", em meio a tantos livros. Esse livro marcou muitos relatos, pois foi um dos livros que a professora selecionou para desenvolver um projeto pedagógico, o qual envolveu a confecção da colcha de retalhos da própria classe, que, depois de pronta, pôde ser estendida na roda de leitura da classe. Sentados sobre ela, os alunos ouviam outras histórias. Além disso, envolveu não apenas os alunos e a professora, mas também os pais, que doaram um pedacinho de retalho de algo significativo dos filhos para a confecção da colcha. Para que os pais pudessem entender o porquê de se fazer a colcha, os alunos levaram o livro para casa e contaram-lhes a história.

Eleni, a mãe de Ariane, atribui a relação positiva da filha com a leitura, à mediação da professora Helena, elucidada no trecho a seguir.

> A Ariane pegou amor ao livro depois que passou a estudar [com a professora Helena]... Eu acho que é o jeito da Helena. Dela ser muito dedicada. O jeito dela contar história... Você tem que contar, tem certas coisas que a criança não vai entender e você tem que explicar. (Eleni, mãe)

Outras mães referiram-se à importância da professora para que seus filhos construíssem uma relação positiva com a leitura.

> Quando a Alline levava livro pra casa, ela lia várias vezes. Tinha uns que ela falava: "Este aqui a professora leu e eu que ajudei ela ler na classe!" . . . Ela gostava mesmo e gosta ainda. . . . E era tão importante a professora confiar neles, deixar trazer os livros pra casa. (Ivone, mãe)

Percebe-se, nesses relatos, que o trabalho de incentivo à leitura, dado pela professora Helena, repercutiu positivamente nos alunos, que se aproximaram da leitura, entendida por eles como fonte de encantamento e conhecimento.

Com relação às atividades de escrita, observou-se que a professora não seguia o livro didático, criando suas atividades, na maioria das vezes, a partir dos livros de literatura infantil. As atividades de escrita envolviam, geralmente, textos sobre temas livres ou reescritas dos livros lidos, individualmente, em duplas ou coletivamente na lousa. A seguir, alguns relatos fazem referência às atividades de escrita no contexto da sala de aula da professora Helena.

> Eu gosto mais de fazer atividade que tá relacionada com uma história, porque inventar eu não acho legal. Mas, tipo, reescrever de uma história eu acho legal. (Ariane)

> ... O texto cada um dava uma ideia.... Aí a professora gostou da minha ideia né, e colocou no livro, ai eu fiquei contente. Mas ela gosta [da opinião] dos outros, da minha, de todo mundo. (Guilherme)

Os relatos acima se referem às atividades de criação dos textos coletivos, em que, a partir da leitura de um livro, a classe, conjuntamente, fazia uma reescrita, de acordo com suas interpretações, ou criava uma nova história, modificando-se completamente seu enredo. Essa prática de escrita foi descrita como prazerosa pelos alunos, visto que escreviam algo que lhes fazia sentido. A escrita assumia, nessas atividades, a função de registro. Buscavam registrar por escrito uma história de que gostavam ou ainda modificá-la.

É interessante notar, nos dois relatos, que a professora, escriba no momento dos textos coletivos, fazia as alterações, sempre que necessário, para adequar os textos às normas da escrita ortográfica. Assim, durante a elaboração dos textos coletivos escritos na lousa, a professora explicava algumas convenções, a partir das orações produzidas pelos alunos.

A professora optou por materializar alguns dos textos coletivos em formato de livros. Segundo a mãe de Ariane, Eleni, a produção dos livros foi essencial para incentivar o ato de ler e escrever de sua filha.

> Ela [professora Helena] fez um livro mostrando as figuras em movimento. Então acho que foi isso que incentivou a pegar amor pra ler. Acho que foi isso... A Ariane se sentiu orgulhosa quando ela abriu o livro e foi mostrando as casinhas de palha, de tijolo... (Eleni, mãe)

A escrita sempre parecia estar em função de algo, sendo sua prática sempre contextualizada. Parece claro, também, para os alunos e as mães, a importância das práticas de leitura para a composição escrita.

> E quando a professora lia um livro e depois mandava fazer uma atividade eu achava muito interessante fazer a história, desenhar, pintar. (Douglas)

> Descobri uma coisa nela [Talita] que eu não sabia [sorri]. Descobri que ela tem facilidade para escrever. Ela pega pra escrever e ai eu falo: "Nossa, não acredito que foi ela que escreveu! E foi ela que escreveu mesmo!" Mas acho que foi com a ajuda da leitura. (Dalva, mãe)

O dever de casa mostrou-se uma atividade diária nessa classe. Os relatos selecionados elucidam o estilo dessa prática.

> Tinha dever de casa todo dia, mas não era difícil. Imagina! Ela fazia tudo na hora, alguma coisa ela perguntava. Mas... não deu trabalho, não. Era tudo bem fácil de entender. (Dalva, mãe)

Segundo as mães e os próprios alunos, as atividades de dever de casa eram bem explicadas pela professora e semelhantes às atividades que faziam na classe e, por isso, não geravam dúvidas durante a realização. Outro aspecto considerado pelas mães e as crianças foi a quantidade de dever de casa e o conteúdo a ser desenvolvido.

> Era bom porque ela [professora Helena] fazia umas atividades diferentes pra ele [filho] que precisava de reforço. Ela passava atividade . . . que dava pra fazer. (Flávia, mãe)

> Era bem isso mesmo... Tinha bastante dever que ela dava. Não era coisa difícil e ela mudava o tipo de dever. Não era só coisa da escola, era coisa da vida de fora. (Maria, mãe)

Pode-se perceber que as crianças não reclamavam das tarefas porque não havia quantidade exagerada de exercícios, além de serem atividades que elas tinham condições de fazer sozinhas. Acrescenta-se que as atividades eram variadas e contemplavam o cotidiano.

É surpreendente a avaliação das mães com relação ao trabalho da professora Helena, como demonstra o relato abaixo:

> Eu gostei bastante do jeito dela [professora Helena], muito mesmo. Eu acho assim que ela era mais amorosa com as crianças, ela dava mais atenção e isso ajudava bastante, porque as crianças gostavam dela, não tinha aquele medo. Isso ajudava muito... Ah! eu acho também que ela gostava muito de dar aula. (Joana, mãe)

Percebe-se, no relato da mãe, que a conduta da professora Helena refletia no aprendizado, pois as crianças iam à escola sem medo. As mães ainda ressaltam que a professora parecia realmente gostar de seu trabalho, como afirma Dalva:

> Ela sabe tratar... Lá é tudo criança carente, né? De pai, de mãe, de vó. E com ela, a criança se sente acolhido . . . Ela incentiva tanto a criança . . . se não tiver incentivo acho que ela [aluna] ia fica parada né, não ia deslizar o tanto que ela deslizou. (Dalva, mãe)

Susana, no trecho abaixo, além de elogiar a professora, que considera amorosa, também elogia seu método de trabalho.

> Ah eu gostei muito dela. Acho que ela tinha muito, assim, de psicologia, de lidar com as crianças, de ter paciência... Eu acho que o método, foi legal. Usava sempre turma da Mônica, estas coisas assim. E ela tinha bastante paciência. . . . Então, era bem variada as aulas. Teve musical das abelhinhas, livrinhos, levou eles pra passear e criança gosta disso mesmo. Aprende brincando. (Susana)

O MOVIMENTO DE AFASTAMENTO – ATIVIDADES PEDAGÓGICAS DA PROFESSORA CARMEN

A história da mediação pedagógica desenvolvida pela professora Carmen, com relação à leitura, foi radicalmente diferente, provocando um gradual movimento de afastamento das crianças com relação a essas práticas, como se verá a seguir:

> ... ela [professora Carmem] leu só no primeiro dia ... é um livro de estudo [Livro didático de língua portuguesa]. (Tatiana)

> Ela não lê muito não. Quando tem alguma atividade de português, tipo de interpretar o texto... cada um que tem que lê um pedaço. (Débora)

De acordo com os relatos de alunos e mães, a professora Carmem não tinha o hábito diário de ler em sala de aula: ela havia feito apenas uma leitura, ao longo do primeiro bimestre, e o material usado para a leitura foi um texto do próprio livro didático de Língua Portuguesa, adotado pela professora; raramente lia os textos da atividade, como apontou o relato da aluna Débora. Os alunos também dizem que a professora parecia não gostar de ler, devido à frequência com que lia na classe:

> Um dia só que ela pegou um livro, sabe aquele de língua portuguesa, e leu uma história pra nós. Acho que ela não gosta de ler não. (Ariane)

Pode-se inferir que a professora não tinha o hábito de ler em sala de aula e atribuía a responsabilidade da leitura aos pais. Observou-se que, quando lia, ela priorizava os textos do material didático adotado, não se valendo de livros, gibis, revistas, jornais ou outros suportes de textos.

Além disso, os relatos sugerem que a professora Carmem lia os textos não demonstrando entusiasmo com a atividade:

> Ela lê e fica só parada... ela manda abrir o livro na página e tem que ler junto com a professora. Tem dia que tem que copiar texto do livro. ... A professora Carmem lê sempre com a voz brava dela. Eu acho que é diferente, porque eu já me acostumei mais com o jeito do outro ano, mas agora já tô acostumando ... Acho que ela pega lá na hora e olha... Aí tem dia que ela fala assim: "Você continua a história!" Aí você continua. Eu penso que tá xingando, porque ela fala: "Você Victor!" [imita voz brava]... Mas eu leio, porque na primeira série a gente lia lá na frente, então eu já to acostumado. (Victor)

Para Victor, faltava a entoação de voz durante a leitura. Além disso, a professora lia o início do texto e sempre pedia para um aluno prosseguir, o que representava para ele o desejo de a professora fugir da leitura.

Também para Giovani, a professora não gostava de ler:

> A professora do 2ª ano acho que não gosta de ler nem um pouco. Porque ela lia assim: com-te-no-a-mor [leitura pausada e sem fluência]... Eu também acho que ela não gostava de ler porque ela lia assim, desanimada, não conseguia ler pras crianças! (Giovani)

Giovani salienta ainda que a professora também não lia as perguntas das atividades – mais um indício para ele de que ela não gostava de ler. Outros relatos revelam que a professora Carmem, além de ler pouco, não se preparava previamente para as leituras que fazia, dificultando a compreensão dos alunos.

> Ela leu um [texto] que era bastante longo, era história dos negros, dos escravos. Aí ela mandou fazer a reescrita. Foi difícil, porque a história era longa e ela não passou nada, ficou ameaçando a gente que ia tirar nota ruim. Ia tirar nota baixa. Ela leu o negócio lá dos negros... e a gente não entendia. (Talita)

Para Talita, a professora, além de ameaçá-los para que prestassem atenção à leitura, não lia com muita fluência, o que dificultava a compreensão do texto. As mães também expressaram suas opiniões quanto ao modo de ler da professora Carmem:

> E a leitura dela não é igual da Helena não. Pelo amor de Deus. Ela leu na reunião [risos]. Só que, pelo amor de Deus. A Helena lia calma. Era gostoso de escutar. Ela não. Ela grita, ela fala baixo. (Dalva, mãe)

Percebe-se, portanto, que além de pouco ler em sala de aula, quando lia, a professora Carmem não se mostrava prazerosamente envolvida na atividade. Os alunos relatam sentir falta de outro modo de leitura, com o qual estavam acostumados.

Outra mudança importante, relatada pelos alunos, refere-se ao acesso aos livros, que passou a ser dificultado, como se observa abaixo:

> Eu tô sentindo falta do baú de livros porque neste segundo ano, nós já é apegado a ler, só que agora não tem livro pra ler quando chega lá. Quando termina atividade, nós tem que pegar o livro [de língua portuguesa] e achar uma página pra ler. Eu acho chato. (Giovani)

Nota-se que, além de a escola não ter biblioteca, o acesso aos livros não era facilitado, pois ficavam trancados no armário da professora. Quando os alunos terminavam as atividades, ela pedia que lessem algum texto do próprio livro de Português. Os alunos sentiam falta do baú de livros, pois preferiam ler as histórias dos livros de literatura infantil. Todavia, a professora disponibilizava alguns gibis para a leitura; no entanto, ela é quem distribuía aos alunos, não lhes dando a chance de escolher o exemplar, como afirma Ariane:

> Agora não tem livros na classe. Ela tem, mas é só pra fazer a leitura de quem tá ruim. Ela não deixa os livros com a gente! Ela guarda tudo no armário dela com cadeado. Se a gente quer pegar ela fala assim: "Não é pra pegar, só quando eu for fazer leitura!" [imita voz arrogante]... Pra quem tá ruim ela deixa emprestar o livro. Pra Talita, por exemplo, ela não deixa, porque a Talita já é boa. (Ariane)

No relato anterior, Talita diz preferir escolher o que vai ler, não concordando com a conduta da professora. O relato de Ariane afirma que a professora tinha livros apenas para fazer a leitura de "quem está ruim", não deixando os demais pegarem os livros. A leitura desvinculava-se do papel prazeroso que assumiu anteriormente, passando a ser um castigo para o aluno "ruim". Observa-se, pois, que o acesso aos livros tornou-se muito restrito no cotidiano da 2ª série.

A história de mediação vivenciada pelos alunos provocou inevitáveis repercussões em sua relação com a leitura: os dados sugerem que os modos de mediar a leitura, por parte da professora Carmem, produziram um distanciamento na relação dos alunos com a leitura:

> Agora eu parei um pouco de ler porque é muita correria. Ela manda copiar coisa do livro e não dá pra terminar na classe e ela manda terminar em casa. Daí não dá pra mim lê... eu tenho que copiar do livro, porque senão a professora vai brigar comigo. (Talita)

> Ela [professora Carmem] sobrecarrega muito eles e até quem gosta de ler, que nem ela, não tá tendo tempo pra ler. Acho errado isso. Aí a mãe do Victor falou: Por que você não faz que nem a Helena: empresta cada semana um livro? Aí ela falou que tem o livro de português com texto pra ler. Você acha que a criança vai querer ler? Não vai. (Dalva, mãe)

Nos dois relatos, mãe e filha acreditam que a professora sobrecarregava muito as atividades, não garantindo tempo para que os alunos lessem. Para Talita, tornou-se mais importante fazer a cópia das lições do livro de português do que realizar as leituras, antes apreciadas, pois temia a reação da professora. Outro fator que, segundo as mães, dificultou no processo de formação do leitor, foi a ausência de empréstimo dos livros.

> Este ano não tem empréstimo. Eu achava bom o empréstimo porque a Tatiana adora ler... Só que em casa, tem horas que não dá, porque os livros que já têm eles já leram tudo. Não dá para comprar sempre. Acho importante a escola emprestar. (Mari, mãe)

Ao negar o empréstimo dos livros aos alunos, a professora Carmem tirava-lhes a possibilidade de ler novos livros, novos assuntos. Desse modo, ficava sob responsabilidade apenas da família o acesso dos alunos aos livros. As mães relatam que os alunos perderam o hábito de ler, pois não queriam ler os mesmo livros e elas não podiam comprar novos. Flávia acrescenta sua opinião:

> Agora não tem mais os livros. Faz diferença, que nem em casa, ele vai pra escola de manhã, normalmente ele chega, almoça e vai assistir TV, fica a tarde inteira. Se trouxesse um livro pra casa ele ia ter interesse de ver a história. E também se eu comprar acho que ele não vai ter interessei. (Flávia, mãe)

Para Flávia, fazia falta trazer livros da escola, pois acredita que, mesmo que comprasse livros, o filho não se interessaria por ter sido ela quem comprou. No mesmo sentido, os alunos também relatam seus sentimentos acerca da leitura:

> E agora na segunda série a professora não deixa pegar livro. Não estou gostando nada. Porque eu gosto de levar livro, gibi, escolher diferente. Agora eu nem tô lendo. Ah, perdi a vontade. Porque os livro de casa é repetido, daí eu fico cansado. Eu também odeio ler lá na classe quando a professora fica mandando cada um ler um pedaço. O texto é tão chato e ela só fica reclamando se a gente não leu do jeito que ela queria. Eu to achando muito chato ler deste jeito. (André)

> ... Quando a gente lê ela só fica de olho pra ver a gente errar as palavra e dar bronca... Dá vergonha de errar, os outros vai rir se eu ficar errando e a professora briga. (Victor)

Os alunos indicam que perderam a motivação para ler na classe, pois a leitura era avaliada a todo o momento, além de seu conteúdo não ser atraente. Para eles, o fato de ler sempre as mesmas coisas tornou-se cansativo e, por isso, não se motivavam para essa atividade em casa, como expuseram as mães. Assim, percebe-se que as práticas pedagógicas desenvolvidas pela professora Carmem, relacionadas à leitura, não contribuíram positivamente para a formação do sujeito-leitor; ao contrário, provocaram um movimento de afastamento, levando os alunos a se desmotivarem para as leituras, que, nesse contexto, perdeu o prazer e o encanto.

Com relação às atividades de escrita, observou-se a preocupação da professora Carmem em seguir um único livro didático, objetivando completá-lo até o fim do ano. Por isso, as atividades de escrita eram todas extraídas do livro, sem espaço para elaborações vinculadas ao cotidiano ou questões suscitadas pela classe. No mesmo sentido, os alunos não podiam responder às questões no próprio livro; por isso era comum a cópia no caderno, como se observa nos relatos abaixo.

> Tá muito cansativo. Acho que o livro tem umas coisas bem puxadas pra eles. Bem puxadas. E ela tá seguindo tudo... ela quer que copia tudo! . . . acho que não tem nada a ver. (Dalva, mãe)

> Às vezes ela passa coisa que não tem título e é estranho pra gente, aí a gente fica perguntando pra ela, porque não tem título . . . Outro dia ela ameaçou a gente . . . Ela achou no livro três páginas cheinha de coisa pra copiar, daí ela ameaçou todo mundo: se conversar ia fazer aquilo lá . . . tem que ser do jeito que ela quer. (Talita)

Os dados indicam que a prática da cópia ocorria diariamente na classe e que, segundo Talita, era instrumento de ameaça da professora para controlar a indisciplina. Para a mãe de Dalva, as cobranças de algumas tarefas por parte da professora eram infundadas. A mãe de Camila também atenta para a quantidade de exercícios que a professora exigia, que, segundo ela e a filha, era exagerada, como se pode constatar a seguir:

> Com a professora Carmem está bastante diferente. A Camila chora, reclama que ela passa muita coisa. Eu acho um pouco de exagero. Acaba não gostando. Depois não quer vir à escola. (Joana, mãe)

Tatiana também reclama de copiar tarefas do livro de Português e diz acreditar que esse tipo de atividade era sugerida pela professora, para que esta tivesse mais tempo livre para conversar com as demais docentes da escola:

> A professora não faz brincadeira. Só coisa séria na aula. Mudar as carteiras ela não faz. . . . Sabe por que a professora Carmem só dá as coisas pra gente copiar do livro? Porque aí ela pode ficar lá conversando com as professora na porta, fica falando mal das criança. Toda vez a professora Carmem fica conversando com as professoras na porta e esquece das criança. (Tatiana)

A partir dos relatos acima, infere-se que a professora desenvolvia atividades com a escrita centradas, basicamente, no livro didático adotado, o que muitas vezes era criticado pelos alunos que reclamavam por já terem o domínio de determinado conhecimento, ou por terem de copiar uma quantidade excessiva de textos.

Da mesma forma, os sujeitos relatam que ou a professora não dava lição de casa ou dava tarefas em excesso, como se observa abaixo:

> Ou ela nem dá dever ou ela dá muito. Ela não sabe distribuir as coisas, eu acho. . . . E ela passa o dever e não explica. Às vezes tem coisa que nem eu sei. "O que será que é pra fazer nisso?" Ela não explica e fica por isso mesmo... No Dia do Índio, olha o absurdo que ela fez: ela deu dever que era pra procurar na internet, tirar, imprimir sobre o Dia do Índio. Eu tenho computador, mas não tenho impressora. Ela deu até o nome do site [Google]. Não queria saber, tinha que levar. Mas a maioria que tem computador não tem impressora. E quem não fizer o dever ela pega no pé. (Dalva, mãe)

Neste relato, a mãe reclama com o fato de a professora pedir tarefas que exigem o uso do computador, internet e impressora, não considerando a realidade dos alunos. Criticou-a também pela falta de instruções claras para a realização das tarefas e por não distribuir adequadamente a quantidade de atividades.

Além da crítica relacionada à quantidade de dever, atentou-se para a qualidade do conteúdo da tarefa. Segundo Maria:

> O dever da Carmem é sempre as mesmas coisas. É tudo do livro. E não muda, porque a minha sobrinha tem quinze anos e estudou três anos com ela. A primeira, a segunda e a terceira série. E é exatamente o que a minha sobrinha aprendeu, ela está passando agora. (Maria, mãe)

A partir dos dados, infere-se que a lição de casa não tinha uma repercussão prazerosa para os alunos, que reclamavam do excesso e da natureza das atividades. Ao ver os filhos negando-se a fazer as tarefas, muitas vezes era a mãe quem fazia a atividade para que o filho copiasse, a fim de evitar a punição da professora. Observou-se que eram atividades de cópia, recorte e colagem de palavras, o que não gerava motivação para os alunos.

SOBRE OS MOVIMENTOS DE APROXIMAÇÃO E AFASTAMENTO: ALGUMAS CONCLUSÕES

Os dados apresentados neste texto lastreiam, plenamente, o pressuposto teórico já exposto, segundo o qual a qualidade da mediação pedagógica desenvolvida pelo professor é um dos principais determinantes da relação que se estabelece entre o aluno (sujeito) e as práticas de leitura (objeto). Tal relação também é de natureza afetiva, conforme já demonstravam os estudos desenvolvidos pelo Grupo do Afeto (Leite, 2006a). Em outras palavras, a qualidade da mediação docente é um fator crucial no estabelecimento da relação afetiva, podendo variar num contínuo, cujos extremos podem ser caracterizados pelos sentimentos de paixão e ódio – aproximação e afastamento – desenvolvidos pelo sujeito, em relação ao objeto.

Os resultados apresentados permitem inferir que a professora Helena desenvolveu continuamente práticas pedagógicas que valorizavam a formação do aluno como leitor. Todavia, constatou-se que a professora Carmen, que posteriormente assumiu a sala de aula, não deu continuidade ao trabalho de valorização da leitura; ao contrário, produziu um movimento de afastamento entre as crianças e as práticas de leitura.

Foi possível identificar algumas das principais diferenças entre as práticas pedagógicas das duas professoras. A primeira delas, certamente, refere-se às práticas de leitura desenvolvidas pelas duas professoras em sala de aula. A professora Helena lia diariamente em sala de aula, demonstrando grande prazer e variando continuamente os portadores de texto, o que levou os alunos a interpretarem que ela gostava desta atividade. Porém, os dados revelam que a professora Carmem, por ler pouco em sala de aula, era interpretada pelas crianças como uma pessoa que não gostava dessa prática. Perceber o tipo de vínculo existente entre a professora e as práticas de leitura parecer ter se constituído um fator muito importante na determinação do tipo de relação que se estabeleceu nos dois momentos da história dessas crianças com relação à leitura. Nesse sentido, ressalta-se a importância da prática diária de leitura para a classe: pode-se afirmar que, de início, é através dos olhos da professora que as crianças lerão livros ou outros portadores. No caso específico da professora Helena, sua relação afetiva com a leitura contagiou seus alunos – como Wallon (1968) já apontava em relação aos afetos – incentivando-os para a prática na escola e no ambiente familiar.

Vários autores já se referiram a essas relações. Para Mojica (2004),

... ler é uma atividade que necessita ser desenvolvida, incentivada e inserida aos poucos na vida dos pequenos, mesmo quando ainda não são alfabetizados. ... A leitura deve ser apresentada como uma ação lúdica e de diversão, primeiro passo para ser prazerosa. (p. 13)

No mesmo sentido, segundo Abramovich (1997), ouvir muitas histórias representa o início de uma aprendizagem, sendo essa ação muito importante para formar o leitor. Os dados sugerem que a leitura em voz alta, feita pelo professor, é um momento importante para incentivar o gosto pela leitura, principalmente se a professora lê os textos de forma estimulante e envolvente.

Além da tentativa de desenvolver o hábito da leitura diária em sala de aula, pode-se inferir que outro fator decisivo que diferenciou os dois processos de mediação pedagógica desenvolvidos foi o modo de ler das professoras em sala de aula. Os dados revelam que a professora Helena lia e interpretava as personagens, fazendo entoações distintas de voz, movimentando-se e percorrendo a sala ou ainda adotando recursos materiais como fantoches, ilustrações ou criação de cenários, que garantiam uma esfera lúdica durante a leitura. A professora Carmem, diferentemente, lia sempre de forma estática, sem alterações de entoação e materiais de apoio.

Para os alunos, as expressões faciais da professora, com a entoação de voz, despertavam-lhes ainda mais a imaginação sobre o texto lido. Morais (1996) já havia destacado essa relação:

No nível afetivo também, a criança descobre o universo da leitura pela voz, plena de entoação e de significação, daqueles em quem ela tem mais confiança e com quem se identifica. Para dar o gosto das palavras, o gosto do conhecimento, essa é a grande porta. (p. 172-173)

Um terceiro fator que diferenciou sensivelmente o trabalho das duas professoras foi o acesso que as crianças tinham aos livros no contexto escolar e a possibilidade de empréstimo. A escola envolvida não tinha biblioteca; portanto, o que determinou o acesso aos livros foi a iniciativa das professoras. A professora Helena solucionou a dificuldade com a adoção de baús de livros e gibis, que disponibilizou no fundo da sala para todos os alunos. Segundo os relatos, os alunos ficavam livres para escolher os livros a partir de seus próprios critérios, mas, uma vez por semana, eram obrigados a escolher um exemplar para ler em casa; todavia, os dados indicam que o empréstimo de livros passou a ocorrer diariamente, sem que a professora cobrasse esta atitude.

Diferentemente, a professora Carmem optou por não manter o empréstimo. Temendo que as crianças estragassem os livros, trancou-os em seu armário, disponibilizando como material de leitura apenas o livro didático de Língua Portuguesa, que apresentava alguns textos nas últimas páginas, os quais eram indicados como sugestões de leituras. Alguns gibis ficavam sobre a mesa da professora e ela própria escolhia para entregar aos alunos, sendo que eles não podiam levá-los para casa, exceto em uma situação, relatada pela aluna Ariane: ". . . é só pra fazer a leitura de quem tá ruim". Nesse contexto, o livro associa-se às crianças que apresentam dificuldades na leitura, não sendo disponível para todos. Dessa forma, percebe-se que, nas duas salas de aulas, o acesso aos livros tomou características diferentes, com funções diferenciadas e, certamente, com impactos diversos, sendo desnecessário ratificar que, na escola, o acesso ao livro deve ser estimulado e democratizado, ação que, no presente caso, lamentavelmente, ficou a critério individual das professoras.

Os dados permitem afirmar que possibilitar amplo acesso aos livros foi um importante determinante na relação afetiva que se estabeleceu, durante a 1ª série, entre as crianças e as práticas de leitura. No mesmo sentido, o trabalho da professora Helena com projetos literários foi marcante para os alunos, que se lembravam com detalhes dos livros mais trabalhados em sala de aula. Para eles, cada livro foi se constituindo como fonte de prazer e de conhecimento.

Na 2ª série, observou-se uma sensível diminuição na frequência das leituras, em virtude da grande quantidade de cópias que a professora exigia que fossem feitas em casa e, principalmente, pela falta de novos materiais de leitura. Como a professora não permitia o empréstimo dos livros, os alunos relatam que estavam cansados dos próprios livros, já lidos repetidas vezes. Também na sala de aula foram drasticamente alteradas as condições de leitura, a qual passou a ser avaliada pela professora e os alunos frequentemente ridicularizados quando erravam.

Todavia, é necessário ressaltar que o objetivo deste trabalho não é simplesmente comparar e avaliar diferentes práticas pedagógicas, culpabilizando as formas de mediação da docente que não atenta para uma prática qualitativa focada na formação do leitor e de cidadãos críticos. Certamente, a mediação pedagógica do professor é crucial no trabalho educacional que se desenvolve na escola. Para Charmeux (1994) ". . . é o comportamento do professor em face da sua prática que faz a diferença" (p. 22-23).

Contudo, não se pode esquecer que as práticas do professor, em parte, relacionam-se a seu processo de desenvolvimento profissional, que inclui sua formação inicial, suas experiências de educação continuada e as próprias condições do trabalho desenvolvido nas escolas em que atua. Vale ressaltar que a professora Carmem formou-se há quase 25 anos e, em decorrência de não se atualizar, mantém condutas compatíveis com a formação tradicional recebida. Entretanto, a professora Helena, que havia cursado o magistério há mais de quinze anos, na época fazia sua graduação em pedagogia, tendo contato com propostas educacionais mais avançadas.

Entretanto, uma questão inevitavelmente se coloca: como, em uma mesma escola, compartilhando condições semelhantes, duas professoras trabalham com propostas pedagógicas tão divergentes? Dessa indagação, resulta a defesa da importância de um projeto político pedagógico coletivo da escola que valorize, por exemplo, a formação do sujeito-leitor. Os dados da pesquisa indicam que, nessa escola, o incentivo à leitura ficava a critério de cada professora, que atuava isoladamente, quando, na realidade, sabe-se que o processo de constituição do sujeito-leitor, como a maioria dos objetivos educacionais, é longo e gradativo, dependendo de vários fatores, entre os quais se destaca a existência de diretrizes teórico-pedagógicas comuns subjacentes ao trabalho de todo o grupo docente, o que exige uma forma de organização coletiva na escola. Entretanto, nota-se que cada professora assumia uma meta a ser alcançada, balizadas por propostas individuais circunscritas apenas ao seu período letivo, sem, no entanto, atentar para a formação global dos alunos no decorrer do processo de escolarização.

Reconhece-se, pois, a urgente necessidade da implantação de formas de trabalho coletivo na escola, com a formulação de um projeto comum que vislumbre todo o processo educativo, superando a lógica taylorista-fordista (Heloani, 2003) de que o todo é a simples soma das partes produzidas individualmente. Nesse sentido, Leite (2000, 2001, 2006b) vem defendendo a organização coletiva nas instituições educativas. O autor ressalta que esse modo de organização não é um processo natural, mas que depende de planejamento e estratégias que exigem uma coordenação eficiente que atue para facilitar o processo de organização docente. Afirma a necessidade de que ação e reflexão estejam imbricadas no processo educativo, sendo esse planejado no e pelo coletivo dos docentes, distanciando-se dos modelos de atuação isolados e individualistas, como se observa neste trabalho.

Portanto, a partir dos aspectos discutidos neste trabalho, reafirma-se a importância de um projeto político pedagógico da instituição escolar que valorize a formação do leitor, envolvendo todos os membros da escola – um trabalho organizado coletivamente. Ressalta-se a urgência do compromisso coletivo de todos os agentes envolvidos na esfera escolar, de forma a garantir: a possibilidade de os professores exercerem continuamente a reflexão crítica de suas práticas, compartilharem suas experiências com os demais educadores envolvidos no processo, possibilitando a busca conjunta de melhores alternativas, inovação, transformação e aperfeiçoamento pedagógico – enfim, reconhecerem-se, de fato, como sujeitos históricos, que vivem em um mundo que não é inexorável e compreenderem a condição de *inacabamento* do ser humano.

Refuta-se, portanto, a ideologia da docência como dom, ressaltando-se a necessidade de o professor lutar coletiva e politicamente a favor de sua dignidade enquanto professor, visualizando a demanda de seus alunos. Da mesma forma, defende-se a presença de um projeto político pedagógico coletivo, que valorize as práticas de leitura e, simultaneamente, a qualidade da mediação do professor, como essenciais para o sucesso do processo de constituição do leitor na escola. Os dados indicaram claramente que o conjunto das práticas pedagógicas assumidas pelas professoras é um dos fatores intimamente ligados ao sucesso na constituição do leitor, havendo indícios de que a mediação da família é também de importância fundamental, como aponta o estudo de Souza (2005).

Semelhante aos trabalhos de Grotta (2000), Silva (2005) e Souza (2005), os dados relatados chamam a atenção para as dimensões afetivas presentes na mediação do sujeito com a leitura. Sugerem que há práticas pedagógicas que favorecem ou dificultam o desenvolvimento do hábito da leitura dos alunos, sendo os professores um dos principais responsáveis pela organização de situações de leituras na sala de aula, cujos efeitos repercutem dentro e fora dela. Os dados também indicam que o professor comprometido com a leitura, que vivencia o ato de ler em seu cotidiano, valorizando-o e demonstrando relacionar-se afetivamente de modo positivo, torna-se uma forte referência para o aluno.

Finalmente, os dados apresentados sugerem que o excelente trabalho desenvolvido pela professora Helena, durante toda a 1ª série, não foi suficiente para que a leitura se constituísse como uma atividade intrinsecamente motivadora, que possibilitasse aos alunos uma relação autônoma com relação a esta. Isso demonstra que formação de leitor não é tarefa simples, nem se reduz a apenas um ano de trabalho sistemático isolado de professores de boa vontade: exige planejamento coletivo a longo prazo, discussão contínua das práticas desenvolvidas e, certamente, aprimoramento teórico dos professores.

Se tais condições forem garantidas, aumentam-se as possibilidades de que a escola aprimore-se como instituição efetivamente democrática, promovendo movimentos de aproximação entre os alunos e os objetos culturalmente importantes e necessários para o exercício da cidadania – como é o caso das práticas sociais de leitura.

REFERÊNCIAS BIBLIOGRÁFICAS

Abramovich, F. (1997). *Literatura Infantil: gostosuras e bobices*. São Paulo: Scipione.

Azzi, R. G., & Sadalla, A. M. F. de A. (2002). (Org.). *Psicologia e formação docente:* desafios e conversas. São Paulo: Casa do Psicólogo.

Bardin, L. (2004). *Análise de conteúdo*. Lisboa: Edições 70.

Barros, F. R. de (2004). *A relação sujeito-objeto: diferentes histórias de mediação*. Trabalho de conclusão de curso, Faculdade de Educação, Universidade de Campinas, Campinas.

Certeau, M. de (1994). *A invenção do cotidiano: artes de fazer*. Petrópolis: Vozes

Charmeux, E. (1994). *Aprender a ler: vencendo o fracasso*. São Paulo: Cortez.

Chartier, A.-M., & Hébrard, J. (1995). *Discurso sobre a leitura – 1880-1980*. São Paulo: Ática.

Chartier, R. (1996). (Org.). *Práticas da leitura*. São Paulo: Estação Liberdade.

Falcin, D. C. (2003). *Afetividade e condições de ensino: a mediação docente e suas implicações na relação sujeito objeto*. Tabalho de conclusão de curso, Faculdade de Educação, Universidade de Campinas.

Freire, P. (1996). *Pedagogia da autonomia: saberes necessários à prática educativa*. São Paulo: Paz e Terra.

Galvão, I. (2003). Expressividade e emoções segundo a perspectiva de Wallon. In V. A. Arantes (Org.), *Afetividade na escola – alternativas teóricas e práticas*. São Paulo: Summus.

Grotta, E. (2000). *Processo de formação do leitor: relato e análise de quatro histórias de vida*. Dissertação de mestrado, Faculdade de Educação, Universidade de Campinas, Campinas.

Heloani, J. R. (2003). *Gestão e organização no capitalismo globalizado: história da manipulação psicológica no mundo do trabalho*. São Paulo: Atlas.

Leite, S. A. da S. (2000). Desenvolvimento profissional do professor: desafios institucionais. In R. G. Azzi, S. H. S. da S. Batista & A. M. A. F. Sadalla (Orgs.), *Formação de professores – discutindo o ensino de psicologia*. Campinas: Alínea.

Leite, S. A. da S. (2001). *Alfabetização e letramento – contribuições para as práticas pedagógicas*. Campinas: Komedi.

Leite, S. A. da S. (2006a). (Org.). *Afetividade e práticas pedagógicas*. São Paulo: Casa do Psicólogo.

Leite, S. A. da S. (julho-dezembro, 2006b). O processo de alfabetização escolar: revendo algumas questões. *Perspectiva, 24* (2), 449-474.

Leite, S. A. da S., & Tassoni, E. C. M. (2002). Afetividade em sala de aula: as condições de ensino e a mediação do professor. In R. G. Azzi & A. M. F. de A. Sadalla (Orgs.), *Psicologia e formação docente:* desafios e conversas. São Paulo: Casa do Psicólogo.

Ludke, M., & André, M. E. A. (1986). *Pesquisa em educação: abordagens qualitativas*. São Paulo: EPU.

Mojica, I. (março, 2004). Sopa de Letrinhas. *Revista Kalunga. XXXI* (158),13-15.

Morais, J. (1996). *A arte de ler*. São Paulo: Editora UNESP.

Silva, E. T. da (1998). *Elementos de pedagogia da leitura*. São Paulo: Martins Fontes.

Silva, E. T. da (2002a). Criticidade e leitura: *ensaios*. Campinas: Mercado de Letras e Associação de Leitura do Brasil.

Silva, E. T. da (2002b). *O ato de ler: fundamentos psicológicos para uma nova pedagogia da leitura*. São Paulo: Cortez.

Silva, L. M. (2005). *Memórias de leitura: a constituição do leitor escolar*. Dissertação de mestrado, Faculdade de Educação, Universidade de Campinas, Campinas.

Souza, J. S. Z. de (2005). *A mediação da família na constituição do leitor*. Trabalho de conclusão de curso, Faculdade de Educação, Universidade de Campinas, Campinas.

Tagliaferro, A. R. (2003). *Um professor inesquecível: a construção de uma memória coletiva*. Trabalho de conclusão de curso, Faculdade de Educação, Universidade de Campinas, Campinas.

Tassoni, E. C. M. (2000). *Afetividade e produção escrita: a mediação do professor em sala de aula*. Dissertação de Mestrado, Faculdade de Educação, Universidade de Campinas, Campinas.

Van der Veer, R., & Valsiner, J. (1996). *Vygotsky: uma síntese*. São Paulo: Loyola.

Vygotsky, L. S. (1993). *Obras Escogidas*. Madrid: Visor.

Vygotsky, L. S. (1998). *A formação social da mente*. São Paulo: Martins Fontes.

Wallon, H. (1968). *A evolução psicológica da criança*. São Paulo: Edições 70.

Wallon, H. (1978). *Do ato ao pensamento*. Lisboa: Moraes Editores.

CAPÍTULO 3

Proximidade e distanciamento na escola: educação e gestão de conflitos entre pares

Maria Isabel da Silva Leme

Talvez cause algum estranhamento ver discutida a questão do conflito interpessoal na temática deste livro, da proximidade e do distanciamento. Isso porque esse tipo de interação é visto habitualmente como algo que só causa distanciamento, não aproximação, e, portanto, deve ser evitado. A nosso ver, tal perspectiva deve-se, provavelmente, aos desfechos pouco satisfatórios que os conflitos frequentemente têm, cujas consequências mais comuns são, não só o distanciamento, mas até o rompimento definitivo de relações interpessoais. No caso de instituições como a escola, desfechos pouco satisfatórios podem levar à criação de um clima de medo e desconfiança entre as pessoas.

Mas como este capítulo discutirá, o distanciamento entre os protagonistas não é uma consequência inevitável, muito pelo contrário. Sem fazer apologia do litígio, acreditamos como Hartup (1989) que o conflito pode até aproximar pessoas, e, se bem resolvido, pode contribuir para o desenvolvimento psicológico em qualquer etapa do ciclo de vida.

Para isso, iniciaremos definindo o que entendemos por conflito interpessoal, as estratégias de resolução, seus desfechos mais comuns e as variáveis identificadas pela literatura da área que mais contribuem para o distanciamento ou proximidade. Em seguida, nessa perspectiva, discutiremos como a gestão escolar pode auxiliar no desenvolvimento de estratégias de resolução de conflitos entre pares que levem a um bom desfecho e à manutenção de suas relações, propiciando, inclusive desenvolvimento psicossocial.

CONFLITO INTERPESSOAL

O conflito interpessoal pode ser definido como uma situação de interação social em que ocorre algum tipo de oposição entre as pessoas, o que lhes desperta habitualmente afetos negativos, como raiva, frustração, medo, os quais interferem na escolha do curso de ação ou estratégias.

Como qualquer situação problema, os objetivos do conflito interpessoal definem o tipo de situação e seu enfrentamento, que pode variar desde algo muito simples, como afastar-se de uma situação vista como desagradável ou ameaçadora, até mais complexos, como tentar mudar a opinião alheia. Como será examinado a seguir, o objetivo de cada parte envolvida no conflito não define só a situação e seu enfrentamento, mas pode também determinar o desfecho, em função da influência do afeto que é despertado, que, por sua vez, irá dirigir o processamento de informações feito na busca e seleção de estratégias de resolução.

AS ESTRATÉGIAS DE RESOLUÇÃO

Os conflitos podem ser resolvidos, como proposto por Deluty (1979), de duas maneiras básicas, violenta ou pacífica, o que depende, como exposto, dos objetivos e das estratégias de cada parte envolvida nele. Porém, este controle é complexo, pois os objetivos e estratégias são, por sua vez, influenciados pelos recursos cognitivos e afetivos dos protagonistas do conflito e dos contextos sociais em que ocorrem. Os recursos cognitivos e afetivos ampliam ou restringem a interpretação da situação e o contexto sociocultural normatiza as condutas possíveis, isto é, como se conduzir nas situações.

A estratégia violenta pode ser definida como aquela que apela para alguma forma de coerção sobre o outro protagonista, sendo comumente denominada agressão. Em termos de objetivo, verifica-se que esse tipo de estratégia está frequentemente associada ao desejo de controle ou posse de objetos e recursos.

Por outro lado, as estratégias pacíficas se dividem em dois subtipos: a assertiva e a submissa. A primeira busca resolver a situação por meio de alguma forma de enfrentamento, mas sem apelar para qualquer forma de coerção, como a conciliação ou a negociação. Seu objetivo é a consecução de um desfecho satisfatório para todos os envolvidos, e frequentemente, a manutenção da relação. A segunda, com geralmente conhecida como submissão, se caracteriza pelo não enfrentamento, ou seja, pela esquiva ou fuga da situação. Tem por objetivo um desfecho rápido que não envolva riscos, e pode incluir a busca de intervenção de um terceiro (Laursen, Hartup & Koplas, 1996) que procurará resolver o conflito entre as partes. Vale lembrar que é possível encontrar estratégias ambivalentes ou ambíguas, que misturam duas formas de reagir ao conflito.

O PROCESSAMENTO PSICOLÓGICO DO CONFLITO

No que diz respeito aos recursos cognitivos que influem sobre a formulação de objetivos e, consequentemente, sobre a seleção de estratégias, é preciso analisar como se dá o processamento desse tipo de informação, ou seja, o processo de interpretação e avaliação da situação. O processo de avaliação cognitiva (*appraisal*) da situação desencadeadora de emoções, no caso, o conflito, é bastante complexo e universal, envolvendo várias dimensões. Guardadas as devidas restrições, referentes ao nível de desenvolvimento psicológico e condições contextuais, tal avaliação inclui geralmente os seguintes aspectos: 1) identificação da valência do evento eliciador da emoção, isto é, se é positivo ou negativo; 2) identificação da agência causadora da emoção, o que equivale a dizer, quem é o outro protagonista; 3) identificação da intenção deste último, isto é, se a ação desencadeadora do conflito é deliberada ou não; 4) análise da adequação às normas sociais vigentes, tanto do evento eliciador como da própria emoção resultante; e 5) análise das prováveis consequências na situação, ou seja, quais os riscos envolvidos, o grau de controle sobre eles, e, finalmente, esforço a ser despendido no lidar com a situação (Ellsworth, 1994).

Podem ser identificadas nesse processo de avaliação várias etapas do processamento de informação como, representação, no que diz respeito à identificação do tipo de situação, agente e sua intenção; algum tipo de comparação com situações anteriores, ou seja, mapeamento, pela análise do evento em termos de sua adequação às normas sociais, provavelmente guardadas na memória de longo prazo; e finalmente, busca e seleção de estratégia, em termos das consequências que podem ser previstas, como risco e esforço. Nesse sentido é que se supõe que o processo de interpretação seja universal, o que pode ser uma vantagem, pois, como examinaremos oportunamente, permite-nos identificar falhas nas diferentes etapas, intervir sobre elas, melhorando a qualidade da interação do indivíduo nesse tipo de situação social (Crick & Dodge, 1994; Vasconcellos, Picon, Prochnow & Chittó Gauer, 2006).

É preciso observar ainda que o processo de avaliação é dinâmico, isto é, à medida que a interação transcorre, novas informações podem ser incorporadas, o que pode provocar uma reavaliação e reestruturação das dimensões, resultando, às vezes, em mudança na própria emoção experimentada. Ilustrando com um exemplo: a raiva causada por um empurrão pode ser amenizada pelo pedido de desculpas do outro protagonista, mostrando que este foi acidental e não deliberado. Embora as dimensões consideradas no processo de avaliação sejam provavelmente universais, uma vez que as situações sociais como ataque, perda etc. que ocorrem na vida de qualquer indivíduo envolvem outro protagonista ou agente, suas ações, intenções, consequências etc., as culturas podem diferir no que estabelecem como normas sobre o que consiste ameaça etc. É nesse sentido, portanto, que o contexto em que ocorre o conflito faz diferença.

Outro aspecto a salientar diz respeito à incorporação gradual de tais normas no sistema de crenças e valores do indivíduo, à medida que se processa sua socialização em uma dada cultura (Ellsworth, 1994). Como pode ser aprendido na descrição acima, a quantidade e a variedade de dimensões a serem consideradas no processo de avaliação representam uma sobrecarga para o sistema cognitivo. Isso porque tem de processar e coordenar muitas informações, quase ao mesmo tempo, para poder fazer inferências, selecionar estratégias e chegar a uma decisão sobre qual é mais adequada naquela situação. Provavelmente para reduzir a sobrecarga que representa esse processo para o sistema psicológico é que alguns mecanismos adaptativos, como os esquemas, se desenvolveram. Os esquemas são estruturas de conhecimentos abstraídos de experiências recorrentes com eventos semelhantes, frequentemente usados para auxiliar no processamento de informações (Sternberg, 2000). No caso do conflito interpessoal, tais esquemas seriam os chamados *scripts*, que funcionam muitas vezes como instanciação da própria norma. Os esquemas são construídos à medida que a criança interage com o mundo, em situações variadas, porém semelhantes, levando a um conhecimento progressivamente mais geral e organizado sobre o ambiente físico e social, por meio de regras de ação, antecipações, inferências (Vergnaud, 1990). É importante observar que esse conhecimento é frequentemente implícito, tendo em vista que não é adquirido por meios explícitos, como a instrução. Quando o esquema é aplicado automaticamente, isso significa que está bem estabelecido, revelando experiência com aquele tipo de situação. Quando se observam hesitações, ou tentativas variadas para resolver o problema, verifica-se que o esquema necessário ainda não está construído, pelo menos não totalmente, explicando, assim, reações diferenciadas à mesma situação, em razão do desenvolvimento e da experiência, que desempenham um papel recíproco no enfrentamento do conflito interpessoal, como em outros domínios do funcionamento psicológico A maturação pode produzir incrementos em algumas habilidades, como a atenção, o que pode facilitar o processamento de informação social (Crick & Dodge, 1994). Várias pesquisas encontraram diferenças significativas no processamento cognitivo de crianças consideradas socialmente competentes e outras apontadas como incompetentes (Crick & Dodge, 1994; Vasconcellos *et al.*, 2006). Como será analisado a seguir, o processo de avaliação da emoção irá, no caso do conflito interpessoal, interagir com características individuais e contextuais que irão complexificar o processamento do problema, em vista das coordenações necessárias nas informações, tanto internas, como a emoção, quanto externas, como o agente ou sua ação, para selecionar uma estratégia capaz de levar a um desfecho. Assim, como será examinado na próxima seção, as várias estratégias envolvem diferentes avaliações da situação, em termos do próprio processamento, como quantidade de dimensões e informações consideradas e coordenadas para a seleção da estratégia. Tais diferenças podem ser atribuídas a diversos fatores pessoais, ambientais e contextuais ao próprio problema.

OUTROS FATORES ASSOCIADOS À ESCOLHA DE ESTRATÉGIA

A coerção ou agressão é a estratégia que mais apresenta dificuldades para a pesquisa porque é uma conduta que, além de episódica, não é facilmente definível, assumindo diferentes formas de manifestação, e também porque está sujeita à contaminação de juízos de valor de quem a observa. A gama de comportamentos considerados agressivos pode variar de casos mais extremos, como o ataque físico, até formas mais veladas, como as caçoadas disfarçadas em brincadeiras etc. O aspecto comum identificado nesses comportamentos é a intenção de causar prejuízo ao outro, aliada à expectativa de que tal objetivo será atingido (Edmunds & Kendrick, 1980; Geen, 1990; Loeber & Stouthamer-Loeber, 1998; Bushman & Anderson, 2001; Anderson & Bushman, 2002). Porém, como mencionado acima, a atribuição de intencionalidade pode ser um critério problemático, por estar sujeita à contaminação do juízo de valor do observador ou da vítima (Tremblay, 2000). Alguns comportamentos violentos podem ser desencadeados sem a motivação inicial de causar dano, e, de outro lado, a ausência de prejuízo pode levar à conclusão equivocada de que não ocorreu agressão, como um tapa dado por uma criança pequena.

Dentre os aspectos que contribuem para o surgimento e a manutenção da agressão, como o biológico ou a personalidade, destacaremos a aprendizagem, isto é, experiências anteriores na cultura familiar em termos de exposição à violência. Abordaremos, também, expectativas socioculturais, tanto em relação ao que é considerado aceitável como reação em um conflito interpessoal, quanto em termos dos ambientes de convivência que se organizam em termos dos valores acerca da violência. Aprofundando um pouco o papel da aprendizagem, pelo grande interesse que tem para a prevenção, verifica-se que a exposição à violência tem como consequência o aumento da probabilidade de que sejam mantidos ativos na memória os já mencionados *scripts*, também violentos, que estarão mais ativados do que os pacíficos, o que poderá influir no processo de avaliação da situação, principalmente se for ambígua (Geen, 1990). É nesse sentido, portanto, que a exposição à violência representa risco, em particular no início da vida, pois os esquemas de interação social que estariam se formando e organizando nessa fase, para a solução de problemas como conflito interpessoal, teriam maior probabilidade de ser mais violentos, ocasionando distorções na interpretação de intenções, estreitando o leque de opções em termos de estratégias de resolução etc. Vem se fortalecendo a hipótese de que há um vínculo entre a conduta e a informação que se encontra cronicamente acessível, como os esquemas violentos adquiridos pela experiência recorrente em dado ambiente (Bushman & Anderson, 2001; Anderson & Bushman, 2002).

Além de esclarecer como ocorre a aprendizagem que leva à conduta violenta, interessa saber se é possível intervir sobre ela, antes que evolua para formas cada vez mais graves de comportamento. Essa questão é importante também porque a agressão pode manifestar-se posteriormente de forma privada, como violência doméstica contra cônjuges e filhos (Azevedo & Guerra, 1995; Loeber & Stouthamer Loeber, 1998) eternizando um círculo vicioso. Entretanto, como muitas pesquisas constatam, a interrupção quase espontânea da agressão é bastante generalizada, sobretudo do tipo físico, da infância para a vida adulta. Porém, vale alertar, a probabilidade de interrupção é inversamente proporcional à gravidade das transgressões cometidas pelo indivíduo. Isso porque as consequências a seu comportamento violento, como suspensões, vão limitando, cada vez mais, as oportunidades de estudo, e assim, posteriormente, de trabalho. Nessa perspectiva, será discutido oportunamente o tipo de intervenção escolar que previne esse círculo vicioso da violência e promove formas mais desejáveis de resolução de conflito, como a assertividade.

A assertividade, entre as formas alternativas e não violentas de resolução de conflitos interpessoais, foi mais pesquisada do que a submissão, principalmente em pesquisas clínicas na década de 1970. Atualmente é investigada como um dos componentes das denominadas habilidades sociais, o que ocorre pouco em nosso meio (Del Prette & Del Prette, 1996). Analisaremos em que aspectos esses comportamentos diferenciam-se do agressivo, o que não se resume à manifestação pacífica, mas inclui principalmente a percepção e a valorização do outro, refletindo maior complexidade do processamento de informações. Em termos da forma de manifestação, o comportamento assertivo caracteriza-se, como o agressivo, pelo enfrentamento da situação de conflito. Entretanto, esse enfrentamento se caracteriza, diferentemente da agressão, pela ausência de qualquer forma de coerção, como violência ou desrespeito ao direito e à opinião alheios. São comportamentos explícitos de defesa dos próprios direitos e opiniões, como a negociação, e manifestam-se também em expressão de pensamentos e sentimentos positivos, como elogiar, concordar com as opiniões dos outros (Deluty, 1981). Verifica-se nesse tipo de conduta a valorização explícita do outro como uma pessoa que tem direito ao respeito e consideração em suas opiniões e desejos. É, indubitavelmente, o mais desejável dos comportamentos em situações de conflito, embora nem sempre seja o mais aconselhável em uma situação que envolve risco, como, reagir a um assalto.

Diferentemente do comportamento assertivo, o comportamento submisso caracteriza-se pelo não enfrentamento da situação de conflito, o que ocorre por meio de fuga, ou até esquiva desta, buscando a intervenção de um terceiro, em geral uma figura investida de autoridade. De outro lado, como o assertivo, envolve com frequência a consideração dos direitos e sentimentos dos outros, só que em detrimento dos próprios. Isso porque, como muitos autores apontam, submeter-se é confundido com uma conduta cooperativa, em vista da generalização de comportamentos pró-sociais, aprovados inclusive na escola (Del Prette & Del Prette, 2002). Algumas evidências dessa tendência foram observadas em pré-escolares, que avaliaram como cooperativos comportamentos explicitamente rotulados pelo experimentador como submissos (Morais, Otta & Scala, 2001). Assim, muitas vezes é acompanhado pela negação da ocorrência de um conflito, valendo-se de argumentos defensivos como percepção de ausência de dano, de ameaça à autoestima etc. Em virtude dessa maior desejabilidade social, o comportamento submisso é mais frequente que o assertivo.

Deve ser lembrado, porém, que esse último aspecto de não enfrentamento da situação nem sempre é motivado pelo que é considerado socialmente desejável. Muitas vezes, o comportamento submisso é motivado pelo medo do confronto, constituindo, assim, o verso do agressivo, isto é, a resolução de conflitos dicotomizada em luta ou fuga (Deluty, 1979). Em outras palavras, muitos indivíduos se comportariam de modo agressivo em várias situações, caso sentissem condições de obter sucesso com isso. Quando isso não parece provável, ocorre a submissão ao outro, acompanhada frequentemente pela negação de ocorrência de um conflito, como já exposto. Em virtude da ausência de confronto que lhe confere erroneamente maior desejabilidade social, o comportamento submisso é mais frequente que o assertivo.

OUTRAS FONTES DE VARIABILIDADE

Como já analisado acima, a resolução de conflitos é um processo complexo, não só porque envolve processamento de muitas informações, mas, também, porque sofre a influência de muitas fontes de variação, como sexo, idade, nível socioeconômico e cultura. No que tange ao sexo, os agentes de socialização como pais e professores têm um papel importante na escolha de estratégias de resolução de conflito. As práticas de socialização relativas à forma de se comportar diferem em relação a cada sexo. E no que diz respeito ao conflito, os meninos gozam de maior liberdade para expressar agressividade, ao passo que as meninas, em geral, sofrem retirada de aprovação quando agem de modo não submisso. Muitas vezes essas influências se dão de modo implícito, pois os pais atuam como modelos para as crianças em seu estilo de resolução de conflitos (Deluty, 1981; Ricaud-Droisy & Zaouche-Gaudron, 2003).

A idade, em termos do desenvolvimento psicológico que propicia quando ocorre de modo típico, é uma variável importante para a diminuição da agressão como já apontado anteriormente. Isso ocorre porque o funcionamento psicológico mais avançado favorece a emergência de estratégias mais sofisticadas, como a assertividade, que demanda um processamento de informação mais complexo, uma vez que envolve a consideração de mais dimensões no processo de avaliação, como respeito ao direito do outro, não só ao próprio. Esse processamento é favorecido pela maturação, que aumenta a capacidade de memória, permitindo maior coordenação de informações de fontes diversas. Deve ser lembrada também a maior amplitude de experiências adquiridas com o decorrer do tempo, que se manifestam em maior elenco de alternativas à luta ou fuga disponíveis na memória, como negociação, conciliação, diálogo, voltados para acomodar as necessidades de todas as partes envolvidas no conflito. Essa relação entre desenvolvimento psicológico e estratégias mais sofisticadas e pacíficas é confirmada em pesquisas sobre tomada de perspectiva do outro (Selman, 1980) e negociação (Laursen et al., 1996). A submissão, por sua vez, parece situar-se em um nível intermediário, entre a assertividade, a mais evoluída, e a agressão, a mais primitiva. Isso porque, como já apontado acima, é motivada frequentemente pelo medo, o qual, por sua vez, envolve a antecipação de riscos e consequências .Tais antecipações são levadas em consideração no processo de avaliação, mas estão, ao que tudo indica, ausentes nas estratégias coercitivas, caracterizadas pela literatura como relacionadas à impulsividade. A nosso ver, a antecipação de riscos, que resulta na ausência de reação ou submissão explícita ao outro, como a obediência ou a capitulação, implica ter esse outro em consideração, pelo menos, representado como perpetrador de possíveis reações futuras, como retaliação, o que torna o processo de avaliação realizado na submissão mais complexo que na coerção ou na agressão. Como Laursen e Hartup (1989) apontam, reconhecendo a necessidade de alguma forma de resolução mais produtiva, mas ainda sem habilidades em táticas de negociação, essas crianças simplesmente se afastam do outro, ou desistem de resolver o desacordo, deixando a questão não resolvida.

Reitera-se a importância dos objetivos da criança no processo de avaliação do conflito, inclusive em termos de como afetam o outro, discutida no início deste capítulo. Manter boas relações com os pares, ter controle sobre os outros ou a posse de objetos, ou mesmo evitar problemas são objetivos que devem ser considerados, uma vez que já foi verificado que estão bem relacionados às estratégias escolhidas para resolver o conflito, tanto intencional quanto implicitamente, pela maior atenção a algumas características da situação em detrimento de outras (Murphy & Eisenberg, 1996; Chung & Asher, 1996). O objetivo de manter boas relações sociais no grupo, valorizando a justiça, a imparcialidade e a simetria nas relações entre os membros está relacionado à negociação, à conciliação e ao diálogo (Ballif-Spanville, Clayton & Hendrix, 2003), enquanto evitar problemas está mais associado à esquiva. De outro lado, objetivos de controle estão, principalmente, relacionados à agressão, ou a outra forma de coerção, como insistência, e são, ainda mais comuns entre meninos, quando relacionados à posse de objetos, ao passo que as meninas tendem a favorecer estratégias de negociação ou esquiva para a manutenção das relações com o outro (Murphy & Eisenberg, 1996; Chung & Asher, 1996). Esses diferentes objetivos estão relacionados ao funcionamento social geral da criança, o que significa que aquelas avaliadas positivamente quanto à sociabilidade são mais propensas a manter objetivos e estratégias construtivas para resolver seus conflitos. No entanto, tal consistência depende do desenvolvimento, pois na pré-escola é frequente a combinação de estratégias diferentes na mesma situação, o que pode ser atribuído à emergência ainda recente de estratégias pró-sociais. Não se tem encontrado nessa faixa etária relação entre escolha de estratégias com traços de personalidade, habilidade em detectar pistas sociais, popularidade da criança, ou mesmo com a probabilidade de se envolver em disputas, só com a habilidade de nomear os pares com quem entra em conflito (Hawley, 2002). Nessa fase, os conflitos envolvendo agressão são relativamente raros, a insistência é uma estratégia mais usual (Laursen & Hartup, 1989), observando-se comportamentos pró-sociais como desculpas ou outros que contribuem para a interação pós-conflito, independentemente de quem o tenha iniciado (Ljunberg, Westlund & Forsberg, 1999). Por volta dos dez anos, espera-se que padrões de estratégias construtivas e coercitivas estejam bem diferenciados (Hawley, 2002), o que na nossa experiência de pesquisa não se tem confirmado, pois observamos incidência importante de estratégias mistas até os doze anos (Leme, 2004).

Um aspecto bem pouco explorado na literatura relativa a conflito interpessoal é a influência do nível socioeconômico sobre a escolha de estratégias (Van Horn & Marques, 1998), o que dificulta a interpretação de resultados que apontam para uma tendência a maior assertividade e agressividade em meios mais afluentes e maior submissão nos menos (Leme, 2004, 2006). A influência do nível socioeconômico sobre o desenvolvimento psicológico geral se daria de acordo com as condições de vida por ele propiciadas, como disponibilidade de espaço e tempo para dedicar à criança, que estruturam seu ambiente em termos das regras explícitas, ou relativas ao comportamento e regras implícitas, ou hábitos (Lautrey, 1995). Nesse sentido, práticas mais flexíveis, usualmente associadas a ocupações e rendimentos mais privilegiados, exceto por aqueles muito altos, favorecem um ambiente mais desafiador, uma vez que fornecem oportunidade para estabelecer relações estáveis entre eventos, e, ao mesmo tempo, podem ser adaptadas se necessário a mudanças eventuais. Consequentemente, favorecem a construção de novas estruturas cognitivas para lidar de modo flexível com o ambiente. De outro lado, práticas rígidas, usualmente associadas a ocupações e rendas menos privilegiadas, e, portanto, a recursos mais limitados, levam a ambientes não desafiadores, uma vez que não fornecem variação, só regras a serem seguidas, não importa quão mudadas as circunstâncias. Ilustrando com um exemplo, a escola pode proporcionar um feriado inesperado, o que permitiria à criança ir se deitar mais tarde na véspera e ficar acordada vendo TV. Porém, se a disponibilidade de espaço na moradia é pequena, e o restante da família tem de acordar no horário habitual, a regra do horário de dormir terá de ser cumprida, para não incomodar os demais. Finalmente, práticas aleatórias de criação, não associadas ao nível de renda, produzem ambientes caóticos, uma vez que não favorecem nem a construção de relações estáveis entre eventos, nem sua variação previsível, por não mudarem de acordo com as circunstâncias. Foi observado que as duas últimas formas de criação, rígida e aleatória, estão associadas à falta de adaptação de estratégias por parte da criança a mudanças em uma situação em solução de problemas, ao passo que a flexível associou-se à adaptação (Lautrey, 1995).

Outros resultados derivados de temas de pesquisa próximos, como tomada de perspectiva em juízo moral e questões relativas à autonomia pessoal podem colaborar na compreensão da influência do nível socioeconômico no conflito interpessoal. Iniciando pela tomada de perspectiva, que, como vimos, é parte integrante da seleção de estratégias assertivas, verifica-se que o nível de afluência influiu sobre essa habilidade que se mostrou mais precoce entre pré-adolescentes de ambos os sexos, de lares mais privilegiados. As meninas deste nível socioeconômico mostraram uma aprovação também mais precoce de comportamentos pró-sociais do que meninas de nível menos privilegiado. Ao que tudo indica, as primeiras se beneficiaram do maior tempo livre de suas mães, dedicado à sua educação (Eisenberg, Zhou & Koller, 2001). Outro aspecto importante é a obediência às normas de conduta, aspecto que pode produzir conflitos com familiares quando transgredidas. Crianças originárias de lares menos privilegiados tenderam mais a apoiar convenções sociais, assim como apoiar mais a obediência a posições tomadas pela autoridade paterna. Também tenderam mais do que crianças de lares mais privilegiados a não defender seu direito à escolha ou à autonomia pessoal. A explicação para essas diferenças estaria na tendência dos pais a adotar práticas educativas coerentes com a sua percepção da própria autonomia social. Assim, pais provenientes de níveis socioeconômicos menos privilegiados e ocupando posições mais subalternas tenderiam a criar seus filhos enfatizando a obediência, de modo a promover cautela com relação à autoridade em geral (Nucci, Camino & Sapiro, 1996).

A influência do nível socioeconômico sobre as condições de vida é inegável, assim como sua repercussão sobre as práticas de socialização. Porém, convém considerar alguns resultados da literatura (Knafo & Schwartz, 2003; Grusec & Goodnow, 1994) que mostram que a percepção e a adesão aos valores parentais é mediada por muitas variáveis, como estilo de autoridade (democrático ou autocrático), coerência entre norma explicitada e conduta parental observada, consenso percebido entre os pais quanto às normas estabelecidas, afetividade positiva e motivação do filho para atentar para as normas. Em suma, estilo de autoridade, disponibilidade de informação e motivação para atentar para os valores parentais são evidências de influências múltiplas sobre a percepção e a internalização desses valores. Assim, para poder aferir o peso dessa influência entre tantas outras, como já examinamos acima, parece pertinente investigar como os filhos percebem valores e normas parentais relativos à resolução de conflitos interpessoais.

Além disso, o nível socioeconômico pode interagir com outros fatores a ele associados, como convivência com grupos de pares dentro ou fora da escola, que podem se constituir em importante agente de socialização além da família. A adesão a grupos, como gangues, é um fenômeno cada vez mais comum em vários países, onde, em geral, está associada a níveis socioeconômicos menos privilegiados. Isso porque a afiliação a tais grupos pode satisfazer várias necessidades do adolescente, como uma identidade positiva, autoestima, especialmente para aqueles procedentes de lares menos privilegiados, que enfrentam preconceito e estigma de seus concidadãos de classes mais abastadas. A afiliação a tais grupos mostrou-se relacionada a atitudes favoráveis de adolescentes franceses em relação à violência e a outras transgressões, como uma consequência da socialização do grupo. Deve ser lembrado que na adolescência é mais comum maior tolerância frente às transgressões dos pares, resultado da autoidentificação com o grupo de idade (Mokounkolo, 2004).

Encerrramos esta análise com outra importante fonte de variabilidade: a cultura. A literatura sobre influências culturais na resolução de conflitos interpessoais apresenta alguns resultados ilustrativos de sua relação com o tema da proximidade e do distanciamento. Isso porque as práticas educativas estão estreitamente relacionadas aos valores e aos ideais de vida mantidos por uma dada cultura, no sentido de influenciar o indivíduo já no início da ontogênese a aderir aos mesmos para, assim, manter uma relação harmoniosa e cooperativa com os demais membros. Nesse sentido, as práticas de socialização difeririam em termos do funcionamento psicológico visado, explicando a preferência por determinadas estratégias de resolução. Culturas individualistas, como a norte-americana, por enfatizar um funcionamento psicológico independente, tendem a socializar a criança em direção à autonomia, ao sentimento de eficácia, à expressão e à defesa de seus desejos, direitos e sentimentos (Raeff, 1997), o que poderia explicar a preferência pelo uso de certas estratégias de resolução de conflitos, como as de enfrentamento, sobre outras de minimização. As coletivistas como as latino-americanas, orientais e árabes, por sua vez, tenderiam a socializar a criança para um funcionamento psicológico mais interdependente (Markus & Kitayama, 1991; Kitayama, 2001) de valorização da convivência harmoniosa com o outro, de relacionamento e solidariedade (Dias, Vikan & Gravas, 2000), o que resultaria em maior ênfase na observância de princípios morais, na obediência, no respeito à autoridade (Wang & Leichtman, 2000), o que também redundaria na seleção de estratégias de minimização, ao invés de enfrentamento do conflito. Alguns exemplos dessa influência precoce são bem ilustrativos. Uma revisão de estudos sobre agressão entre pares em vários países, diferentes quanto às respectivas orientações culturais, verificou que culturas avaliadas como baixas em agressão tendem geralmente a evitar o conflito. São, de modo geral, culturas coletivistas, isto é, aquelas que valorizam mais a coesão do grupo do que o bem-estar individual. Por esse motivo, tendem a mostrar níveis mais baixos de agressão e esquiva ao conflito do que aquelas caracterizadas como individualistas, que valorizam mais as necessidades do indivíduo (Bergeron & Schneider, 2005). Um bom exemplo desse tipo de esquiva do conflito com um membro do grupo foi investigado por Han e Park (1995). Crianças coreanas, identificadas previamente quanto à ênfase de seus valores em relação ao bem-estar do grupo ou do indivíduo, apresentaram diferenças em uma tarefa de divisão de recompensas. As crianças identificadas como mais orientadas para o bem-estar do grupo recompensaram igualmente todos os membros deste, não importando o quanto cada uma havia participado na tarefa. Essa tendência foi diferente em crianças identificadas como mais orientadas para as necessidades do indivíduo, que recompensaram equitativamente, de acordo com a participação na tarefa, sem relação com o vínculo ao grupo. Resultados similares foram obtidos entre crianças canadenses e italianas (Schneider, Fonzi, Tomada & Tani, 2001) ao dividirem brinquedos e seguirem as regras em uma corrida de carro. Os italianos mostraram tendência maior que os canadenses à diferenciação entre amigos e não amigos e tenderam a evitar mais conflitos do que os canadenses. Até mesmo no autorrelato de estratégias para resolver o conflito podem ser observadas diferenças entre culturas coletivistas e individualistas, no caso, indonésios e norte-americanos. Os primeiros relataram maior esquiva e submissão que os últimos, embora tenham referido frequentemente o uso de negociação também (French, Pidada, Denoma, McDonald & Lawton, 2005).

Na América Latina foram encontradas influências culturais no uso de estratégias de resolução de conflitos. Crianças colombianas relataram que uma estratégia muito frequente

(65%) para resolver seus conflitos consistia em apelar para a intervenção de uma terceira parte (Chaux, 2005), considerada de esquiva ou não enfrentamento, como já examinado anteriormente. Também entre adolescentes brasileiros observou-se maior orientação para a interdependência na relação com o outro do que entre norte-americanos, uma vez que mostraram mais preocupação com as consequências de um conflito, como os sentimentos da outra parte. De outro lado, tenderam mais que americanos a propor soluções unilaterais para resolver os conflitos, ao passo que os últimos propuseram soluções mais baseadas em reciprocidade, mas tenderam a ignorar os sentimentos da outra parte (Van Horn & Marques, 1998). Em outra comparação, brasileiros no início e no fim da adolescência relataram ter mais conflitos com seus pais do que os norte-americanos, mas, de outro lado, relataram contar mais com eles para o apoio emocional (Van Horn & Marques, 2000).

Ao que tudo indica, essas tendências se mantêm em períodos posteriores da vida, pois universitários brasileiros escolheram estratégias de negociação, que expressavam preocupação com as consequências para a outra parte, ao passo que norte-americanos com as consequências que beneficiavam a si próprios (Pearson & Stephan, 1998). Vale relatar que encontramos resultados muito semelhantes aos relatados acima na comparação entre pré-adolescentes norte-americanos e brasileiros e entre esses últimos e franceses (Leme, 2004, 2006), principalmente no que se refere ao conflito com amigos e familiares.

Outros resultados obtidos em países de orientação cultural coletivista apontam também para essa preocupação com as consequências para o outro na resolução de conflitos por jovens adultos. Universitários mexicanos mostraram maior preocupação com a manutenção da relação e com a opinião alheia na resolução de seus conflitos do que os norte-americanos (Gabrielidis, Stephan, Ybarra, Pearson & Villareal, 1997). Diferenças semelhantes foram encontradas na comparação de universitários japoneses e norte-americanos, pois os primeiros não só mostraram maior preocupação com a outra parte, como tenderam mais a evitar o conflito. Os norte-americanos mostraram-se mais preocupados com questões relativas à justiça (Ohbuchi, Fukushima & Tedeschi, 1999) e menor preferência pela intervenção de uma terceira parte para mediar o conflito do que estudantes turcos (Kozan & Ergin, 1998).

Resumindo, os resultados da literatura revistos acima apontam a existência de diferentes estilos de resolução de conflitos entre amostras de países coletivistas e individualistas. As amostras coletivistas diferem das individualistas no uso de estratégias de minimização do conflito, especialmente se o protagonista é visto como um membro de seu grupo. A tendência pode ser explicada pelo efeito da descontinuidade: pertencer a uma cultura coletivista promove um sentimento forte de identidade grupal e, consequentemente, estratégias de esquiva de conflito para preservar a harmonia no grupo. Os sentimentos negativos aí reprimidos são transferidos para pessoas não pertencentes ao grupo, explicando o uso de estratégias mais de confronto neste caso (Derlega, Cukur, Kuang & Forsyth, 2002). No entanto, deve ser observado que os coletivistas não constituem um grupo homogêneo. Ao que tudo indica, o bem-estar dos membros do grupo é mais importante para latinos do que para asiáticos, que enfatizam mais a estabilidade da harmonia no grupo como um todo, o que leva, assim, à escolha de diferentes estratégias para resolver ou terminar o conflito. Os asiáticos mostram preferência por estratégias de esquiva, ao passo que os latinos pelas de acomodação dos interesses, como negociação ou conciliação (Gabrielidis *et al.*, 1997). Vale lembrar que encontramos resultados semelhantes na comparação entre pré-adolescentes brasileiros e franceses, pois os primeiros mostraram-se significativamente mais propensos que os segundos a negociar quando o protagonista de um conflito fictício era descrito como seu amigo (Leme, 2006). Em contrapartida, é oportuno observar que essa preocupação com a manutenção da amizade não se restringe a determinadas culturas, podendo ser caracterizada como uma dimensão universal na avaliação de relações interpessoais. Provavelmente, só emerge mais cedo em culturas em que o bem-estar de membros do grupo é mais valorizado. A manutenção de relações, como amizade, é importante não só pela proximidade, mas principalmente por seu caráter voluntário, o que lhes confere menor garantia de continuidade ou vulnerabilidade ao rompimento. Quando o conflito se dá entre familiares, é menos arriscado o uso de estratégias coercitivas porque essas relações, embora próximas, não são voluntárias e sua continuidade está garantida, pelo menos em tese (Jensen-Campbell, Graziano & Hair, 1996). Considerando esses resultados, parece razoável supor que a avaliação de relações, em termos de quem pertence ou não ao grupo, pode não ser baseada nos mesmos critérios em culturas diferentes como coletivistas e individualistas, no caso, estabilidade e proximidade. Algumas relações, como aquelas com colegas de classe ou trabalho, são avaliadas como mais próximas por coletivistas do que por individualistas, em virtude de sua estabilidade, mais do que seu caráter voluntário, de escolha. Em outras palavras, a probabilidade de futuros encontros pode ser um critério mais forte que a escolha, pois preservar a harmonia no grupo é um critério muito importante para os coletivistas, principalmente orientais (Han & Park, 1995). Ao que tudo indica, no caso de crianças brasileiras, as relações julgadas mais próximas e valorizadas são com amigos, que variam de acordo com o nível socioeconômico, nos mais afluentes colegas de escola, nos menos, vizinhos (Leme, 2006).

Conclui-se que a escolha de determinadas estratégias é complexa em vista da influência de múltiplos fatores, como idade, práticas de socialização diferenciadas de acordo com o sexo, nível socioeconômico e cultura. Porém, essa variabilidade não significa que não possamos intervir no sentido de socializar os jovens para uma resolução de seus conflitos mais satisfatória, que não só contribua para a proximidade entre eles, mas, ainda, favoreça seu desenvolvimento psicológico, construindo uma sociedade mais justa e pacífica. Essa questão nos leva à análise do último tópico, que é o conflito interpessoal na escola, e como essa instituição pode lidar com ele no sentido de promover proximidade entre pares.

A GESTÃO DO CONFLITO NA ESCOLA

A intervenção dos educadores nos conflitos que ali ocorrem é necessária porque, como vimos, as crianças mais jovens têm menos recursos cognitivos para lidar com o conflito de modo satisfatório, tanto em razão da menor experiência com esse tipo de situação, como pela menor maturidade, que limita a capacidade em coordenar várias informações ao mesmo tempo. Retomemos o exemplo das crianças que dividem as recompensas igualmente, independentemente do merecimento de cada um, para evitar conflitos com membros do grupo. Verifica-se nessa situação que, para proceder com imparcialidade e, portanto, com justiça, a criança precisaria representar o sentimento daqueles membros que se esforçaram mais em relação aos outros e coordenar essa representação com seu próprio sentimento de evitar conflitos com o grupo. Além dos recursos cognitivos limitados pela idade para representar as diversas perspectivas, dependendo da cultura de origem, as crianças terão menos experiências de equidade que as auxiliem na representação e na coordenação das informações disponíveis. Assim, cabe ao educador não só lidar com esses conceitos nas situações de aprendizagem cabíveis, mas, principalmente, tratar os alunos com equidade, de modo a ter legitimidade para lidar com esse problema, e fazê-los experimentar a justiça concretamente. É importante lembrar que a escola não deve ser permissiva com os conflitos entre alunos mais jovens em virtude de sua menor maturidade, nem tentar resolvê-los por eles. É necessário que tenham a experiência concreta de negociar, de refletir sobre sentimentos, direitos e deveres de todos, para que a maturação possa se manifestar oportunamente (Branco & Mettel, 1995).

Outra razão para a intervenção dos educadores são as consequências resultantes do envolvimento em conflitos na escola. Não raro, as punições se dão pela exclusão do aluno agressor, via suspensões, que, quando muito frequentes, comprometem seu rendimento escolar, até inviabilizar sua permanência na escola, só restando no futuro a transgressão como forma de prover a sobrevivência. Em contraposição, as vítimas de provocação frequente, como exposição ao ridículo com apelidos, ameaças e outras formas de perseguição repetida conhecidas como *bullying,* também sofrem consequências se a escola é negligente em relação ao problema. Isso porque podem desenvolver um padrão estável de reações pouco adaptativas, de inibição e esquiva ao conflito, cujas repercussões em seu relacionamento social são bastante prejudiciais. Algumas pesquisas verificaram que a vulnerabilidade a essas perseguições tende a se perpetuar na vida adulta, caso a vítima não aprenda a se defender. E isso é possível pela intervenção deliberada dos educadores da escola, que devem, de um lado, punir sem excluir os vitimizadores, para que se conscientizem das consequências de seus atos, e, de outro, levar as vítimas a perceber que é preciso aprender a se defender, sem apelar para a intervenção de terceiros, ou para a violência, explicitando os modos possíveis de colocar isso em prática

O estabelecimento de normas claras quanto à conduta em relação ao outro é um aspecto muito importante. Verificamos, em pesquisa recente junto a uma amostra representativa de alunos de Ensino Fundamental e Médio de São Paulo, que uma queixa frequente em relação à escola é a ausência dessas regras, e também a injustiça em sua aplicação. No entender desses alunos, a existência de regras claras e consistentes eliminaria muitos problemas de disciplina (Leme, 2006). Além disso, o estabelecimento de regras deve ser coletivo, pois só adere quem se sente responsável por elas por ter participado de sua elaboração. Caso contrário, a regra só será observada quando a punição pela transgressão pode ser antecipada. Além disso, a gestão democrática contribui para o desenvolvimento psicológico. Analogamente às estratégias agressiva e submissa, e também às práticas de criação autoritária já examinadas acima, a gestão autocrática na escola atrasa, quando não impede o desenvolvimento cognitivo. A gestão democrática promove o desenvolvimento porque a discussão sobre os princípios que norteiam as regras, a formulação de diversos pontos de vista que, se não são acatados, são ao menos legitimados pela consideração aos mesmos, flexibilizam o pensamento de modo análogo às práticas de criação descritas acima. Alguns resultados de pesquisa mostram que a gestão democrática, isto é, a inclusão de todos os membros da comunidade na tomada de decisões sobre vários aspectos da vida na instituição vem sendo associada ao uso de estratégias de resolução de conflitos mais pacíficas e elaboradas como a negociação (Vinha & Mantovani de Assis, 2007) e até a melhoria do desempenho discente e profissionalismo docente (Namo de Mello & Atié, 2003; Rizvi, 2008).

Outra providência interessante é a mediação de conflitos por pares, que vem sendo crescentemente defendida na literatura. Embora sua definição seja a intervenção de uma terceira parte quando o conflito chega a um impasse, isso não significa que o mediador vá resolver o conflito pelos contendores. Muito ao contrário, o mediador é um facilitador, no sentido de que deve ser imparcial e destituído de autoridade para decidir (Burrell & Cahn, 1994). A ação do mediador deve auxiliar as partes a chegarem por si mesmas a uma solução consensual, e nunca intervir no sentido de fornecê-la, ou mesmo tomar partido de qualquer uma (Burrell & Cahn, 1994; Ruotti, Alves & Cubas, 2006). Os diferentes passos envolvidos no processo, como a definição do tipo de conflito que será mediado, onde e quando, recrutamento de mediadores e sua formação são necessários, em virtude do caráter especial desse tipo de intervenção. Esse tipo de ação desenvolvido por pares tem como vantagem a redução da violência em escolas e outras comunidades, pois os conflitos podem evoluir para incidentes mais graves cujos desfechos poderiam ser evitados. E, ainda, atuar como mediador pode ser benéfico não só para a autoestima de estudantes, mas também evidenciar para esses uma vocação despercebida, que pode resultar em novas opções e caminhos profissionais (Ruotti *et al.*, 2006).

CONCLUSÃO

Gostaríamos de finalizar esta análise da resolução do conflito interpessoal reiterando algumas considerações, em vista de sua relevância para o tema da proximidade e do distanciamento. Em primeiro lugar, é bom lembrar que o conflito não deve ser evitado, ele faz parte da vida, tanto porque somos diferentes quanto por sermos iguais. Somos diferentes em termos de nossos objetivos, mas também somos iguais na forma de alcançá-los. Somos iguais, membros de uma mesma espécie, que desenvolveu ao longo de sua história formas de se defender e atingir objetivos muito semelhantes. A agressão e a submissão, como já expresso, fazem parte do repertório animal das espécies das quais descendemos. De outro lado, desenvolvemos cultura e modos de convivência com o outro que nos permitem elaborar formas mais evoluídas de lidar com as disputas, com as incompatibilidades, dialogando, negociando, conciliando, e assim acomodando interesses divergentes. Para tanto, é preciso lembrar sempre que paz não é sinônimo de ausência de conflito, nem de proximidade. Pelo contrário, a negação do conflito provoca mais frequentemente outros, em geral mais violentos, e, finalmente, distanciamento.

REFERÊNCIAS BIBLIOGRÁFICAS

Anderson, C. A., & Bushman, B. J. (2002). Human aggression. *Annual Review of Psychology, 53*, 27-51.

Azevedo, M. A., & Guerra, V. (1995). *Violência doméstica na infância e na adolescência.* São Paulo: Robe Editorial.

Ballif-Spanville, B., Clayton, C. J., & Hendrix S. B. (2003). Gender, types of conflict, and individual differences in the use of violent and peaceful strategies among children who have and have not witnessed interparental violence. *American Journal of Orthopsychiatry, 73* (2), 141-153.

Bergeron, N., & Schneider, B. H. (2005). Explaining cross-national differences in peer-directed aggression: A quantitative synthesis. *Aggressive Behavior, 31* (2), 116-137.

Branco, A. U., & Mettel, T. P. L. (1995). Canalização cultural das interações criança-criança na pré-escola. *Psicologia: Teoria e Pesquisa, 11* (1), 13-22.

Burrell, N. A., & Cahn, D. D. (1994). Mediating Peer Conflicts in Educational Contexts: the maintenance of school relationships. In D. D. Cahn (Org.), *Conflict in Interpersonal Relationships.* Mahwah: Lawrence Erlbaulm Associates Publishers.

Bushman, B. J., & Anderson, C. A. (2001). Is it time to pull the plug on the hostile versus instrumental aggression dichotomy? *Psychological Review, 108* (1), 273-279.

Chaux, E. (2005). Role of third party in conflict among Colombian children and early adolescents. *Aggressive Behavior, 31* (1), 40-55.

Chung, T. Y., & Asher, S. R. (1996). Children's goals and strategies in peer conflict situations. *Merrill-Palmer Quarterly, 42* (1), 125-147.

Crick, N. R., & Dodge, K. A. (1994). A review and reformulation of social information-processing mechanisms in children's social adjustment. *Psychological Bulletin, 115* (1), 74-101.

Deluty, R. H. (1979). The children's action tendency scale: A self report measure of aggressiveness, assertiveness and submissiveness in children. *Journal of Consulting Psychology, 47*, 1061-1071.

Deluty, R. H. (1981). Alternative thinking ability of aggressive, assertive, and submissive children. *Cognitive Therapy and Research, 5*, 309-312.

Del Prette, Z. A. P., & Del Prette, A. (1996). Habilidades sociais: Uma área em desenvolvimento. *Psicologia: Reflexão e Crítica, 9* (2), 233-255.

Del Prette, Z. A. P., & Del Prette, A. (2002). Avaliação de habilidades sociais de crianças com um inventário multimídia: Indicadores sociométricos associados a frequência versus dificuldade. *Psicologia em Estudo, 7* (1), 61-73.

Derlega, V. J., Cukur, C. J., Kuang, J. C. Y., & Forsyth, D. (2002). Interdependent construal of self and the endorsement of conflict strategies in interpersonal, intergroup and international disputes. *Journal of Cross Cultural Psychology, 33* (2), 610-625.

Dias, M. G. B. B., Vikan, A., & Gravas, S. (2000). Tentativa de crianças em lidar com as emoções de raiva e tristeza. *Estudos de Psicologia, 5*, 49-70.

Edmunds, G., & Kendrick, C. D. (1980). *The measurement of human aggressiveness.* New York: Ellis Harwood.

Eisenberg, N., Zhou, Q., & Koller, S. H. (2001). Brazilian adolescents' prosocial moral judgment and behavior. Relations to sympathy, perspective taking, gender role orientations and demographic characteristics. *Child Development, 71* (2), 518-534.

Ellsworth, P. (1994). Sense, culture and sensibility. In S. Kitayama & H. R. Markus (Eds.), *Emotion and culture: Empirical studies of mutual influence.* Washington: American Psychological Association.

French, D. C., Pidada, S., Denoma, J., McDonald, K., & Lawton, A. (2005). Reported peer conflicts of children in the United States and Indonesia. *Social Development, 14* (3), 458-472.

Gabrielidis, C., Stephan, W. G., Ybarra, O., Pearson, V. M. S., & Villareal, L. (1997). Preferred styles of conflict resolution. Mexico and United States. *Journal of Cross Cultural Psychology, 28* (6), 661-677.

Geen, R. G. (1990). *Human aggression.* New York: Academic Press.

Grusec, J. E., & Goodnow, J. J. (1994) Impact of parental discipline methods on the child's internalization of values: A reconceptualization of current points of view. *Developmental Psychology, 30* (1), 4-19.

Han, G., & Park, B. (1995). Children's choice in conflict. Application of the theory of individualism-collectivism. *Journal of Cross Cultural Psychology, 26* (3), 298-313.

Hartup, W.W. (1989). Social Relashionships and their developmental significance. *American Psychologist, 44* (2), 120-126.

Hawley, P. (2002). Social dominance and prosocial and coercive strategies of resource control in preschoolers. *American Journal of Behavioral Development, 26* (2), 167-176.

Jensen-Campbell, L. A., Graziano, W. G., & Hair, E. C. (1996). Personality and relationships as moderators of interpersonal conflict in adolescence. *Merrill-Palmer Quartely, 42* (1), 148-164.

Kitayama, S. (2001). Culture psychology of the self: A renewed look at independence and interdependency. *International Journal of Psychology, 35,* 204-234.

Knafo, A., & Schwartz, S. H. (2003). Parenting and adolescents' accuracy in perceiving parental values. *Child Development, 74* (2), 595-611.

Kozan, M. K., & Ergin, C. (1998). Preference for third party help in conflict management in the United States and Turkey. *Journal of Cross Cultural Psychology, 29* (4), 525-539.

Laursen, B., & Hartup, W. W. (1989). The dynamics of preschool children's conflicts. *Merrill-Palmer Quartely, 35* (3), 281-297.

Laursen, B., Hartup, W. W., & Koplas, A. L. (1996). Towards understanding peer conflict, *Merrill-Palmer Quartely, 42* (1), 76-102.

Lautrey, J. (1995). *Classe sociale, milieu familial, intelligence.* Paris: PUF.

Leme, M. I. S. (2004). Resolução de conflitos interpessoais: Interações entre cognição e afetividade na cultura. *Psicologia: Reflexão e Crítica, 17* (3), 367-380.

Leme, M. I. S. (2006). *Convivência, conflitos e educação nas escolas de São Paulo.* São Paulo: ISME.

Ljunberg, T., Westlund, K., & Forsberg, A. J. L. (1999). Conflict resolution in 5-year-old boys: Does postconflict affiliative behaviour have a reconciliatory role? *Animal Behaviour, 58,* 1007-1016.

Loeber, R., & Stouthamer-Loeber, M. (1998). Development of juvenile aggression and violence. *American Psychologist, 53,* 242-259.

Markus, H. R., & Kitayama, S. (1991). Culture and the self: Implications for cognition, emotion and the self. *Psychological Review, 98*, 224-253.

Mokounkolo, R. (2004). Les adolescents, la violence et les incivilités: étude exploratoire dans un échantillon des collégiens et des lycéens Français. *Bulletin de Psychologie, 57* (2), 171-180.

Morais, M. L. S., Otta, E., & Scala, C.T. (2001). Status sociométrico e avaliação de características comportamentais: Um estudo de competências sociais em pré-escolares. *Psicologia: Reflexão e Crítica, 14*, 191-131.

Murphy, B. C., & Eisenberg, N. (1996). Provoked by a peer: Children's anger-related responses and their relations to social functioning. *Merrill-Palmer Quartely, 42* (1), 103-124.

Namo de Mello, G., & Atié, L. (2003). *Gestão escolar eficaz*. Recuperado em em 20 de fevereiro de 2008, em www.rededosaber.sp.gov.br.

Nucci, L., Camino, C., & Sapiro, C. M. (1996). Social class effects on northeastern Brazilian children's conceptions of areas of personal choice and social regulation. *Child Development, 67*, 1223-1242.

Ohbuchi, K. I., Fukushima, O., & Tedeschi, J. I. (1999). Cultural values in conflict management. Goal orientation, goal attainment and tactical decision. *Journal of Cross Cultural Psychology, 30* (1), 51-57.

Pearson, V. M. S., & Stephan, W. G. (1998). Preferences for styles of negotiation: A comparison of Brazil and the U.S. *International Journal of Intercultural Relations, 22* (1), 67-83.

Raeff, C. (1997). Individuals in relationships: Cultural values, children's social interactions, and the development of an American individualistic self. *Developmental Review, 17*, 205-238.

Ricaud-Droisy, H., & Zaouche-Gaudron, C. (2003). Interpersonal conflict resolution strategies in children: a father-child co-construction. *European Journal of Psychology of Education, 18* (2), 157-167.

Rizvi, M. (2008). The role of school principals in enhancing teacher professionalism. Educational Management Administration & Leadership. 36 (1), 85-100.

Ruotti, C., Alves, R., & Cubas, V. O. (2006). Querendo resolver uma disputa? Tente a mediação. In C. Ruotti, R. Alves & V. O. Cubas (Orgs.), *Violência na escola: um guia para pais e professores*. São Paulo: ANDHEP/Imprensa Oficial.

Schneider, B. F., Fonzi, A., Tomada, G., & Tani, F. (2000). A crossnational comparison of children's behavior with their friends in situations of potential conflict. *Journal of Cross Cultural Psychology, 31* (2), 259-266.

Selman, R. L. (1980). *The growth of interpersonal understanding. Developmental and clinical analyses*. New York: Academic Press.

Sternberg, R. (2000). *Psicologia Cognitiva*. Porto Alegre: Artes Médicas.

Tremblay, R. E. (2000). The development of aggressive behavior during childhood: What have we learned in the past century? *International Journal of Behavioral Development*, 24, 129-141.

Van Horn, R. K., & Marques, J. C. (1998). Development of interpersonal negotiation strategies in Brazilian adolescents. *Interamerican Journal of Psychology, 32* (1), 21-31.

Van Horn, R. K, & Marques, J. C. (2000). Interpersonal relationships in Brazilian adolescents. *International Journal of Behavioral Development, 24* (2), 199-203.

Vasconcellos, S. J. L., Picon, P., Prochnow, L. P., & Chittó Gauer, G. J. (2006). O processamento das informações sociais em crianças e adolescentes agressivos. *Estudos de Psicologia,* 11 (3), 275-279.

Vergnaud, G. (1990). La théorie des champs conceptuels. *Recherches en didactiques des Mathématiques, 10* (23), 135-170.

Vinha, T. P., & Mantovani de Assis, O. Z. (2007). A autonomia, as virtudes e o ambiente cooperativo em sala de aula: a construção do professor. In L. R. P. Tognetta (Org.), *Virtudes e educação: o desafio da modernidade.* Campinas: Mercado das Letras.

Wang, Q., & Leichtman, M. D. (2000). Same beginnings, different stories: A comparison of American and Chinese children's narratives. *Child Development, 71,* 1329-1346.

CAPÍTULO 4

Proximidade, afastamento e práticas pedagógicas: mediações possíveis entre o indivíduo, a família e a escola

Alysson Massote Carvalho
Maria Isabel da Silva Leme
Sérgio Antonio da Silva Leite

Alguns aspectos em comum se destacam nos três capítulos: o de Massote Carvalho e Canelas sobre fatores que promovem a resiliência; o de Leite e Higa sobre a mediação do professor nas práticas de aproximação da leitura; e o de Leme sobre proximidade e distanciamento, ocasionados pelos conflitos interpessoais. O primeiro deles é a importância de se conhecerem os fatores de risco ao desenvolvimento pleno, seja da capacidade de enfrentar situações difíceis, seja da leitura proficiente, seja da capacidade de conviver bem, enfrentando adequadamente os conflitos, pois esses elementos podem vir a assumir um caráter cumulativo. Nesse sentido, podem comprometer a evolução da criança na direção de um desenvolvimento saudável, o que justifica não só seu estudo para maior conhecimento, mas, ainda, o modo pelo qual podem ser antevistos e prevenidos.

No caso da adaptação em contextos de vulnerabilidade social, são destacados por Carvalho e Canelas os seguintes fatores: os intrínsecos à dinâmica familiar como nível de conflito, alcoolismo; os associados ao nível socioeconômico, como risco de doenças, trabalho infantil, exposição a drogas e consequente repressão policial; e, finalmente, ausência de acesso aos serviços de bem-estar social, como os de Saúde, ou, então acesso limitado, como no caso das instituições escolares, que não cumprem a contento seu papel, limitando a participação social futura de crianças e adolescentes.

Vale lembrar que este último aspecto se relaciona estreitamente ao descrito no capítulo de Leite e Higa sobre a atitude da professora Carmem em relação a seu papel de mediação no processo de ensino-aprendizagem da leitura. Vimos que a atitude descomprometida e até hostil da professora Carmem, descrita no capítulo de Leite e Higa, nas atividades de leitura em sala de aula, estaria limitando, senão impedindo, o acesso dos alunos a uma prática de enorme relevância social que é a leitura. Essa limitação não se restringiria só à leitura proficiente, mas também ao acesso à cultura por meio dessa prática, via leitura como informação e lazer.

No caso de resolução de conflitos interpessoais tratados por Leme, a autora alerta para os riscos de a escola punir o envolvimento do aluno nesse tipo de incidente, apelando para medidas que o excluem do cotidiano. Ao apelar para tais práticas, concretizadas em suspensões ou expulsões – essas últimas disfarçadas em transferências – a escola inviabiliza o futuro acadêmico e, posteriormente, até profissional do aluno. Isso porque o aluno, ausente da escola em decorrência das punições à transgressão, não tem acesso ao conteúdo ministrado naquele período, ou não faz as avaliações programadas para essas ocasiões. Assim, frequentemente ele fracassa, não é promovido, perde a motivação e a sensação de autoeficácia e, finalmente, abandona a escola. No futuro, só lhe resta a transgressão como forma de prover a subsistência e agressão como estratégia para atingir seus objetivos.

Neste sentido, é importante o alerta dado por Massote Carvalho e Canelas de conhecermos as condições necessárias para que os fatores de risco, apontados nos três capítulos, sejam eliminados ou, pelo menos, reduzidos ao máximo.

A nosso ver, o papel da escola não se restringe somente a não colocar em risco o desenvolvimento saudável do aluno, em não limitar a realização de seu potencial. A escola, como apontado por Massote Carvalho e Canelas, pode se constituir em importante fator de proteção para as crianças em situação de risco, seja ao prover uma mediação estimulante entre as atividades de leitura, seja na resolução de conflitos favorável ao convívio. Em outras palavras, a escola pode e deve promover aproximação e não distanciamento do conhecimento, como por meio do desenvolvimento de habilidades e motivação para se aproximar de um texto. Pode e deve promover aproximação do outro, ensinando valores, como o respeito entre pares, e estimular o uso de estratégias nos conflitos, como a negociação e a conciliação, favoráveis à convivência.

É importante salientar que o desenvolvimento dessas e de outras habilidades exige a participação do aluno em atividades progressivamente mais complexas e recíprocas, como apontado por Massote Carvalho e Canelas. O capítulo de Leite e Higa ilustra bem como o envolvimento regular e estimulante da professora Helena nas atividades de leitura levou os alunos a apreciarem essa atividade, o que infelizmente não perdurou ao depararem com a professora Carmem, que não só não se engajava na leitura, como limitava o acesso aos livros, desconfiando dos alunos. Este último aspecto corrobora a importância de as atividades terem longa duração para que seus efeitos possam ser sentidos.

Deve-se ressaltar, como apontam Leite e Higa, que tais processos de aproximação e de distanciamento envolvem inúmeras situações que incluem a relação sujeito (objeto) e objeto (no caso, conteúdos escolares). Tais relações não se restringem só à dimensão cognitiva, como acreditava a pedagogia tradicional. Ao contrário, são fortemente marcadas pela dimensão afetiva. Assim, pode-se supor, como apontam os autores, que a natureza da relação que se estabelece entre sujeito e objeto, na sala de aula, depende, em grande parte, da qualidade da mediação pedagógica, planejada e desenvolvida pelo professor. As histórias das professoras Helena e Carmen ilustram a questão. Portanto, como os depoimentos colhidos por Leite e Higa evidenciam, e as colocações de Massote Carvalho e Canelas corroboram, as atividades de aprendizagem necessitam ser desenvolvidas por figuras com quem a criança vincule-se afetivamente, para incentivar a exploração, a imaginação e o crescimento psicológico. O professor pode se constituir em uma figura com quem tal vínculo seja estabelecido, mas, para isso, é preciso que sua mediação pedagógica se efetive.

Os relatos apontam que o conceito de mediação pedagógica deve ser entendido como as condições concretas que o professor planeja e desenvolve em sala de aula, como as chamadas atividades de ensino e as práticas de avaliação. Sinalizam também que tais atividades, vivenciadas pelo aluno, produzem impactos da natureza afetiva nos sujeitos, constituindo-se como um dos importantes determinantes do processo de desenvolvimento geral do aluno. Histórias marcadas por impactos afetivamente positivos, na relação do sujeito com o objeto, aumentam as chances do estabelecimento de uma relação de paixão entre o sujeito e o referido objeto. Ressalta-se, no entanto, que o inverso também é verdadeiro, o que nos ajuda a entender as inúmeras histórias de relações aversivas que se constituem entre alunos e conteúdos escolares.

Consideramos, porém, que não é viável nem justo esperar que o professor cumpra essa mediação, seja para a constituição do aluno leitor, seja para o desenvolvimento da resiliência, ou convivência, sem um respaldo da instituição, via um projeto pedagógico coletivo, que forneça formação e recursos materiais que o viabilizem. É nesse aspecto que a importância de políticas públicas, apontada tanto por Massote Carvalho e Canelas quanto como por Leite e Higa, assume um papel crucial.

Inúmeros autores têm demonstrado que o trabalho pedagógico do professor em sala de aula, embora tenha uma dimensão individual inegável, deve ser entendido como parte do trabalho coletivo planejado e desenvolvido pelo grupo de docentes da escola, devendo ser previsto no projeto político pedagógico da instituição. Este foi, sem dúvida, um dos recentes avanços nas concepções do planejamento educacional: uma escola se faz com bons docentes, mas é necessário que o trabalho pedagógico deles seja planejado e desenvolvido em torno de diretrizes pedagógicas comuns, que garantam unidade ao processo educacional, fruto das discussões grupais e assumidas pelo conjunto dos professores. Entende-se que uma das grandes tarefas da gestão escolar é garantir as condições institucionais para que o trabalho coletivo efetivamente se concretize na escola.

Um dos problemas enfrentados nessa direção diz respeito às condições precárias da escola pública em nosso meio. O aspecto físico de muitas delas, deterioradas e sujas, e seus efeitos sobre os alunos já foi bastante abordado em outras pesquisas. Cabe analisar aqui a formação de professores e o fornecimento de recursos materiais. No caso da leitura, Leite e Higa apontam que a professora Helena havia-se formado há menos tempo que a professora Carmem, mas, mais importante que esse aspecto, cursava Pedagogia, o que, no entender dos autores, contribuiu muito para a qualidade de seu trabalho. A importância da formação continuada para a atualização docente não é *o principal* determinante na qualidade da atuação em sala de aula, mas contribui muito para resultados positivos, como muitas pesquisas têm evidenciado.

Pode-se assumir, à luz da contribuição de diversos autores, que o processo de desenvolvimento profissional dos docentes depende, de um lado, de sua formação inicial, a qual deve ser consistente, teórica e praticamente; mas, de outro, o referido processo depende, também, de todas as experiências que possibilitem o crescimento profissional do professor, após sua inserção no mercado de trabalho – é onde se inclui a educação continuada. O desenvolvimento profissional do professor, portanto, abrange a formação inicial e a continuada; por essa razão, ambas devem ser de excelente qualidade e objetos de políticas dos órgãos centrais das Secretarias de Educação e das próprias instituições educacionais.

No caso da violência escolar, da qual o conflito interpessoal é uma das formas de manifestação, só recentemente observam-se políticas públicas voltadas para a formação de professores neste sentido. É preciso que esses profissionais não só sirvam como modelos de equidade e imparcialidade no cumprimento de seu papel pedagógico, mas, ainda, inspirem confiança para que possam atuar, quando necessário, como verdadeiros mediadores nos conflitos entre alunos, auxiliando-os a chegarem pacificamente a uma solução. Assim, para atuar da forma aqui preconizada, é necessário prover formação e condições de trabalho adequadas aos docentes. A questão da formação de docentes para atuar nas questões relativas ao convívio na escola é ainda pouco tratada pelas pesquisas educacionais.

No âmbito das políticas públicas é importante considerar que a implantação de programas educacionais como escola plural, escola integrada e outros deve, necessariamente, contemplar o envolvimento dos docentes. Sem a participação ativa desses profissionais, muitos projetos de qualidade correm o risco de serem malsucedidos por não darem a devida importância àqueles que devem ser considerados a mola mestra, os professores. Assim, a introdução desses programas deve considerar um envolvimento proativo dos docentes e sua consequente mudança de concepção. O uso de estratégias verticalizadas, de cima para baixo, gera forte resistência e, consequentemente, coloca em risco o sucesso de bons programas.

Felizmente, trabalhos desenvolvidos em áreas próximas, como a dos direitos humanos e a da cidadania, podem ajudar a esclarecer que tipo de formação deveria ser oferecida, principalmente a continuada, para que se efetive na escola uma mudança de paradigma que considere esse novo papel do educador.

O primeiro ponto a ser destacado diz respeito à crítica feita por Carvalho, Sesti, Andrade, Santos e Tibério (2004) sobre a filosofia que norteia as iniciativas oficias referentes à formação continuada de professores, em especial aquelas voltadas para a educação para a cidadania e direitos humanos. Segundo os autores, a maioria tem centrado as atividades de formação em um aperfeiçoamento individual, sem preocupação com sua inserção nas atividades do contexto escolar. Os motivos apontados para essa crítica seriam: 1) a formação continuada ocorre fora da escola e seu objetivo é reciclar o professor em temas e metodologias inovadoras; 2) tal abordagem simplifica e reduz a educação para a cidadania e democracia a mero discurso, que pode ser divulgado pelo professor a seus pares, sem um trabalho de reflexão acerca da distância entre essas ideias e as práticas escolares. Assim, não é de surpreender que "não é raro que a retórica democrática à qual se expõem os alunos seja acompanhada de atos de discriminação, exclusão enfim, de toda sorte de violações concretas dos direitos" (p. 437).

Neste sentido, pode-se supor que uma proposta adequada para uma política de educação continuada deve prever ações que envolvam todo o coletivo dos profissionais da escola e impliquem a implementação de projetos de intervenção, a partir das bases teóricas analisadas e assumidas pelo grupo. Além disso, tais propostas devem prever a possibilidade do contínuo exercício de reflexão sobre as práticas desenvolvidas pelos educadores no interior da escola; tal exercício de análise crítica também deve ocorrer coletivamente e estar previsto no projeto pedagógico da escola.

Na visão dos autores, são as ações que regem o cotidiano escolar que devem ser consideradas, pois uma educação comprometida com os ideais da cidadania, da democracia e dos direitos humanos se expressa menos nos discursos transmitidos do que nos princípios que regem as ações no cotidiano escolar. Nesse sentido, descrevem o projeto de formação em direitos humanos e cidadania, desenvolvido por eles em parceria com órgãos públicos, cuja elaboração inicial é feita em um diálogo com instituições escolares. O foco do trabalho encontra-se na formação de uma equipe de professores que não venham a ser meros reprodutores de receituários pedagógicos, mas que sejam efetivamente seus autores. Um pré-requisito para esse trabalho é a mudança em algumas concepções, como a amplamente difundida na cultura escolar brasileira, de que a boa escola é aquela que simplesmente agrega professores competentes e bem formados. Essa crença revela ainda que os professores não se percebem como responsáveis pelas práticas institucionais, nem que a troca de experiências em horários coletivos de trabalho pode se constituir um meio para tal. Pelo contrário, esses momentos, segundo observaram os autores, eram usados para lamentações dirigidas à coordenação pedagógica da escola, revelando um sentimento de vitimização e impotência dos docentes diante da impossibilidade de concretizar a formação recebida em práticas efetivas.

Uma providência importante foi aproveitar esses momentos para um diagnóstico coletivo sobre os problemas a serem solucionados. Outras medidas que consideramos importantes nesse projeto de formação docente foram: 1) a constituição prévia de grupos de docentes para inscrição nos cursos, de modo a integrar o trabalho e garantir sua continuidade na escola; 2) sensibilização da equipe gestora em palestras, para evitar que a escolha dos participantes nos cursos fosse meramente burocrática, e 3) acompanhamento e apoio às escolas por monitores ligados ao projeto na implementação de programas de mudança das práticas pelos docentes.

Sobre esse aspecto, é necessário retomar a questão do papel do gestor escolar, em especial a coordenação pedagógica. Independentemente de quem deve ser o profissional responsável por essa importante atividade escolar, parece que uma das principais tarefas da coordenação é construir uma cultura escolar que supere as tradicionais concepções individualistas sobre organização – inspiradas nos ideais fordistas e tayloristas – em favor de concepções centradas na prática coletiva, no planejamento grupal e no exercício contínuo da reflexão crítica sobre as práticas desenvolvidas. Tais sugestões devem se efetivar nas condições previstas no próprio projeto político pedagógico da escola.

Verifica-se, assim, que a formação continuada envolve bem mais que transmissão de informação. Requer planejamento estratégico sobre as mudanças necessárias, além de formas de apoio que garantam a colocação em prática do aprendido.

A mesma ênfase na prática é encontrada nos programas que visam a preparar para a mediação de conflitos, por meio do que é chamado cooperação responsável (Burrell & Cahn, 1994). Esta consiste em aprender a tomar decisões responsáveis e reconhecer as implicações dessas escolhas. O ensino de tomada de decisão responsável tem como pré-requisito um ambiente de sala de aula pacífico, envolvendo cooperação, cuidado, tolerância e resolução de conflitos. Os conflitos devem ser discutidos em sala de modo equilibrado e adaptado ao nível de desenvolvimento dos alunos que, desde o Ensino Fundamental, podem e devem aprender a participar responsavelmente em um ambiente democrático. Segundo os autores, alunos em uma sala de aula pacífica aprendem a definir paz de acordo com seus próprios valores, a examinar definições de vários ângulos e aprender habilidades de convivência de acordo com essas definições. O ensino de conceitos de paz e conflito deve refletir uma pedagogia baseada na solução cooperativa de problemas, resolução de conflitos, acolhimento de outros pontos de vista, tomada de decisão e pensamento crítico.

REFERÊNCIAS BIBLIOGRÁFICAS

Burrell, N. A., & Cahn, D. D. (1994). Mediating peer conflicts in education contexts: tehe maintenance of scool relationships. In D. D. Cahn (Ed.), *Conflict in personal relationships*. Mahwah: Lawrence Erbaulm Associated Publishers.

Carvalho, J. S., Sesti, A. P., Andrade, J. P., Santos, L. P., & Tibério, W. (2004). Formação de professores e educação em direitos humanos e cidadania: dos conceitos às ações. *Educação e Pesquisa, 30* (3), 435-445.

Dados biográficos dos autores

Alysson Massote Carvalho é pós-doutor em Psicologia pela University of North Carolina Greensboro (UNCG) e orientador do Programa de Pós-graduação em Ciências da Saúde – Área de Concentração em Saúde da Criança e do Adolescente da Faculdade de Medicina da Universidade Federal de Minas Gerais. É diretor-geral do Instituto Presbiteriano Gammon. E-mail: alysson@ufmg.br.

José Moysés Alves é bacharel em psicologia pela Universidade Federal do Pará (UFPA), mestre em Educação Especial pela Universidade Federal de São Carlos (UFSCar) e doutor em Psicologia pela Universidade de São Paulo. Exerce a docência no Instituto de Educação Matemática e Científica da UFPA, ministrando disciplinas e orientando trabalhos nas áreas de pensamento e linguagem e de afetividade e construção de conhecimentos científicos. E-mail: jmalves@amazon.com.br.

Kátia de Souza Amorim é psiquiatra infantil, desenvolveu toda sua formação pós-graduada em Psicologia do Desenvolvimento. Atualmente, é docente do Departamento de Psicologia e Educação da Faculdade de Filosofia, Ciências e Letras de Ribeirão Preto de Universidade de São Paulo (FFCLRP-USP), pesquisando desenvolvimento de bebês, em particular a comunicação e a linguagem em bebês com e sem necessidades especiais.

Lívia Mathias Simão é psicóloga, mestre, doutora e livre-docente pelo Instituto de Psicologia da Universidade de São Paulo, onde é docente, pesquisadora com bolsa de produtividade em pesquisa nível II do CNPq e orientadora em nível de graduação e pós-graduação. É autora de publicações nacionais e internacionais focalizando processos de construção de conhecimento, da ótica da história e filosofia da psicologia e da psicologia semiótico-cultural.

Maria Elisa Molina Pavez é psicóloga clínica em terapia familiar sistêmica e docente-pesquisadora da Universidad del Desarrollo, Chile. Doutorou-se pela Pontifícia Universidad Católica do Chile e é autora de publicações nacionais e internacionais focalizando o processamento psicológico como mediação semiótica em famílias e casais.

Maria Isabel da Silva Leme é professora-associada do Instituto de Psicologia onde leciona Psicologia da Aprendizagem. Desenvolve pesquisa sobre aprendizagem de conteúdos acadêmicos na escolarização regular. Investiga ainda, aprendizagem social, notadamente a que ocorre por meio das relações interpessoais entre jovens.

Maria Isabel Pedrosa é professora do Departamento de Psicologia da Universidade Federal de Pernambuco. Integra o Laboratório de Interação Social Humana (LabInt) com apoio do CNPq e Facepe.

Maria Teresa Del Río Albornoz é psicóloga clínica e docente-pesquisadora da Faculdade de Ciências Sociais da Universidade Central do Chile. Graduou-se pela University of Joensuu, Finlândia, e doutorou-se pela Universidad Católica de Chile. É autora de publicações nacionais e internacionais enfocando especialmente os processos de construção de significado em crianças submetidas a maus-tratos, da perspectiva sistêmico-construtivista e do *self* dialógico.

Maria Thereza Costa Coelho de Souza é professora de Psicologia do Desenvolvimento no Instituto de Psicologia da Universidade de São Paulo (IP-USP). Pesquisa as relações entre afetividade e inteligência no desenvolvimento psicológico. É coordenadora do Laboratório de Estudos sobre Desenvolvimento e Aprendizagem (LEDA), do IP-USP.

Paulo de Salles Oliveira é professor titular em Psicologia Social no Instituto de Psicologia da Universidade de São Paulo. Autor de *Cultura solidária em cooperativas. Projetos coletivos de mudança de vida* (São Paulo, Edusp, 2006), entre outros livros e artigos.

Renata Schettino Canelas é doutora em Ciências da Saúde pela UFMG e professora da Universidade do Estado de Minas Gerais (UEMG).

Sérgio Antonio da Silva Leite é psicólogo, doutor em Psicologia pela Universidade de São Paulo. É professor no Departamento de Psicologia Educacional da Faculdade de Educação da Universidade Estadual de Campinas (Unicamp). Desde o início de sua carreira vem pesquisando a questão da alfabetização escolar. Na última década, também vem focando a questão da Afetividade nas práticas pedagógicas, desenvolvidas em sala de aula.

Sue Ellen Lorenti Higa é licenciada em Pedagogia pela Faculdade de Educação da Unicamp e professora da rede municipal de Campinas.

Thais de Albuquerque da Costa Lins Menelau é mestre em Psicologia pela Universidade Federal de Pernambuco e atua, profissionalmente, como psicóloga clínica.

Edições Loyola

impressão acabamento
rua 1822 nº 341
04216-000 são paulo sp
T 55 11 3385 8500
F 55 11 2063 4275
www.loyola.com.br